男女戀情
攻防戰

戀愛心理學

速查詞典

男女がうまくいく
心理学辞典

齊藤勇 監修

胡毓華 譯

楓書坊

前言

不論在哪個時代，「戀愛」都是人們關注的焦點。戀愛是個充滿魅力的主題，是從古至今的人類都感興趣的一件事，也是現代人茶餘飯後的必聊話題之一。然而今時不同往日，從前都是在學校、職場才有與人邂逅的機會，現在則因為通訊軟體的蓬勃發展，讓人們的相遇和交往模式都出現了巨大的變化。

研究戀愛心理，也是人際心理學當中一門關於人際吸引力的心理學。對於沒有情人的人而言，會想知道如何才能找到自己喜歡的人？要怎麼做才能跟別人交往？要如何發展彼此之間的關係才好？而對於已經有交往對象的人來說，他們可能想知道對方會不會變心？對於結婚等將來規劃有何打算？許多人都是因為在意這些事情，而對心理學產生了興趣。

這本書就要以心理學的觀點，講解戀愛關係中的特徵以及情感變化。

第1部要帶著讀者一一檢視關於戀愛的煩惱，看看為什麼人會墜入愛河？受歡

迎和不受歡迎的人差別在哪？男女之間真的會有純友誼嗎？

　　第2部列出與戀愛相關的各種關鍵詞，並從心理學的角度進行解說。同時，還會介紹心理學的應用小技巧，千萬別錯過了。

　　第3部是關於戀愛煩惱的應對之道。我想，只要各位讀者能夠靈活運用心理學，就會知道該怎麼使用這些應對方式。

　　我想，這本書的讀者應該都是對戀愛或結婚有興趣，或有這方面煩惱的人，若本書能對各位有所幫助，那便是筆者的榮幸。

齊藤 勇

第1部　人類的戀愛心理

第 **2** 部　戀愛關係／情感詞典

第 **3** 部 用心理學 談一場順遂的戀愛

這本書整理出有關於戀愛問題的提示，告訴你在男女戀愛關係中，要怎麼做才能與對方順利交往。同時，也介紹各種不同情況的事例，讓你了解自己的這份情感究竟為何，詳細地告訴你該如何應對戀愛的種種問題。

第 1 部
人類的戀愛心理

從心理學的角度出發，探究與解說戀愛關係中的特徵以及情感的變化。
從「何謂戀愛？」出發，解析愛情的機制。

第 2 部
戀愛關係／情感詞典

解說有關戀愛關係／情感的235個關鍵字。也許能成為理解自己與對方的提示。可以從頭開始閱讀，也可以從感興趣的項目開始閱讀。

第 3 部
用心理學談一場順遂的戀愛

以第2部的關鍵字為基礎，列舉出許多使人煩惱的感情問題。確實地解決在單戀、結婚、外遇、不倫戀等各種情況中或許會產生的煩惱。

關鍵字
篩選出戀愛關係／情感的相關詞語。

解說
針對關鍵字、事例，敘述容易出現的傾向、應對策略以及解憂良策等等。

意思、同義詞
介紹該詞語的意思，以及意思相似的詞語。

戀愛小專欄
介紹更多資訊及冷知識等。

使用地點、情境、方式
整理出該詞語的使用地點、場面，以及該詞語頻繁出現的對話情境。

好感度／反感度
以3種程度表示該詞語帶給人的感受是好感或反感。

第 **1** 部

人類的戀愛心理

戀愛存在著各種不同的形式。並不是說怎樣的模式就一定會甜蜜恩愛，也不是說哪樣的關係就是不好，而且隨著時代的演變，戀愛的狀況以及人們對於戀愛的看法也一直在改變。首先，我們就先來弄清楚「什麼是戀愛」，建立起讓彼此都感到舒適的戀愛關係。本章節將透過心理學來說明人在戀愛關係裡的情感。

心理學觀點下的「戀愛」是什麼？

◆馬斯洛的「人類需求五層次理論」

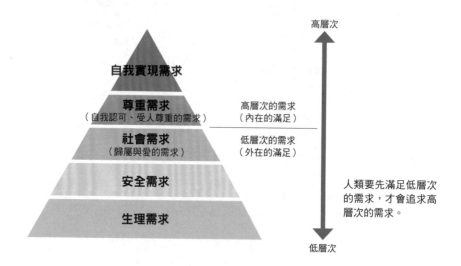

自我實現需求

尊重需求
（自我認可、受人尊重的需求）

社會需求
（歸屬與愛的需求）

安全需求

生理需求

高層次

低層次

高層次的需求
（內在的滿足）

低層次的需求
（外在的滿足）

人類要先滿足低層次的需求，才會追求高層次的需求。

戀愛源自於渴望被愛的需求

人都會有「我是誰？」的疑問，我們稱之為**身分認同（identity）**，然而自己不容易看見自己，所以必須要有個像鏡子般反映自己的他人存在。**透過他人的存在來確認自己的存在，就稱為社會自我的確認**。若人類無法充分地確認社會自我，便無法擁有正常且健全的生活。在某個心理實驗當中，觀察到受試者在與他人完全斷絕聯繫的2、3天之內，就會出現自言自語、產生幻覺等精神不穩定的現象。

一個人若要活得像人，而且還要活得像自己，就不得不與他人維持一些關係。那麼，我們要和誰維持關係呢？又要維持怎樣的關係呢？人類之間的關係有各種不同的組合，其中一種就叫做「戀愛」。在美國心理學家馬斯洛提出的「人類需求五層次理論」當中，戀愛關係相當於**第3層的「歸屬與愛的需求」以及第4層的「自我認可與受人尊重的需求」**。換個簡單一點的方式來說，戀愛就是一種「渴望被愛」的心情。

因此，就某種意義而言，戀愛可說是源自於人類任性且以自我為中心的需求。

<table>
<tr><td rowspan="3">P
O
I
N
T</td><td>1</td><td>渴望被愛是人類的基本需求。</td></tr>
<tr><td>2</td><td>身體的變化會影響到情感的轉變。</td></tr>
<tr><td>3</td><td>戀愛會使情感出現激烈的起伏。</td></tr>
</table>

◆戀愛使交感神經處於優位狀態

平時都是副交感神經較為活躍，談戀愛時則換成交感神經處於優位狀態。

戀愛時	平時
瞳孔放大	瞳孔縮小
唾液減少	唾液較多
心跳加速	心跳加速
血壓升高	心跳正常
腸胃蠕動減少	腸胃蠕動活躍
〔交感神經活躍〕	〔副交感神經活躍〕

激烈搖擺的情感

「渴望被愛」是一種對於特定對象抱持著「希望能對我特別有好感」、「絕對不能被討厭」的心情。所以，當我們想著必須在對方面前展現出自己好的一面時，內心就會開始緊張。接著，自律神經當中的交感神經變得相對活躍，體內也會分泌出腎上腺素，然後就會出現心跳加速、手心冒汗等症狀。透過心理學的實驗，發現這些身體上的變化也會使人類的情感出現轉變，但是這些症狀所帶來的情感變化具有正反兩面，除了會讓人感到喜悅及興奮，也可能會引起恐懼及不安等負面情緒。**一旦墜入愛河，便會出現激烈的情緒起伏**，正是因為如此。

談戀愛的人就像在搭雲霄飛車一樣。對另一半的依賴心愈重，就會事事以對方為優先，一再克制自己的需求，導致對方的一言一行都會牽動著自己的情緒；相反地，若只想著滿足自己的需求，就會變成凡事以自我為中心的自戀者，一旦對方不順自己的心意，便會感到憤怒或不安。

Column
戀愛是世界共通的病？

經常唉聲嘆氣、愁眉苦臉、吃不下也睡不著、工作時沒辦法集中精神等等，這些容易出現在戀愛初期的症狀，就稱為「相思病」。日本從前有句諺語說：「不管是醫生還是草津的溫泉，都治不了相思病。」在法文當中也有一句話「maladie d'amour」，意思是「戀愛是一種病」；英文當中則有個動詞「lovesick」，意思是「為愛所困」。

2 何謂戀愛關係？

◆**親密程度的發展階段**　人類的親密程度分為5個階段。

Level 4	**摯友、戀人**　戀愛成功。彼此皆認同的情侶關係。 與Level 3同為「相互接觸」。
Level 3	**熟人、朋友、夥伴**　剛開始約會的階段。 牽手程度的關係。亦稱為「相互接觸」。
Level 2	**點頭之交**　開始交往的契機。打招呼程度的關係。 亦稱為「表面接觸」。
Level 1	**認識對方，但對方並不認識自己**　單戀。 偶像與粉絲的關係等等。
Level 0	**彼此完全不認識，也不會去注意對方**　未達戀愛。 彼此只是偶爾會搭同一班車的關係之類。

兩人世界裡的心動體驗

在形成戀愛關係之前，我們會先體驗到兩種變化過程。第一種是當彼此意識到對方是特別的異性時，**會開始出現緊張感、興奮感**，也就是出現內心**小鹿亂撞、心跳加速**等等的戀愛特有感覺。不過，並非只有心跳劇烈加速的感覺才稱為戀愛。另外還有一種是親密程度慢慢地上升的戀愛關係，通常這種關係都是在學校社團活動之類的團體活動中相識。剛開始彼此只是互相打招呼的程度，接著進展到朋友關係，最後才成為了情侶。這樣的發展是這種戀愛關係最自然的模式。這時，能夠發揮作用的就是**自我披露當中最具代表性的展現好感**。所謂的自我披露，在心理學上指的是「將關於自己的資訊完整地傳達給對方」。透過一點一點地累積對方的好感，就能夠將彼此的感情培養得愈來愈深厚。

戀愛關係與其他人際關係有個明顯不同的特徵，那就是**封閉性**。在戀愛歌曲當中經常出現「兩人世界」、「全世界只剩我們二人」等歌詞，恰恰表現出這項特徵。像是情侶裝或是情侶對戒，也都是戀愛封閉性的象徵。

在兩人熱戀或不平凡的戀愛關係當中，都能夠看到「我非他／她莫屬！」、「就算死也要死在一起！」等激烈情感。然而，這些情感卻具備著正反兩面的性質，在帶來莫大歡愉的同時，也可能造成同歸於盡或是跟蹤騷擾的行為，有著可怕的一面。

不過，由於個人主觀不同，戀愛關係也會因人而異。因此，也是有可能出現「還以為已經是男女朋友了，但對方卻只把自己當成炮友，覺得很受傷」、「只是被對方當成提款機」的情況。

POINT		
1	親密程度會慢慢地上升。	
2	戀愛伴隨著封閉性。	
3	戀愛有各種不同的形式。	

◆承認同性婚姻的國家

■ 承認同性婚姻的國家

（截至2019年12月）（資料來源：NPO法人EMA日本　官方網站）

※哥斯大黎加於2020年5月生效。
※墨西哥僅有一部分的州通過同性婚姻法案，但所有的州都承認在這些州成立的同性婚姻。

同性戀人的戀愛關係

　　我們也稍微談一下同性戀吧。

　　在心理學當中，同性戀分為真同性戀與假性同性戀，真同性戀指的是完全不以異性為對象的男同性戀或女同性戀，也稱為完全同性戀。

　　假性同性愛又分為3種。**思春期同性戀**是因仰慕同性人物而衍生的愛戀，被視為是短暫性的。而在軍隊、監獄、女校等等，周圍只有同性的狀況之下，則會出現**情境式同性戀（代償性同性戀）**，但通常只要環境改變，注意力也會移轉到異性身上。第3種稱為**雙性戀**，意思是能與同性或異性發生戀愛或性行為。

　　近年來，雖說同性戀已逐漸受到世人的理解，但依然受到許多的差別待遇，也時常引起他人的好奇目光。比起男女之間的戀愛，同性戀愛可說是更具有封閉性。

Column
古代文明中的同性戀愛

　　在古代希臘、羅馬帝國等等的世界古文明當中，男性同性的戀愛是受到公認的。

　　特別是古希臘，大多都是成年男性與少年的戀愛。這些同性戀愛並不是單指性關係，而是兼具主從與戀愛關係，更具教育制度上的意義。蘇格拉底和柏拉圖等著名的哲學家，也都是同性戀者。

3 墜入愛河的瞬間

◆**人類墜入愛河的瞬間**

人會因為「反差感」而墜入愛河。

因為興奮和反差而墜入愛河！

人類會在什麼時候墜入愛河呢？也許有些人曾有過這樣的經驗，直覺地認為「相遇的那一瞬間，我覺得就是這個人」或是「我知道這個人就是我的靈魂伴侶」。

在心理學當中，有個相當有名的**「吊橋效應」（→P132）**，意思是人類在強烈不安或恐懼的狀態之下，會對於遇見的人產生好感。透過吊橋實驗發現，人在走過搖搖晃晃的吊橋時，會不小心將這種提心吊膽的緊張感誤以為是戀愛的心跳加速。所以，當朋友們相約一起到遊樂園玩時，可以男女倆倆一組搭乘雲霄飛車或去鬼屋試膽，說不定就會因此萌發一段新戀情。

容易萌發戀情的情感不光只有不安及恐懼。像在運動比賽中獲勝、通過了超高難度的考試等等，人類在這些情況下都會**處於情緒高漲、興奮高昂的狀態**。這時，即使是微不足道的邂逅，也會讓人覺得是命中注定的愛。奧運的選手村裡之所以容易發生戀情，其中一個原因就是因為選手及工作人員的情緒大多處於高昂的狀態。

有別於一見鍾情的戀愛，有些人會在突然之間愛上了之前就認識的人，此時的關鍵就在於**「反差感」**。舉例來說，若是有個人平常總是愁眉苦臉，卻在偶然間露出笑容，看起來就會比平常總是在笑的人更加燦爛耀眼。當一個人展現出從未曝光的魅力時，這個與平日不同的一面所呈現的反差感若是愈大，就愈容易讓對方出現驚喜、雀躍、好奇等激烈的情緒起伏，進而將這種高昂的情緒認為是戀愛的怦然心動。有些個性傲嬌（→P133）的人會這麼受人歡迎，就是因為他們平時會做出這樣的反差舉動。

P O I N T	1	「吊橋效應」是一種墜入愛河的形式。
	2	反差感會造成感情動搖。
	3	人在自我肯定感降低時容易展開新戀情。

◆自我肯定感的種類

自尊心	知道自己是有價值的。
自我接納感	能夠接受真正的自己。
自我效能感	相信自己能夠達成目標。
自我信賴感（自信）	相信自己並且有行動力。
自己決定感	能夠自己選擇、決定、控制。
自我有用感	自己對於某人、某事有所幫助。

自我肯定感分為以上幾種類型。有時會因為失戀而短暫地降低。

被甩之後立刻展開新戀情

人類在失戀的時候，情緒同樣也會處於激烈起伏的狀態。這時的自我肯定感會降低，所以很容易發生愛上來安慰自己的男性友人等情況。

除此之外，一般人在失戀之後還容易出現「我搞砸了這段戀情」、「我沒有被愛的價值」、「我就是個廢物」等想法，導致自我肯定感變得更低落。這時，如果眼前出現了一個稍微溫柔或是長得好看一點的人，**再看看自己的模樣，就會覺得這個人怎麼會如此有魅力，結果不自覺地喜歡上了這個人。**

像是所謂的愛情騙子，或是別人眼中的戀愛高手，通常都非常擅於掌握這樣的人性弱點。要是妳的男朋友劈腿，跟另一個比妳年輕貌美的人在一起，或者是妳被男朋友甩掉，導致妳的自我肯定感低落時，千萬要小心別招來奇怪的爛桃花！

話雖然是這麼說沒錯，但如果立場對調的話，不好好把握這個機會實在太沒道理了（笑）。倘若自己的心上人因為失戀而難過沮喪，那就要抓緊這個時機去接近對方，才能夠提高成功的機率。

Column 什麼是吊橋實驗？

吊橋實驗的全名是「卡皮拉諾吊橋實驗」，是由心理學家達頓與亞倫於1974年所設計的心理實驗。受試者為18～35歲的未婚男性，其中一組的受試者要走過一座搖搖晃晃的吊橋，而另一組的人則是走堅固穩定的木橋，然後由同一名年輕女性待在橋上與這些受試者進行訪談，並且告訴他們：「如果你對實驗結果有興趣，可以打電話來詢問。」後來，吊橋組有65％的受試者真的打電話給這名女性，而木橋組只有37％的人打電話去詢問。

為什麼
我會喜歡上他／她？

◆突然在意起某個人……

喜歡一個人的理由不光
只有符合條件。

就算條件都一樣，也不代表「任何人都行」

　　A女因為交不到男朋友而煩惱，於是B女問她：「該不會是妳把條件設太高了吧？」A女回說：「才沒有這回事呢！」

　　「那說說看，妳想找怎樣的人？」

　　「一般的男生就可以了啊。」

　　「具體一點啦。」

　　「我想想喔……長得不能太差，最好要比我高，身體健康、個性溫柔，還要有固定的工作，年紀在25歲～40歲左右……」

　　「如果是這樣的話，那現在咖啡店裡不就有一半以上的男生可以列入考慮了嗎？」

　　「好像是耶（笑）。可是這樣不行啦！」

　　各位知道為什麼會發生這樣的情況嗎？為什麼我們不是對任何人都有感覺？為什麼只會對於特定的某人產生愛情呢？這些問題早在遙遠的西元前就是個謎，大概就是因為這樣，才會有紅線的傳說、邱比特之箭的神話。人的內心真的很不可思議，**有時會在相遇的瞬間一見鍾情，有時又會在突然之間愛上多年好友**。而且，通常都是不自覺地愛上對方，所以就連自己也不曉得原因究竟為何。即使問另一半：「你覺得我哪一點吸引你？」我想大概也沒有多少人能回答出完美的答案。

　　分析心理學的創始者——榮格，則針對這個謎題提出了以下的假說。

1 喜歡一個人的原因有很多種。

2 內心深處渴望著父母親的愛。

3 戀愛是擺脫依賴父母的過程。

◆潛意識中的阿尼瑪／阿尼姆斯會投射在他人身上　不知不覺間就逐漸形成了理想中的戀人模樣。

父親是理想的情人形象。　　將父親的模樣投射在與父親有著相似特質的異性身上。　　喜歡上的不是父親的投影，而是對方本身的模樣。

追求自己心中的父母親模樣

根據榮格的理論，男性潛意識中的理想戀人（阿尼瑪／女性形象）是以自己的媽媽為原型，而在女性的潛意識裡則是根據爸爸的形象，設定出自己的理想情人（阿尼姆斯／男性形象）。親子關係是人類在呱呱墜地之後第一次體驗到的愛，所以在人類的內心深處，才會總是追尋著父母的愛。榮格認為，平時沉睡在個人潛意識之中的阿尼瑪與阿尼姆斯，偶爾會投射在**具有相似特質的異性身上**（在對方的身上看見自己內心渴望的要素），進而喜歡上對方。

不過，通常人在真正談戀愛，試著與對方交往之後，就會發現其實並不存在著跟爸爸或媽媽一模一樣的人。若希望談一場甜蜜而幸福的戀愛，那麼就必須學習去喜歡另一半真正的樣子，而不是任性地把心中的理想模樣投射在對方身上。如此說來，**假如希望自己不再依賴爸媽，成為一個有著獨立自主精神的人，那麼談談戀愛應該會有滿大的幫助。**

Column
古希臘版的「紅線」

古希臘的喜劇作家阿里斯托芬說：「人類原本是有著兩張臉、兩雙手、兩對腳的種族，並且分成男男、女女、男女等3種組合。但是，眾神卻將這些人類一分為二，從那之後，人類就一直在尋找著自己的分身。所以，人類一旦找到自己的另一半，就會結合為一，不再分離。而那就是戀愛。」「柏拉圖式的戀愛」一詞源自於哲學家柏拉圖之名，意指無關性慾的精神戀愛。柏拉圖的著作《會飲篇》中，就描述了這則故事。

「沒辦法／不想談戀愛的人」的心理

◆**未婚者與現在交往對象的相遇契機**

	職場、工作	透過朋友、兄弟姊妹	學校	路上、旅行途中	社團、俱樂部	打工
男性	18.5%	20.7%	27.8%	5.0%	6.3%	5.4%
女性	21.5%	20.9%	23.7%	3.5%	7.2%	6.7%

	青梅竹馬、鄰居	相親	婚姻仲介所	其他	不詳
男性	2.6%	0.7%	0.4%	5.2%	7.5%
女性	1.8%	0.4%	0.5%	6.3%	7.5%

※調查對象為正有交往對象（未婚夫／妻、異性戀人、異性友人）的18～34歲未婚人士。男性735人、女性975人。

（資料來源：國立社會保障‧人口問題研究所　2015年）

人會在不知不覺間失去談戀愛的能力

　　關於「想談戀愛卻談不成功」等情況下的心理因素，首先要談的是「不安」。有些人雖然有喜歡的人，卻因為害怕對方拒絕而不敢告白；而有些人總是在重要時刻緊張過頭，反而態度變得很奇妙，結果最後沒能跟對方成功交往。

　　還有些人是因為受到戀愛電視劇、漫畫，以及雜誌等影響，以為「戀愛就是要刻骨銘心、甜甜蜜蜜的才對」，所以覺得現實中的戀愛「不是心目中的戀愛」，而錯過了得來不易的邂逅機會。除此之外，有的人則是從小就被父母嚴格管束，一直以來看著父母的臉色行事，所以**在尋找交往對象時也不自覺地偏向爸媽或許會喜歡的類型，而不是選擇自己真的喜歡的人**。不過，這樣的父母通常都會想霸占住自己的孩子，所以不管孩子的交往是誰，也絕對不會感到滿意。

　　要和他人形成戀愛關係，就必須一層一層地提高親密程度，因此，這時最重要的就是自我披露（→P14）。而在現代的社會裡，能夠自我披露的機會卻是愈來愈少。以往，職場上的飲酒會等聚餐活動都是適合自我揭露的時機，但最近由於酒後騷擾別人等情況為人詬病，所以也愈來愈少舉辦飲酒會了。沒有敞開心扉的機會，自然也不會有機會談戀愛了。

　　以親子關係而言，有些人是因為在嬰幼兒期感受不到父母充分的愛，長大之後才**會無法接受「被他人愛的自己」，還會主動地躲開對自己有好感的人**。

P O I N T	
1	戀愛不成功的原因有內心不安、看不清現實狀況等等。
2	不想戀愛的人對於現況很滿意。
3	沒有成功經驗就會變成自暴自棄模式。

◆艾瑞克森的心理社會發展階段理論

生於德國的心理學家艾瑞克森將人的一生分為8個發展階段。

發展階段	發展課題與危機	適應成功
嬰兒期	基本信賴VS不信任	希望
幼兒期	自主行動VS羞怯與懷疑	意志
學齡前期（遊戲期）	自動自發VS退縮內疚	目標
學齡期	勤奮進取VS自貶自卑	能力
青春期	自我統整VS角色混淆	忠誠
成年期	親密VS疏離	愛
中年期	奮發有為VS停滯頹廢	關懷
老年期	自我統合VS悲觀絕望	智慧

（資料來源：《公認心理師 必携テキスト》学研）

對談戀愛沒興趣

關於談不談戀愛這件事，有的人是抱持著不談戀愛的積極態度。這類型的人會覺得比起跟他人相處的樂趣，成為獨立自主的自己是一件更加幸福的事。歐美社會通常會認為沒有伴侶是一件可恥的事，但在日本就不一樣了，即使沒有交往對象，也不至於有這樣的困擾，性慾也能靠著二次元或動畫等等的替代品來滿足。即使周圍的人費盡口舌，當事者還是覺得這樣就很滿意了。

有些人則是因為嚴重的自信心不足才放棄談戀愛。人在3～6歲是發展自主行動的階段，但如果父母在這個階段總是要孩子這也不能做、那也不能做，就會在孩子的心中種下罪惡感，讓孩子成為對於任何事情都提不起勁、沒有氣魄的大人。

沒有行動，就不會失敗，但也不會有成功的經驗。人如果沒有成功的經驗，就不會提高自我評價，只會覺得「像我這樣的人怎麼可能跟別人談戀愛」，形成一開始就自暴自棄的模式。這種類型的人不管遇到哪種人際關係，都會覺得難以應對。

Column
封閉自我情感

孩子在成長過程中覺得爸媽並不愛自己的話，就會出現「這個世界很可怕，我一個人很孤單、很害怕」的不安情感。讓他們覺得不能依賴其他人，要靠著自己的力量活下去，才能擺脫這種的不安。

他們為了不與他人有情感上的交流，所以無視自己的一切情感，也對他人漠不關心，才會覺得「談戀愛真是荒唐」。像這樣封閉自我情感的人，從外表就能看出非常地獨立自主。

戀情降溫的瞬間

◆「戀情降溫」的因素

戀情急速降溫的瞬間有以下幾個因素。

妳感冒了？

不要傳染我喔

不再溫柔體貼的時候

謝謝招待～

開始計較誰出的錢比較多的時候

你不是說要傳LINE給我

對對對，都是我的錯…

重複同樣爭吵的時候

今天好像是妳的生日

對另一半不再抱有期待的時候

多年的熱戀降溫冷卻的關鍵因素與時機點

隨著交往時間愈來愈久，**大腦就會減少分泌讓人怦然心動或小鹿亂撞的苯乙胺或多巴胺**。除此之外，許多人習慣了兩人在一起的生活之後，就會失去緊張感，所以會用自己最自然的狀態去跟對方相處。最後，在交往初期因為保持形象所帶來的**輪暈效應（情人眼裡出西施）**就這麼消失了。就像午夜12點的灰姑娘一樣，一切都在魔法消失之後回歸現實，看見的都是對方那些討厭的缺點。

這時，如果另一半出現一個特別誇張的缺點，就會成為這段戀情降溫的關鍵。從具體的內容來看，就能看出男性與女性所在意的點並不同。男性在意的通常都是「說謊」、「不守約定」等**違背信任關係的行為**，或是「身材走樣」、「若無其事地放屁」等**性感魅力降低**等等的因素；女性則是在意男性「花錢沒有節制」、「說家人壞話」等**引起婚後不安的行為**，或是對於「很沒禮貌」、「愛說大話」等**藐視別人的態度**感到失望。

在野生動物的世界裡，大多都是發情的雄性動物拼命地追著雌性動物，但一旦交配完就會失去興趣，立刻將目標轉往下一頭雌性動物。人類的男性也是如此，不管是對於戀愛對象的熱情升溫還是熱情退卻的速度，都被認為是比女性還要更快。但這段戀情如果是在「女追男」的情況下展開的話，我想女性應該也會是如此吧。彼此同時愛上對方的例子實在很罕見，因為通常都是其中一方先表現出熱絡的態度。另一方受到對方熱情的驅使，而開始與對方交往，但等到愛情終於到達頂點時，對方卻早已經過了激情……這樣的結果雖然很殘酷，但的確是有可能發生。

POINT

1　交往時間愈久，戀情降溫的時機點也會跟著增加。

2　當柴嘉尼效應一消失，就會喪失興趣。

3　女性忍耐到最後，也可能會死心。

◆**心理測試　你分手後的情感表現會是？**

你的弟弟是個太空人，明天就要飛到外太空了。
這時你真正的心聲會是以下的哪一個？

A	B	C	D
「帶我一起去。」	「平安回來就好。」	「我不要你丟下我，自己跑去旅行。」	「不用擔心家裡的事。」

→測驗結果在P32！

覺得厭倦的男人，總是隱忍的女人

　　對於重視結果的男性而言，戀愛的終極目標就是把對方追到手。所以，當戀愛關係發展到一定程度的穩定狀態時，男性的心中就會認為「我的目標已經達到了」、「這段戀愛已經到頭了」。**一旦受到未完成事物強烈吸引的「柴嘉尼效應」**消失，就會開始覺得沒興趣。

　　另一方面，女性不只是重視過程，也因為從古至今的社會氛圍都灌輸女性要「要忍耐」、「要從一而終」的觀念，所以就算女性在戀愛沒多久之後就覺得愛情降溫了，還是能夠撐到忍無可忍為止。因此，愈來愈多的分手案例都是**女性忍耐到了極限，最後覺得這段戀愛已經「無藥可救」才決定放棄**。

　　人的情感是一層又一層疊加而成，在隱忍的深處潛藏著憤怒的情緒。所以，女性心中的怒氣在當初熾熱的愛情冷卻之後，就會一發不可收拾。而男性只會滿頭霧水地覺得：「怎麼這麼突然？」在晚年離婚的情況之中，也能經常看見這樣的情景。

Column
什麼是輪暈效應？

　　有時，我們在聽到某個人是「社長」時，可能會覺得他一定是個有錢人；或是看見某人長得一表人才，就主觀地認定這個人值得信任，常常像這樣以一個人的社經地位、外表、財產等等的特徵性形象，誤判一個人的性格。美國心理學家桑代克在1920年代首次使用這個理論，也稱「光環效應」或「成見效應」。輪暈（halo）指的是佛像、聖像或是天使畫像上的背後光環。

受歡迎／不受歡迎的人差別在哪？

◆受歡迎的４大條件

①長得好看　　　　　　　③社交溝通能力好

②出沒在異性比例較高的地方

④具備自我肯定感

受歡迎的人才具有的４個條件

就直接說結論吧。**長得好看、出沒在異性比例較高的地點、社交能力強、具備自我肯定感**，這４項就是受歡迎的人所具有的條件（為了對方的財產而討好奉承對方的例子除外）。接下來看看詳細的內容吧。

任何人都會對於初次見面的人保持警戒心，所以並不會去接近外表可怕或是行為詭異的人。因此，想要吸引他人的注意力，首先最重要的就是自己的外表。這裡說的外表並不是指臉長得好看（長得好看當然是最好的），還包含了表情、態度、衣著等等，所以是可以有意識地表現出開朗、清爽感、性感等等。

男女比例就只是物理上的問題，如果沒機會遇到異性，自然也不會受到歡迎。在男生比例遠遠勝過女生的理工科當中，這些女學生就算什麼都不做，也會成為眾人的焦點。像是上料理教室的男生、喜歡摔角的女性等等，同樣也會大受異性歡迎。或許可以先觀察一下自己的興趣事物、平時的樂趣、喜愛的運動等等的男女比例，再來決定要從哪一個下手。

如果只是想要成為萬人迷而已，那這兩項條件應該就很夠用了。但假如要讓特定的人對自己有好感，就必須要具備可以增進彼此關係的溝通能力。溝通能力的第一步就是「自我揭露」（→P104）。**自我揭露指的是「坦誠以待」，跟自我炫耀（自傲）並不一樣。**自己喜歡或討厭的東西、老家在哪裡、年紀、家庭成員等等，這些能讓他人認識自己的資訊都可以一點一點地透露給對方了解。要是表現得太過神祕，對方除了覺得你很性感之外，大概也不會有其他想法。

POINT		
	1	受歡迎的人具備了4個條件。
	2	自我揭露是很重要的一點。
	3	當個聽眾，提升對方的自我肯定感。

◆什麼是自我肯定感

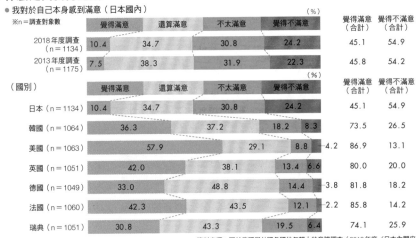

● 我對於自己本身感到滿意（日本國內）

※n=調查對象數

	覺得滿意	還算滿意	不太滿意	覺得不滿意	覺得滿意（合計）	覺得不滿意（合計）
2018年度調查（n = 1134）	10.4	34.7	30.8	24.2	45.1	54.9
2013年度調查（n = 1175）	7.5	38.3	31.9	22.3	45.8	54.2

（國別）

	覺得滿意	還算滿意	不太滿意	覺得不滿意	覺得滿意（合計）	覺得不滿意（合計）
日本（n = 1134）	10.4	34.7	30.8	24.2	45.1	54.9
韓國（n = 1064）	36.3	37.2	18.2	8.3	73.5	26.5
美國（n = 1063）	57.9	29.1	8.8	4.2	86.9	13.1
英國（n = 1051）	42.0	38.1	13.4	6.6	80.0	20.0
德國（n = 1049）	33.0	48.8	14.4	3.8	81.8	18.2
法國（n = 1060）	42.3	43.5	12.1	2.2	85.8	14.2
瑞典（n = 1051）	30.8	43.3	19.5	6.4	74.1	25.9

資料來源：關於我國與外國各國的年輕人的意識調查（2018年度／日本內閣府）

重點在於自我肯定感

　　聽對方聊聊自己的事情也是相當重要的一件事，**千萬不能自顧自地拼命講**。專業牛郎之所以如此受歡迎，就是因為他們會認真地聽客人講話，也很認真地給予回應，更不會說一些負面或否定的話，所以同時還提升了對方的自我肯定感（→P101）。在現代的日本社會裡，人們的自我肯定感、自我價值觀早已殘破不堪，能夠幫助自己提升自我肯定感以及自我價值觀的人因此顯得格外珍貴。

　　除此之外，培養本身的自我肯定感也是很重要的一件事。否則，在附和對方時就無法與對方處於對等的關係。**所謂的自我肯定感，是心理健全地愛著自己**，誠實地面對自己的價值觀與內心願望，跟恣意任性並不一樣。榮格心理學當中並沒有所謂的自我陰影面（自己覺得自己討厭的地方），因此我們並不會把它投影在別人身上、批評對方。也有些人喜歡那種被自我肯定感高且「有些任性但不討人厭」的異性「稍微擺布」的感覺。

Column
受歡迎的日文「モテる」

　　「モテる」的日文漢字寫成「持てる」，最原本的意思按照字面解釋為「能夠持有」。另外一個說法，「持てる」的意思在江戶時代是用來表示到花街尋花問柳的男客受到妓女「好意相待」，之後便演變成「受青睞」之意。昭和時代中期出現片假名、平假名混用的寫法「モテる」。2008年，久保美津郎的漫畫當中出現「モテ期（桃花期）」一詞，而這部漫畫也改編成電視劇及電影，使「モテ期」一詞大受注目。

如何找到個性合得來的人？

◆**海德的平衡理論**

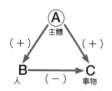

* 相反模式 *

三者之間的認知關係皆為負（－），或是二正（＋）一負（－）的情況

⬇

呈現不平衡狀態　不愉快

主體A為了趨近平衡狀態，就會批評人B或事物C，或是讓B改變對於C的看法。

三者之間的認知關係皆為正（＋），或是一正（＋）二負（－）的情況

⬇

呈現平衡狀態　愉快

主體A對於人物B的關係為負，與事物C也是負，所以就算B→C的關係是正的，一樣可以取得平衡。

將三角形的三邊相乘的結果

→結果為正
＝取得平衡
＝愉快
→結果為負
＝為取得平衡
＝不愉快

有同樣的興趣&節奏合得來的人

　　美國社會心理學家紐科姆追蹤調查大學新生在入住宿舍以後的交友狀況，發現新生在剛入住時都會跟寢室附近的室友變熟，但經過2週以後則超越物理上的距離，反而是跟自己價值觀或態度相近的人感情變好。從這項調查的結果可知，**當自己與對方的相似處或是共通點愈多，就愈容易覺得「跟對方合得來」**。心理學上稱為「相似性與共通點原理」。像是業務員的推銷話術，或是決定計劃小組的成員等等，在工作上也都用得到這一項原理。

　　個性合得來的人之間會有這3種心理：

・**共同活動的報酬性＝擁有相同的興趣，能體會到滿足感。**

・**平衡理論＝彼此的意見相同時，就會相處愉快。**

・**社會支持性＝當對方贊同自己的意見時，能夠得到安心感。**

　　相似性、共通點包括老家住在哪裡、家庭成員、興趣、喜好的食物或音樂、生活習慣、金錢觀、信仰等各式各樣的要素，不過有一點倒是很少人會注意，那就是所謂的**「精神節奏（自然節奏）」**。意思是自己覺得心情愉快的速度，通常表現在說話速度或是作業速度等等。

　　想知道自己的精神節奏的話，可以試著先將腦袋放空，然後用食指敲擊桌面，這時敲打出來的節奏就是自己的精神節奏。我們也可以請別人試試看這樣敲擊桌面，如此就能簡單地確認對方的節奏是不是和自己一樣。

1 共通點多的人比較合得來。

2 使身心舒暢的精神節奏也得合拍。

3 用5W1H來確認合不合得來。

◆ 了解對方的5W1H

我還滿喜歡做菜，所以做了挺多研究喔

是喔～

→ **W**hen ➜ 什麼時候開始的？

→ **W**here ➜ 哪一間店的東西好吃呢？

→ **W**ho ➜ 你都跟誰一起吃啊？

→ **W**hat ➜ 你最喜歡的料理是什麼？

→ **W**hy ➜ 為什麼喜歡做菜啊？

→ **H**ow ➜ 下次教我做菜嘛！

使用5W1H（When／Where／Who／Why／How）提問，不僅容易打聽到對方的情報，也容易整理。

負面要素也很重要

　　如果想要找到一個與自己個性合得來的人，那就要試著找話題跟人聊天，了解一下關於對方的資訊。就算自己很不擅長主動跟人搭話，但只要貫徹發問的技巧就沒問題了。不要把事情想得太複雜，總之就是先丟出**5W1H的問題，這樣對方就會主動地展開話題**。當對方聊到了自己覺得或許有機會深入聊下去的話題時，就可以回答：「我也覺得是這樣！其實我啊……」試著用自我揭露的方式讓對話更加熱絡，這樣就能判斷彼此是否合得來。

　　如果是擅長聊天的人，可以試著使用比較高階的「輕微自嘲」談話技巧。沒辦法早起、跟小朋友一樣不敢吃苦或吃辣等等，把自己的這些弱點說給對方知道，觀察一下對方的反應如何。未來如果要發展成戀愛關係，彼此擁有類似的缺點或弱點，反而會比具備相似優點更能讓關係走得長遠。

　　最糟糕的情況就是「自己討厭的」剛好就是「對方喜歡的」。一定要先確認好自己在生活習慣或觀念等方面有哪些事情是「絕對不能容忍」。

　　一般人會認為俊男美女的組合並不常見，但實際上並非如此。我們可能會覺得這樣的人自尊心都很高，彼此應該合不來，但是實際上許多這樣的組合都相處得頗為順利。

　　因為人在選擇交往對象的時候，會偏好選擇與自己外在魅力旗鼓相當的對象。在戀愛心理學當中，稱之為「配對假說」。當兩個人站在一起時，要是自己看起來明顯比不上對方，或是對方跟自己的落差太大，都會讓人覺得不開心。所以彼此之間的差距愈小，愈能感到安心。

9 為什麼會忘不了前任？

◆白熊實驗

收到指令「絕對不能去想白熊的樣子」的這一組受試者，
反而都把白熊的模樣記得一清二楚。

正因為想忘，才會更忘不了

人總是忘不了已經畫下句點的那段戀情，其中一個原因是因為**那段戀情尚未真正結束**。一名俄羅斯的女性心理學家發現，人類會忘記已經完結的事情，對於尚未完成的事卻記得一清二楚，這項心理作用便以她的名字命名，稱為**「柴嘉尼效應」**。被甩掉的一方往往比提出分手的一方更難忘懷戀情，想必其中也是受到這項效應的影響。

此外，柴嘉尼效應還會進一步地讓人「愈想要忘記，就愈加忘不掉」。關於這個現象有個相當有名的心理實驗。實驗的受試者在看過白熊的照片之後被分為3組，其中A組收到「請把白熊的樣子記下來」的指令，B組收到「可以想一下白熊的模樣，也可以不去想」的指令，C組收到「絕對不能去想白熊的樣子」的指令。過了一段時間以後，再詢問這些受試者關於方才看到的白熊，結果回答得最詳細的竟然是「絕對不能去想白熊樣子」的C組。

通常大腦會自動地把失戀的回憶轉換「美麗的回憶」，成為人生當中的綴飾。不過，轉換的時間長短則因人而異。在英國文豪狄更斯的小說《遠大前程》裡有位老婦人叫赫薇香，她一生都忘不了在結婚當天拋棄她的未婚夫，幾十年來都穿著新娘婚紗，天天看著早已腐敗的結婚蛋糕。在她的心中，滿滿都是無盡無止的眷戀與執著，以及對這世上所有男性的憎恨。

◆發掘新的興趣

若要擺脫眷戀不捨或執著，不管是打打掃、學學樂器，還是上健身房、上考證照的課程、旅行等等，做什麼都可以。

放下眷戀與執著心

所謂的眷戀指的是內心尚有留戀，是尚未放下這段戀情的證據。執著的真面目其實是人的依賴心、恨意，或是後悔、罪惡感等等的內心創傷。愈是執著或眷戀，情感的波動就會愈激烈，而感到更深的失落感。即使程度不至於像赫薇香如此極端，但如果滿腦子都是已經分手的前任，一樣有可能會出現奇怪詭異的行為舉動。

所以反過來講，**只要減少對於前任的思念頻率，就不會讓自己如此痛苦**。而要做到這件事，最好的辦法就是**將注意力全部集中在自己的身上**。把家裡從頭到尾打掃一遍、開發全新的興趣或學習新事物等等，選擇做一些和前任完全不相關的事情。除此之外，最重要的還有充足的睡眠。大腦會在睡眠的過程中整理我們的記憶，清理掉那令人不開心的回憶。當我們愈壓抑負面的情緒，情緒的反彈就會愈大，所以要採取一些能夠告別這些情緒的行動，可以試著和朋友聊聊天，或是找心理諮詢師做心理諮商等等。展開新戀情也許會是效果最好的行動。

Column
愛得愈深，恨得愈深

各位知道伊索寓言當中的「狐狸與葡萄」嗎？狐狸想要摘葡萄卻沒摘成，還嘴硬地說：「反正這個葡萄一定很酸，根本不能吃。」像這樣「當自己的行動或情感與事實不一致時，選擇正當化自己的行為」，在社會心理學上稱為「消除認知失調」。消除認知不協調的最典型例子之一，就是用憎恨對方來說服自己接受已經和愛人分手的事實。

10 男女之間 真的有純友誼嗎？

◆魯賓的喜歡量表與愛情量表

喜歡量表	戀愛量表
1. 我覺得在我的好友當中，我最喜歡的就是○○。 2. 我覺得○○真的是一個適應力很強的人。 3. 我覺得可以推薦○○去做重責大任的工作。 4. 我想要成為像○○一樣的人。 5. 我覺得我跟○○都很像對方。 6. 我跟○○在一起的時候，我們兩個幾乎都是一樣的心情。	1. 不能和○○在一起的話，我會覺得好寂寞。 2. 一的人的時候，我總會一直想要見到○○。 3. 如果○○沒精神的話，我希望我可以第一個給他安慰跟鼓勵。 4. 如果是為了○○，要我做什麼都可以。 5. 跟○○在一起的時候，我都會一直看著他的臉。 6. 我想要獨占○○。

男性無法清楚地區分愛情與友情？

在關於愛情與友情之間差異的心理學當中，美國社會心理學家魯賓提出的「**喜歡量表**」與「**愛情量表**」（→P57）相當有名。根據魯賓提出的量表，當一個人覺得「好想要身心都緊緊地依偎在一起、只要是為了對方，我什麼都可以付出、好想要兩個人獨處」，那就是將對方當成戀人看待。而且，除了性方面的要素，也看得出來對於對方的獨占欲以及依賴心。相反地，如果是深深認為對方「很優秀」、「值得尊敬」、「值得信賴」、「彼此合得來」，那就是將對方當成朋友。這時並不包含性方面的要素，所以男女之間的友情是可以成立的。

不過，有些人並無法明確地分辨這兩種情感，也就是說，有些人其實會搞混所謂的愛情或友情。根據魯賓的看法，男性比女性容易有這樣的傾向。在一項以日本大學生為調查對象的研究裡，請受訪者以分數表示戀人與朋友的親密程度，結果發現男性在這兩種關係上的分數差異比較小。也就是說，**相較於女性能夠清楚地區分出戀人與朋友的差異，男性在戀人與朋友之間的界定上可說是曖昧不明。**

其實會有這樣的情況，也是因為身為雄性動物的男人受到必須傳宗接代的本能影響。以原理來說，每位女性都是男性的戀人候補。所以，從男性的角度來說，男女的友情其實就是結果論，只是因為自己沒機會成為對方的戀人而已。

當然每個人的情況多少會不一樣。對於戀愛抱持消極態度的男性愈來愈多，所以應該也有不少的男性到最後還是與女性維持著朋友的關係。在年輕的男男女女之間，似乎也出現了不存在愛情的全新關係，叫做「陪睡友（→P118）」。

◆同為草食性的兩人

兩個人皆為草食性的話，這段友情就會發展得很順利。
而肉食系男子與草食系女子之間則難以維持友情關係。

彼此的平衡很重要

綜合以上的內容，最容易建立起友誼，而且關係也走得長遠的，**就是草食系男子＆草食系女子的組合**。這是因為雙方對於戀愛都興趣缺缺，就算其中一方產生了愛情，恐怕也不會向對方告白。

其次則是草食系男子＆肉食系女子的組合。「○○是我的好朋友，我的男朋友是別人啦。」就屬於這種類型。

當男女雙方都屬於肉食系時，二人之間是否會持續友情關係就要視情況而定了。如果男生已經有女朋友，而且交往也順利的話，那就沒什麼問題。但因為男生對於友情與愛情的界線本來就很曖昧，在某些時機或情況之下，或許也會不小心就和這個女性朋友接吻。一旦發展到這個情況，女生感覺到彼此之間似乎有些不一樣，也許就無法再和對方維持朋友關係了。

非常積極強勢的肉食系男子＆態度被動的草食系女子的組合應該很難成為朋友關係。一般都認為這兩種人是最容易形成戀愛關係的組合。

Column
愛情的三角形

美國心理學家史坦伯格提出了「愛情三角理論」，將愛情的要素分為激情、承諾與親密。若以三角形表示這3項要素的比重，最後呈現出正三角形時，稱為「完整的愛」。

根據這項理論，激情與親密程度特別高的關係是浪漫式愛情（戀人）、親密與承諾程度較高的關係是友伴式愛情（夫婦、死黨），只有親密特別突出的關係則會是喜歡式愛情（朋友）。

心愛、重要的弟弟象徵著戀人。

前往像宇宙一樣遙不可及的地方，則表示失戀時的狀態。

A 斬斷不了回憶、依依不捨的類型

這類型的人會花最多時間在感傷分手以及斬斷過往的回憶。就算已經分手好一段時間，還是會頻繁地傳訊息或打電話給對方，可能給對方帶來困擾。

B 完全告別過去的類型

這類型的人可以完全地告別過去，豁達到甚至讓對方覺得有些落寞。他們能夠跟從前一刀兩斷，就算是失戀也能保持豁達。有許多這類型的人都覺得「對方是自己曾經喜歡過的人」，分手後還是會跟對方當朋友。

C 最後會變成跟蹤狂的類型

這類型的人就算分手了，也依然深信對方還是喜歡自己，非常有可能去跟蹤對方。除非對方直截了當地說：「我已經不喜歡你了。」不然他們大概不會認清這個事實。

D 找其他人創造新回憶，覆蓋掉過往所有回憶的類型

這類型的人覺得失戀以後就應該趕快整理好自己的心情，例如：刪除對方的聯絡方式、照片，跟其他人一起去以前約會過的地方，覆蓋掉當時約會的回憶等等。這類型的人可說是非常熟悉如何擺脫失戀，而且又冷靜。

第 **2** 部

戀愛關係／情感詞典

劈腿、失去新鮮感、吵架、不倫戀……不管在哪個時代，都有無窮無盡的戀愛煩惱。可能是覺得對方不了解自己而感到痛苦，可能是深陷複雜的關係之中，又或是常常被那些搞不定的情緒牽著鼻子走。第2部將深入探討愛情／情感當中的關鍵字，告訴你如何了解自己也了解對方。

愛

意味	覺得對方有特別價值並深受對方吸引的心理
相似詞	愛情／憐愛／感情／思慕
例 句	「他不經意說出口的話讓我感覺到愛。」

好感度：★★★　反感度：☆☆☆

愛是什麼？在人類的歷史當中，沒有任何一個課題像這個問題一樣，是人類自文明誕生以來就一直在探討及研究的。在基督教文化圈當中，愛與神基本上是同義詞，常以「無條件的愛」、「博愛」、「人類的愛」等方式表現所謂的愛。在心靈療癒的世界裡則將愛稱為「宇宙」、「偉大的存在」，有別於特定宗教的神。從量子力學的觀點來看，愛與其他的物質、思考、情感一樣，都是一種能量。上述的這些愛應該都可以稱為**不分對象、平等對待所有人的大愛**。

●描繪愛是不求回報的「純愛」熱潮

我們身邊的人際關係當中的愛，則有別於這種規模壯闊的愛，特別是男女之間的戀愛也有各種不同的定義、分類。日本在2000年左右颳起了一股「純愛」旋風，《在世界的中心呼喊愛情》、《冬季戀歌》等小說、電影、電視劇都轟動一時。這股純愛旋風表現出男女主角一心只希望對方能夠幸福，即使犧牲自己也在所不惜的**「奉獻的愛」**、不求回報的**「無償的愛」**、無關性慾的**「柏拉圖式戀愛」**等等的愛情觀。這些純愛小說、電影或電視劇能讓許多女性潸然淚下，是因為**實際上要擁有這樣的愛情經驗是相當困難的**。

加拿大的心理學家李約翰將戀愛歸納為6種類型，其中一種是「犧牲奉獻型的愛（Agape）」，但從調查的結果發現，現實當中並不存在這種戀愛。

●過度的「偏愛」伴隨著危險

對於特定的人或物品有著強烈的執著、熱烈的愛，稱為「偏愛」。自詡為「偏愛專家」的插畫家三浦純是吉祥物、佛像等等的狂熱粉絲之一，根據他的見解，**所謂偏愛是有意識地偏離常規的框架，並投入金錢以及傾注熱情在奇妙的人事物上**，然而一般的人都是無意識地這麼做。如果偏愛的對象是物品，那就會被歸類為某某迷或某某宅；如果偏愛的對象是宗教或思想團體，那就有可能變成是洗腦；如果對象是人的話，則有可能變成跟蹤狂（→P112）。與其說是愛，倒不如說這是強迫觀念、執著。比起稱之為愛，可能更適合說這是一種揮之不去的念頭、執著。

愛有兩種，一種是不分對象的愛，一種是對於特定對象的愛。戀愛屬於後者之一，而且還可以再細分為其他類型。純愛與偏愛都屬於戀愛的其中一種，只是純愛缺乏現實感，而偏愛則蘊含著毀壞人際關係的危險性。

討人喜歡

釋　義	笑容滿面又惹人喜愛
相似詞	天生開朗／人見人愛／惹人憐愛／和藹可親／天真爛漫
例　句	「她真是太討人喜歡了～」

好感度：★★☆	反感度：☆☆☆

當一個小孩子在大人面前笑咪咪地說些有趣的事情，逗得大人哈哈笑時，周圍的大人都會覺得這孩子真可愛，或是給這孩子比較多的零用錢。像孩子一樣天真爛漫又大方不怕生的特質，或是擁有體貼他人的心，稱為「討人喜歡」。

具體而言，從討人喜歡的人身上可以看出他們擁有①笑口常開、②對他人一視同仁、③散發出平易近人的氣息、④情感表現淺顯易懂、⑤天然呆等特徵。

相反地，「不討人喜歡」的人則是太過正經、聽不懂玩笑話、覺得跟人打招呼或對話都麻煩。這類的人的喜怒哀樂表現也不多，所以給人難以親近的感覺。

也有心理學的研究指出，人的好感度只要靠1秒的第一印象就能決定，所以討人喜歡的人確實會比不討人喜歡的人更加吃香。

●討人喜歡是女性專屬的美德？

「討好」是一個跟「討人喜歡」滿類似的詞語，指的是有意識地表現出某些讓人產生好感的動作或態度（例如：陪笑）。相對而言，**討人喜歡指的則是某人所具備的神情或是舉止等等的自然性質**。也許就是這份平易近人的溫柔讓其他人覺得很喜歡。

討人喜歡本來應該是不分男女的魅力，但就像以前的人總是說：「男人就要有氣魄，女人就要討人喜歡。」變成用來評論女性的美德。

但現代社會價值觀已經跟從前不一樣，男性不再只有剛毅堅強的形象，形象溫和的「草食系男子」也愈來愈多了。現在，「討人喜歡」應該是一個可以用來形容男性或女性受人喜歡的性質。

> 不同於刻意表現的「討好」，「討人喜歡」是一種與生俱來的性質，有時可能連自己都沒有自覺。這樣的人帶給他人的第一印象都很好，比較容易受到周圍的喜愛。

戀愛小專欄

從動作看心理

當我們與對方面對面坐著時，就可以從對方的動作看出他的心理。

- **身體往前傾**……想要親近對方。
- **身體往後傾**……覺得自己比對方高出一等，或是在虛張聲勢。
- **雙手抱胸**……正在緊張。態度良好的情況則是「想讓對方覺得自己很帥氣」。
- **手放在桌上**……放鬆的狀態。

荷包蛋就是要沾醬油才對～

性格相合

釋 義	合得來、投緣、能順利溝通等等的共通性較高的關係
相似詞	合拍／親近感／契合度／合適性／互換性
例 句	「我要找人幫我算一下我跟暗戀對象的性格相不相合。」

好感度：★☆☆ 反感度：★☆☆

「**性**格相合」在日文中稱作「相性」，這個詞來自於陰陽五行的概念，指世上一切事物皆有陰陽（正負）的屬性，萬物皆由「木、火、土、金、水」五種基本物質構成。就像鑽木生火一樣**能帶來好的影響**，那彼此就是合得來；如果像灑水滅火一樣抵消對方的力量，那彼此就是合不來。

雖然不太清楚陰陽五行的概念是何時開始運用在人際關係，不過的確有不少人都相信**戀人、夫婦、親子、上司與部下、朋友等各種關係中都存在「性格相合」的問題**。就連利用姓名、血型、星座、手相等方式，診斷自己與喜歡的人個性是否相合的占卜，也都擁有難以撼動的超高人氣。

任天堂在1969年發行了一款名為「愛情測試儀」的玩具，利用電阻偵測感應器來測試彼此的性格是否相合，並於2010年推出復刻版。由此可見性格相合診斷果真具有超高人氣。

●性格相合的判斷基準是？

心理學認為，能夠盡情暢談關於某事、覺得對話的速度感很不錯、兩人的笑點一致，金錢觀念或是思考模式、食物或音樂等喜好相近等等，**彼此的共通點愈多，就會愈合得來**。也有心理學的實驗證實，性格相似的人之間會更容易產生好感。不過，其實也有另一種看法認為，兩個人在性格方面完全一模一樣的話，反而容易發生爭吵，所以完全相反的性格、能夠互補缺點的關係才會讓彼此合得來。

另外，時常也能聽聞男女之間存在「個性合不太來，身體卻超級契合」等關係，我想這是因為彼此對於性愛抱持著一致的態度。

> 相配的概念來自古代中國的陰陽五行說。即使到了現在，各種占卜當中關於性格相合的判斷一樣具有超高人氣，不過其實跟另一個人的性格相不相合的判斷基準，應該是取決於彼此的相似性與共通性。

相親居酒屋

釋　義	將客群鎖定在追求與異性邂逅的男女的居酒屋
相似詞	婚活應援酒館／婚活酒吧／單身酒吧／聯誼酒吧／婚活咖啡館
例　句	「最近都遇不到什麼對象，不然去個相親居酒屋之類的好了。」

好感度：★☆☆　反感度：★☆☆

相親居酒屋主要開在大都市裡，是這幾年急速竄起的新型態餐飲店。店家會將恰好在店內的幾位客人安排在同一桌，有時也會引導客人玩遊戲，帶動氣氛。

比起明顯以約炮為目的的交友管道，這樣的場所讓人有種安心與自在的感覺，也不必像參加婚活派對一樣必須衝勁十足；跟必須調整個人行程或配合人數的聯誼活動相比起來，也顯得更加彈性、愜意。而且，這類型的居酒屋對於女性顧客所設定的消費金額較低，所以在20～40歲的社會人士之間蔚為風潮。不過，似乎有更多的人都是**抱持著「若是在小酌時來個不經意的邂逅，似乎也不算虧」的隨緣心態**，而不是真的想要認真地尋找交往或結婚的對象。與其他人併桌的這件事就完全符合心理學當中的「好感的構成要件」、「接近性的要因」。

「不必太認真就能有邂逅」的概念在年輕男女之間愈來愈流行，因此相親居酒屋成為都會裡的邂逅新場所。

厭煩

釋　義	受夠對方令自己不愉快的言行舉止，而不再對對方有好感或眷戀
相似詞	覺得厭惡／看清／讓人膩煩／覺得討厭
例　句	「我已經厭煩我那個只會打電動的戀人了。」

好感度：☆☆☆　反感度：★★☆

日文當中的「愛しい想い」（愛戀的情意）簡寫為「愛想」（好意）。「好意歸零」、「好意被消磨殆盡」指的就是覺得自己曾喜歡的那個人變得惹人厭。對於對方不守承諾、一再借錢、總愛吃醋、再三劈腿等行為感到無言，一再忍耐、退讓，到最後再也忍無可忍。

剛開始交往時會因為「情人眼裡出西施」而原諒對方，但隨著交往時間拉長，就一定會希望對方至少改掉某個缺點。這時候**就不應該再保持沉默，要好好地跟對方溝通**。而且，自己也要改掉讓對方不喜歡的缺點。如果做不到這一點，那就只好有所覺悟完全地接受對方的好壞，否則就是早日分手、早日解脫。

一再地提醒、央求對方別再這麼做，但對方仍不為所動，這種情況實在很難說服自己繼續愛著這個人。這時的選項就只有三個：彼此各退一步、全盤接受、早日分手。

紅線

釋　義	兩個人在出生前便已註定要在一起的情緣
相似詞	靈魂伴侶／戀愛的邱比特／命中註定的人／另一半／觸電
例　句	「我們之間綁著一條命運的紅線。」

好感度：★★☆　　反感度：☆☆☆

　　一般認為牽起男女的紅線傳說發源於中國，並且傳到東亞各國。根據集結各種傳奇故事的中國古籍《太平廣記》，二人若是在冥界締結婚約，月下老人便會降臨人世，在二人的腳踝上繫上一條紅線。這是一條剪也剪不斷的紅線，就算二人分離，也一定會連繫在一起。

　　奈良時代編纂的日本古籍《古事記》、《日本書紀》當中，也有類似的紅線傳說。有個女孩子叫做活玉依媛，每天晚上都會有個不知名的男子到她的房裡，最後這個女孩子竟然懷孕了。她的父母大吃一驚，於是在地上撒上紅土，並且命令女兒將穿上線的針刺在那名男子的衣服下襬。隔天一早，女孩的父母沿著被紅土染紅的線一路找去，發現那條線竟然進到三輪山上的神社，而那男子的廬山真面目正是大物主神。除此之外，就像跟人打勾約定時都要用小拇指，小拇指在日本象徵著「約定」，所以**只要講到紅線，就會讓人聯想到綁在小拇指上。**

●真的有紅線嗎？

　　對方如果是紅線另一端的人，那麼「相遇的瞬間就會像觸電一樣」。若以心理學的觀點解釋這個現象，就稱為「一見鍾情」（→P164）。例如：A對B一見鍾情（也就是單方面的喜歡），而B也不覺得討厭。當B一直感受到A釋出的好感，就會出現「想要回應對方期待」的心理作用，於是二人偶爾相約吃飯等等，就有可能漸漸地發展成正式交往的關係。

　　還有一件更讓人覺得有趣的事，**那就是有報告指出，實際上一見鍾情的情侶不僅結婚比率高，而且離婚率還很低。**美國的一項調查採訪了1500位受訪者，這些人都是因為一見鍾情而與對方交往的人，而調查的結果發現約有一半的受訪者最後與對方結婚，而且離婚率僅在10～20％，低於美國的平均離婚率。

　　紅線傳說象徵超越人類智慧的緣分，自古以來流傳於整個東亞地區。而在不同文化圈的美國，也有關於命中注定的情侶是否白頭偕老的統計。

戀愛小專欄
連帶感能夠縮短距離

　　「我們兩個下次要不要一起出去走走呢？」「下次要和我出去走走嗎？」各位覺得哪一句的問法會比較有親切感呢？答案是前面一句。使用「我們」的這個說法是展現出強烈連帶感的最好證據。「一起」、「彼此」同樣也是具有連帶感的表達方式。

死心

釋　義	因為已無計可施而放棄
相似詞	斷念／斬斷／抽身／忘卻／說再見
例　句	「知道他已經有戀人的時候，我就死心了。」

好感度：★★☆　｜　反感度：★☆☆

死心、放棄的日文為「諦める」，原為佛教用語，意思是看透真理。當我們身處於不被喜愛的狀態時，**應該做的是客觀地審視事實並且接受它，而不是胡亂地責怪自己或是怪罪他人**。在愛情當中，若是做不到死心這件事，就永遠無法逃離沒有結果的單戀、不倫戀等等的不幸關係，還有可能讓自己變得憂鬱。

因為搬家而與戀人分隔兩地、到了人生下個階段的年齡，都是放棄這段難熬戀情的最好機會。首先，自己要做的就是告別悲傷、眷戀、寂寞等情感。哭過以後就刪掉對方的聯絡方式，丟掉任何擁有回憶的相片或物品。旅行、剪頭髮（如果是女生的話）、尋找新樂趣等等，改變周圍的環境同樣有助於轉換心情。

> 客觀地審視事實並接受，日文稱為「明らめる」＝「諦める」。解放情緒、捨棄與過去關聯的物品、改變環境等，都有助於自己做到這件事。

我也想跟你結婚，但現在過的這麼辛苦⋯

惡女

釋　義	為了滿足自己的慾望而將男性玩弄於股掌之間的女性
相似詞	蛇蠍美人／魔女／壞女人／狐狸精／毒婦／妖女
例　句	「真看不出那個人是個惡女呢。」

好感度：★☆☆　｜　反感度：★★☆

所謂的惡女，指的是為了掌握男人、金錢或權力，而詆騙（具有社經地位的）男性，將其玩弄於股掌之間的女性。歷史上的北條政子、慈禧太后、埃及豔后等人，都是榜上有名的惡女。這三個例子正好是當時的大美人，其實**惡女未必都有一張漂亮的臉蛋，但不知為何她們都有著俘虜人心的奇特才能**。

自己不為對方做牛做馬，認為「別人為了我鞠躬盡瘁才是理所當然」是惡女們共同的生存之道，她們可不會讓自己的自我肯定感（→P101）降低。所以，站在容易成為社會上的弱者、被動一方的女性觀點，雖然她們很討厭這些惡女，但同時她們的心中也會有些羨慕。另一方面，若從男性的觀點出發，這些惡女都帶著一股普通女性不具備的神祕魅力，所以才會讓他們深陷溫柔鄉。

> 惡女的武器並不是美貌，而是那一份強大到甚至可以反轉一般男尊女卑關係的自我肯定感。這股自我肯定感正是使男性為之瘋狂的魅力所在。

仰慕

釋　義	受到實際上遙不可及的理想對象強烈吸引的情感
相似詞	思慕／艷羨／冀求／愛戀／愛欲
例　句	「我要鼓起勇氣向我仰慕的人告白。」

好感度：★★☆　　反感度：☆☆☆

「許」多人常因分不清楚「仰慕」與「喜歡」而覺得困擾。這兩種情感的最大差異在於與對方之間是否保持距離感。憧憬的對象通常都是自己的理想形象，以心理學來說，就是認同作用的對象。通常會覺得與其破壞掉對方在自己理想中的形象，倒不如保持一些距離為好，不想看到對方形象破滅。**就像自己希望也能像對方一樣帥氣、工作能力好等等，會讓人產生仰慕情感的對象都是具有某些特質。**

相反地，若是愛情的話，我們就會產生真的想與對方交往、不想把對方讓給任何人的這種欲望。不論看見對方多糟糕的一面，也不會有幻想破滅這回事，反而還會希望能給對方支持。如果是這樣的話，那麼多半是包含了超越仰慕的情感在內。

> 對於一開始就知道那是自己求不來的對象所抱持的天馬行空的好感，就稱為「仰慕」。「仰慕」與「喜歡」之間的差別，可以用有無距離感來判斷。

徹夜未歸

釋　義	在自家以外的場所過夜，隔天一早才回家
相似詞	擅自外宿
例　句	「我老公最近愈來愈常徹夜未歸，該不會是外遇了？」

好感度：☆☆☆　　反感度：★★☆

一旦伴侶開始頻繁徹夜未歸，那就是對方不想回家的警訊。表面上他們可能會以工作加班到半夜，或是推不掉朋友的聚會等理由搪塞，但實際上是因為他們的內心深處並不想要回家。不過，要是一口咬定對方徹夜未歸就是外遇，而對另一半口出惡言、下令不准參加飲酒會等等，以高壓的態度來面對只會讓情況更加惡化。重要的應該是告訴對方：「都沒跟你講到話，讓我覺得有些寂寞」、「我不希望你一直跟我抱怨」讓對方知道自己的真心話。

沒有通知一聲就徹夜未歸時，在家裡等待的那個人一定會擔心是不是發生了什麼事。不過，人一旦做了外遇之類的虧心事，反而會為了不露出破綻而事先告知，所以沒有知會的話還比較不需要擔心。不過，要是因為嫌麻煩就懶得通知對方的話，也可能因此養成了壞習慣。**晚歸之前要先通知對方一聲，才是有禮貌的做法。**

> 若已經告訴對方，晚歸前先聯絡一下，但對方還是充耳不聞的話，就代表對方不在乎自己。無法建立信賴關係的對象，最好考慮一下分手的選項。

我好像已經醉了～

心機做作

釋　義	大張旗鼓地向異性展現自己柔弱可憐的模樣
相似詞	做作／矯揉造作／裝可愛／善於心計
例　句	「那女生雖然可愛，一舉一動卻很心機做作。」

好感度：★☆☆　　反感度：★★☆

在聯誼、職場、學校等不特定多數的異性共處的空間裡，特別**展露出自己性感魅力一面的女性**，就稱為「心機做作女」。

這樣的女性所具備的特徵，首先是外觀上大多為長髮、素淨的服裝等等，通常被稱為「討男人喜歡」的衣著打扮。然後是習慣微微抬著頭看對方、明明做得到的事情也撒嬌說不會、主動殷勤地幫對方夾菜等等，行為舉止都在賣弄著自己的「女人味」。簡單來說，渾身上下都像是在說：「看吧，我是個多棒的女人啊。」在女性同胞的眼裡，這絕對就是討人厭的類型。不過，男性則是覺得：「就算知道她是在算計，我還是覺得挺開心的。」至少感覺起來並不討厭。

●根據看法不同，有時也會是正面評語

最近，開始出現一個評論他人的正面用語，叫做「心機可愛」，而且這個詞還迅速地流行起來。「心機可愛」的用法**並不認為「心機」是「過度展現自己」**，而是正**面地看待「心機」的表現，視為一種清楚自己的魅力所在、也知道如何展現魅力的「自我演出能力」**。在心理學上，就稱為**「自我呈現」**，這項能力在聯誼等場合上則能夠發揮出它的威力。

除此之外，就連一般人批評是「對男人獻殷勤」、「八面玲瓏」（→P160）的行為，也有人認為那是一種即使惹女性同胞討厭也要堅決做自己的強韌心志。搞到最後，不論是「心機」還是「心機可愛」，都只是周圍的人憑著自己的主觀意識做出的判斷。**只要當事人覺得開心、能夠受到歡迎，或許也沒什麼不好的。**

在意男性眼光而在舉手投足之間都透露出心機的女性，通常都特別容易受其他女性的批評。不過，最近愈來愈常看到有人對於這種表現自我的手段或強勢的作風給予正面的評價。

戀愛小專欄

情程度？
從瞳孔能看出熱

心理學家赫斯做了一項實驗，他讓受試者看「嬰兒」、「媽媽與嬰兒」、「裸體男性」、「裸體女性」的照片，測試受試者的瞳孔反應。男性受試者的瞳孔在看見女性裸體時會放大，女性受試者的瞳孔則是在看見嬰兒、抱著嬰兒的女性以及男性裸體時會放大。每個人的興趣喜好或對於事物的關心程度不同，瞳孔的反應也會不一樣。這就表示，只要觀察對方的瞳孔反應，就可以知道自己在對方心中的地位高低。

今天我過得很開心喔！應該不只有我覺得我們不曖快一次見面吧？（笑）這一定就是命運！我們倆的很速配耶！（笑）

抱歉，我不開得。

拉近距離

釋 義	接近自己有意思的對象，跟對方交流、相處，或指前述的方式
相似詞	接近／接觸／誘惑／送秋波／挨近／結識
例 句	「對方硬是要跟我拉近距離，搞得我很煩躁。」

好感度：★★☆　反感度：★☆☆

戀愛當中的「拉近距離」，指的讓對方知道自己對他有好感。其中關係到幾個心理現象，例如：喜歡上某個先喜歡自己的人的**「好感的互惠性」**（→P81）、喜歡上某個反覆見面的人的**「單純曝光效應」（重複曝光效應）**（→P125）、距離愈接近，親密度就愈高的**「個人空間」**（→P153）等等。

「告白」是最簡單易懂的拉近距離方式，感覺起來似乎也早已儀式化。除了約會、肢體接觸、送禮物等積極地拉近距離的方式之外，也有比較含蓄一點的方式，例如：笑瞇瞇地打招呼、不經意地熱誠以待等等。不光是經常碰面才能拉近距離，以前常用的寫信、講電話或是現在常用的通訊、社交軟體等等，也都是拉近距離的重要手段。

> 想將自己的心意傳達給喜歡的對象時，可以運用心理學的法則。不管是已經儀式化的告白，還是利用網際網路等等，不同的時代有不同的做法。

今天…

想要你誇我…

撒嬌

釋 義	可愛地表現出對於對方的親近感、信任感與情意的方式
相似詞	打情罵俏／耍任性／黏人
例 句	「會撒嬌才得人疼。」

好感度：★★☆　反感度：★☆☆

說到跟戀人撒嬌這件事，大家腦中通常會浮現出女生跟男生撒嬌的樣子。這是因為存在著「男子漢就該保護弱女子」的社會、歷史背景，才會有這樣的印象。不過，若說男生不跟女朋友、老婆撒嬌，也不完全是這麼一回事，實際上有許多的男性只讓另一半看見自己撒嬌的模樣。大部分的男人都會在意**自己的社會地位或是外界的評價，而在外頭都表現得比較拘謹、正經**，所以當他們回到私人空間的時候，就會想要放鬆一下，或是跟另一半撒嬌。

站在女方的角度，她們也很開心男方只把這一面給自己看。撒嬌這件事不分男女，若彼此都能夠接受對方跟自己撒嬌，想必也有助於彼此的信任關係。

> 就是想跟另一半撒嬌。這種能夠互相撒嬌的關係，也許就是彼此之間已經建立起相當程度的信任關係的證明。

型男

釋 義	有魅力的男性。特別是容貌英俊的男性
相似詞	俊男／美男子／帥哥／有男子氣概
例 句	「我要徵男友，僅限型男！」

好感度：★☆☆ | 反感度：☆☆☆

型男指的是擁有深邃的輪廓、端正的相貌、挺拔的身材等帥氣、美型外表的男性。

在戀愛當中，是否身為「型男」是受異性歡迎的指標之一。在社會上，出色的外表明顯具有價值，心理學認為**影響「人際吸引力」的「外在魅力」在戀愛當中具有相當大的影響力**。人際吸引力指的是旁人所接受的積極（或消極）態度的高低程度。**在邂逅的階段，人際吸引力的影響力會特別強大。**

現在，不光是長相或外型出眾，個性好、好感度高的男性也都可以稱為型男。

成癮

釋 義	依靠著其他事物生存
相似詞	中毒／沉溺／共依存／沒有○○，我就活不下去
例 句	「你這不就是對他成癮了嗎？」

好感度：☆☆☆ | 反感度：★★★

成癮是對於酒精、性愛、賭博等特定事物具有強烈的執著，已經對生活造成困擾卻還是無法停止的一種狀態。戀愛成癮症較常發生在女性身上，有戀愛成癮症的人會對情人說出「你敢出軌的話，我就死給你看」等言語，出現病態的束縛行為。相反地，因為極度討厭跟他人深交而選擇迴避人際關係，則稱為迴避成癮症，通常比較容易發生在男性的身上。

在愛情、婚姻關係當中，最危險的成癮關係就是以家暴為代表的共依存關係。以心裡學的觀點而言，當一個人覺得「雖然他這個人很爛，可是我必須要照顧他」而離不開對方的這種情況，乍看之下是對方依賴著自己，但實際上則是自己依賴著這種被對方需要的狀態。心理學稱這樣的關係為**「共依存」。容易獨自煩惱的人，就很有可能會陷入並且逃離不了這種共依存的關係。**

成癮跟撒嬌或依靠在本質上截然不同，有成癮症的人並不會有所自覺。要擺脫成癮的狀態，就必須尋求專家的幫助。

死心塌地

釋　義	只專注一件事，對其他的事情不太關注的樣子
相似詞	一心一意／專心一意／一個勁地／專注／熱衷／眷戀
例　句	「死心塌地地思念著初戀對象。」

好感度：★★☆　　反感度：☆☆☆

對於戀愛死心塌地的人，不管對於任何事情都會很認真、很有耐性，是那種深入追求一件事的類型。就算偶爾會跟另一半意見分歧、出現爭吵等等，他們也不會發脾氣或變臉，而是花很多時間去修復彼此之間的關係。**特別是在一夫一妻制的價值觀上，這種死心塌地的狀態會讓他們感到很滿意。**

人在戀愛初期會興奮不已，是受到腦內分泌的苯乙胺所影響，但交往幾年後，大腦就不會再繼續分泌苯乙胺。此時進入了戀愛的倦怠期，對男女而言都是難熬的一段時期。若是只追求戀愛中怦然心動的人，就會在此階段遭遇挫折，但是對於戀愛死心塌地的人而言沒有影響。此時愈珍惜對方，愈能夠培養出更加深厚的感情。不過，過於極端地從一而終也可能會讓對方覺得疲倦，而成為愛情破局的原因所在。

> 死心塌地愛著對方的人，都是態度認真又有耐力與探究的精神，他們能夠耗費大量時間，去深耕這一份即使出現問題也不輕易放棄的感情。

抓住對方的胃

釋　義	靠廚藝擄獲對方的心
相似詞	合胃口／廚藝高超的妻子／愛妻便當／愛心料理
例　句	「要抓住男人的心，就要先抓住他的胃。」

好感度：★☆☆　　反感度：☆☆☆

「男人的心就要靠廚藝來掌握」是亙古至今的「胃神話」。日文當中有一句話叫做「一盤馬鈴薯燉肉就能讓男人傾倒」。英語圈當中也有一句「The way to a man's heart is through his stomach.（要進到男人的心，就要先經過他的胃）」。乍聽之下可能會覺得這是陳腔濫調的男尊女卑觀念，讓人以為「女人就一定要有一手好廚藝」，**但最近也有愈來愈多的男性開始在家裡下廚，所以這樣的情況也是有可能逆轉的。**也可以合理地想成是「考慮到未來可能會跟對方結婚，想確認一下自己的料理合不合對方的口味，所以就試著做各種料理給對方品嚐看看」。又或是擴大解釋為「下廚等於一種為了對方付出的心意」，這樣來看也未嘗不可吧？其實只要在自己能力所及的範圍內努力地讓對方開心就好了。

> 「男人對會下廚的女人沒轍」是世界共通的說法。現代男女扮演的角色愈來愈多元化，我們可以根據現代的價值觀對這個說法做各種不同的解釋。

改變形象

釋　　義	改變外表（為了引起有好感的異性目光）等等，轉變給人的印象
相似詞	變身／脫胎換骨／改頭換面／蛻變／氣質不一樣了
場　　面	想要擺脫失戀的打擊或依依不捨的情感

好感度：★★☆　反感度：★☆☆

迎接人生的全新階段、想要打破停滯不前的現狀、想要一掃不開心的心情等等，都可以透過改變自己的形象，使心情為之一變，轉換成不一樣的心境。

趁著升學的機會染個頭髮、換上最流行的打扮，跟從前俗氣的自己告別的「高中（大學）出道秀」，或是「失戀之後就要剪頭髮」，都一種改變形象。改變形象有服裝、髮型等外在模樣的改變，或是說話方式、行為模式、思考模式等行動上的改變，也有人是同時改變外在模樣以及行動作風。

當人的外表或是態度改變之後，身旁的人當然也會給出不一樣的評價。因此行動範圍或是人際關係的幅度想必也會出現某些變化。**正、反面的變化程度愈大，給周圍帶來的衝擊也會愈大**，因此果斷地改變形象，也是有可能讓自己的人生出現巨大轉變的。除此之外，我們通常都會以外表來判斷他人的個性或能力（輪暈效應→P23）。如果是一個外表看起來很有魅力的人，別人就會因為他的外表而提高對於他這個人的評價。所以，「雖然想要改變，但不知道該怎麼做才好」的人不應該自暴自棄地覺得「都到這個地步，我已經沒救了」，而是要從靠自己的力量就能改變的外在部分開始挑戰。

●改變形象可以引起喜歡的異性注意

想跟喜歡的人發展成戀愛關係時，改變形象會是一個非常有效的方式。其中又以改變外觀的效果為佳。女生只要化個妝就能讓外表看起來大為不同，所以外表的改變並不難。只要觀察一下暗戀對象的喜好，按照對方喜歡的類型來改變自己的外表形象，說不定一直以來只被對方定義為朋友的這段關係，就會出現讓對方將自己當成異性看待的機會。

> 改變形象是一種有效改變心情並讓自己積極向前的方法。千萬別忘了改變形象是能讓自己變得更幸福的。

戀愛小專欄

什麼是能給人好印象的外表 ☺

什麼樣的外表特徵會給人好印象呢？調查結果顯示，不論男女都認為影響最大的就是眼睛。大部分的人都喜歡微微下垂的眼尾、又大又圓的眼睛、上揚的嘴角；對於臉型的喜好程度依序為圓臉、方臉、倒三角形臉。體型又高又壯的人會給人穩重的印象，圓臉的人則容易給人敦厚的印象。

色氣

釋　義	勾引異性的性感魅力、喚起他人對於異性的關注或慾望的魅力
相似詞	魅惑的／挑逗的／香豔的／色情的／旖旎／男（女）色
例　句	「他用充滿色氣的眼神直勾勾地盯著我。」

好感度：★☆☆　　反感度：☆☆☆

如果是女生的話，就是指水潤的雙唇、用水汪汪的雙眸往上看著人的眼神；如果是男生的話，那就是緊緻結實的肉體、無可挑剔的打扮、讓人心動的台詞。這些都是創作世界或服務業裡的「色氣」形象，也是讓異性感覺到性慾的性感表現。不過，光用以上的外表來形容現實生活中引起異性注意的性感，是遠遠不足的。

　　所謂色氣，指的是不分性別、勾引他人的魅力。這份魅力說明起來並不容易，但一定是那種自然而然、由內透出的感覺。

　　以心理學的角度來說，看見一個**平時沉默寡言的人突然吐露心聲的那一瞬間，出現了有點令人意外的反差時**，就會覺得這個人有股謎樣的魅力……我想這樣解釋也許會更接近所謂的「色氣」。

雖說「色氣」是指特定的肉體外表或是行為舉止，但即使不具備這樣的條件，卻在某方面帶股神祕氣息，這樣的人也會讓人覺得性感。

謊言

釋　義	並非事實／為欺瞞他人而說出與事實相反的話
相似詞	虛偽／不實／哄騙／欺瞞／偽造
例　句	「說什麼不會劈腿，全都是謊言。」

好感度：★☆☆　　反感度：★★★

人在戀愛中會撒謊，是為了正當化自己的行為，或掩飾自己做的虧心事。提到造成情侶之間爭執的謊言，大多都是跟出軌有關。時常聽聞有些人會對另一半謊稱自己「工作太忙了」、「要去出差」等等，結果實際上卻是跟外遇對象約會。想看出對方是不是在說謊，那就要仔細觀察對方的行為，該注意的不是他說了什麼事，而是他的行為舉止。假如對方滑手機的時間變多、開始注意起自己的穿著打扮、突然變得冷淡或溫柔等等，這些態度、行為上的變化絕對都是要多加注意的重點。

　　戀愛關係當中最重要的是彼此的信任關係。要想清楚自己的說謊動機，是為了保全自己，還是為了不讓對方受到傷害。而且，既然決定了要說謊，那就要一定要做好覺悟，用坦蕩的態度裝死到最後。

人會為了正當化自己的行為或是為了打腫臉充胖子而說謊。但不上不下的謊言卻很有可能破壞掉與另一半之間的信任關係。

⋯⁉

臂枕

釋 義	把自己的手臂借給對方當枕頭睡
相似詞	陪著睡／同衾共枕／以膝做枕
例 句	「我喜歡用他的臂枕睡覺。」

好感度：★★☆ ｜ 反感度：★☆☆

臂枕是與擁抱、接吻並列的愛情表現之一，就像「壁咚」一樣，被認為是象徵男子氣概的行為。將手臂借給女方當枕頭的男性心中，除了想展現男子氣概的欲望在蠢動，想保護女性的本能以及占有慾也發揮了作用。

另一方面，在一項關於女性喜不喜歡睡在另一半手臂上的問卷調查當中，意見幾乎是五五波（出自mynaviwoman的調查）。喜歡的原因是「有被保護、被愛的感覺」，不喜歡的理由則有「脖子會痛」、「顧慮太多，睡不著」、「腋下太臭了」等等。前者是重視氣氛的浪漫主義者，後者則是理性思考的現實主義者。**只因為認為這是義務就讓對方枕著自己的手臂，也只是讓彼此都睡得不舒服而已，所以其實可以看心情決定要不要出借自己的手臂，偶爾為之應該是比較剛好的狀態。**

希望男性要知道，雖然有些女性很喜歡枕著男生的手臂睡覺，覺得男生這樣做很有男子氣概，但實際上也有女性覺得男生這樣做很令人困擾。

妳長得還蠻可愛呢

我可以跟妳交往喔

自我陶醉

釋 義	實際上並沒有自己以為的那麼優秀，卻還洋洋得意自己很厲害
相似詞	自大／得意忘形／驕傲自滿／沾沾自喜／自鳴得意
例 句	「拜託你別那麼自我陶醉好嗎？」

好感度：☆☆☆ ｜ 反感度：★★☆

自戀狂的特徵有高大自傲、愛擺架子、態度高傲、愛自吹自擂、以為做任何事都能被原諒。乍看之下是個極度愛自己的自我陶醉者，但如果真的認同自己的話，大可不必在別人的面前裝出一副厲害的樣子。自戀狂只是一種為了掩飾自信心不足的偽裝，其實他們內心非常渴望獲得他人認可，只要被吹捧就會感到滿足。

自戀狂就算失敗也覺得不是自己的錯，很快就能重新振作，而且他們還把任何事都想得很簡單，讓自己活得很樂觀又開朗，這些大概可以說是自戀狂的優點。另外，有些人可能會因為跟對方對上眼或談起來就期待「或許有機會」，卻**害怕這樣的自己「說不定只是自我陶醉罷了」，但真正的自戀狂根本不會有這種「像個自戀狂一樣，太可怕了」的想法，所以並不用擔心自己是自戀狂。**

會自我陶醉的人只是希望得到別人認可而把自己弄得手忙腳亂的人，其實很好應付。而會擔心自己是不是自我陶醉的人，根本不會是自戀狂。

明年就會遇見妳的真命天子喔

占卜

釋 義	判斷、預測人的運勢或事物的吉凶、未來的走向等等
相似詞	算命／占術／預測／碰運氣／問事
場 面	想要解決自己無法搞定的問題或煩惱時

好感度：★☆☆ ｜ 反感度：★☆☆

原始時代的占卜，是觀察一切自然現象的變化，視之為帶給人類影響的前兆、預兆。古代日本會焚燒鹿的肩胛骨，透過觀察骨頭碎裂的形狀來占卜吉凶，或是透過以陰陽五行說為基礎的陰陽道運行政治。此外，抽籤也是一種占卜的方式。源於古代巴比倫、印度、波斯、中國等地的占星術則流傳至整個歐洲，並且愈來愈盛行。

●聽見預告的安心感

人類有個特質（巴納姆效應），那就是在聽到某種其實可以套用在任何人身上的言論之後，都會深信不疑「那就是在說我」，而血型占卜可以說就是最典型的例子之一。占卜會讓人類覺得開心，是因為人類可以獲得「讓自己了解到關於自己的事」、「終於了解自己的事」的安心感，滿足了渴望受到他人認可的需求以及自我確認需求。要是遇到的是一個能夠看穿關於個人祕密的優秀占卜師，人的內心就會愈加雀躍欣喜，每當遇到任何事情，都會來拜託這位占卜師。

有些人一剛開始只是半信半疑，但只要占卜的結果很準確，或是按照占卜師的建議做出決定之後，結果非常順利的話，那他們就會開始相信占卜是真的。特別是關於自己沒辦法預測的未來、關於別人怎麼看待自己等等的他人想法，都會想要問個仔細。

●要留心占卜成癮症

因為覺得有趣而試試看占卜的話，倒是沒什麼問題，但如果把占卜當成決定所有事情的判斷基準，那就不得不多加注意了。假如一個人陷入了「不算一下，我會覺得很不安心，拿不著頭緒」、「就算要我犧牲點什麼，我也絕對不會放棄占卜」等狀態，已經對生活造成了困擾，那絕對可以說是「占卜成癮症」。

這樣的人習慣在徬徨時向占卜師請示該怎麼做，而漸漸地失去了自行判斷的能力。其實愈是無法自己解決的問題，就愈應該在占卜之前先找周圍值得信任的人談談才對。

> 能夠預測自己運勢的占卜真的挺有趣的，但也可能讓我們變成一個非得靠占卜才能做決定的人。與占卜保持適當的距離感才是最重要的。

一次就好⋯

你不說的話，
就不會被發現

出軌

釋　義	已經有了伴侶或配偶卻還是跟其他人有感情關係
相似詞	劈腿／婚外情／外遇／遊戲人間／玩女人／釣男人
場　面	職場婚外情／聯誼時的「開房間」／同學會上與初戀再會

好感度：☆☆☆　　反感度：★★★

出軌的原因有非常多，其中最主要的理由是出於**「不足原則」的心理**，也就是想要透過其他途徑彌補無法從另一半的身上得到的東西。例如：覺得自己在家裡沒有地位的丈夫，就會愛上外頭會對自己小鳥依人的女子；覺得男朋友不珍惜自己的女性，便會愛上溫柔呵護自己的男人。兩人在交往多年以後，再也感覺不到刺激感，彼此之間的相處流於形式，結果最後向外尋求刺激。

除了上述的理由之外，有時則是因為某一方太過忙碌而不能陪伴另一半，結果另一半因為過於寂寞而外遇；有的則是出自於報復對方的心理而選擇出軌。

●當發現另一半出軌時

當戀人或丈夫外遇時，通常都會出現「我被背叛了」、「我被傷害」、「我被忽視了」等被害者意識。接著，內心還可能湧現「也許都是我的錯，才讓他（她）這樣」的罪惡感。這是因為自己對於對方的信任，以及對於自己的信任同時降低。對於身為社會動物的人類而言，沒有人能夠信任是一件極為痛苦的事。不用扭扭捏捏地，坦白地讓對方知道自己的想法吧。

說出關於自己的事稱為「自我揭露」（→P014）。**自我揭露具有回報性，當自己敞開心扉以後，對方也會如此回報，所以可以加深對於彼此的理解，相處起來或許會比以往更為和睦。**與其徒然感到不安，建議各位不如先與對方談談。

> 在漫長的人生中，我們的心思有時候也會不小心跑到其他人的身上。若要和對方維持良好關係，重要的是主動敞開自己的心扉，加深彼此的理解。

戀愛小專欄

外遇預防對策

以下的建議可以當作預防外遇的對策。

●增加「自我擴增」的機會
會外遇的人都具有追求「原來我也有這一面啊」的「自我擴增」意識。為了不讓第三者的誘惑成為另一半的「自我擴增」，重要的是製造出兩個人一起挑戰新興趣等「自我擴增」的機會。

●不隨便懷疑對方
太過擔心而隨便地懷疑對方，會讓對方有種「不被信任」的感覺。
無法受人信任的這種不安或寂寞感，有時反而會讓一個人失控出軌，所以一定要多加留意。

聽說她拚命在追一個讀醫耶

我是聽說她跟部長在一起耶

謠言

釋　義	難以找出源頭卻廣為流傳的話題
相似詞	流言／傳聞／閒言閒語／醜聞／背地造謠
例　句	「我跟○○只是同事，卻傳出奇怪的謠言，讓我覺得很困擾。」

好感度：☆☆☆　　反感度：★★☆

俗話說：「別人的嘴巴是長在他們的身上。」讓謠言不再散布可不是一件簡單的事。特別是現代，在社交平台的推波助瀾之下，不管是散播的速度跟範圍，完全不是以前可以比擬的。尤其是這種「聽說A喜歡B耶！」的戀愛八卦，從天真無邪的小學生到老大不小的成年人，無論男女老少都愛不釋手。

不過，人們也常說「謠言都是無憑無據的」，大部分的謠言既找不到來源，也沒有證據能夠證明。只要不是關係到工作升遷或是危及生命的惡質謠言，大可不必急著澄清或制止，別人愛怎麼說，就讓他們去說。「謠言只是一時的」，反正人們過沒多久就會覺得謠言無趣，而漸漸地淡忘有這回事。

●謠言是誰傳出來的？

不負責任地散布八卦的人可不是只有三姑六婆，根據某項心理實驗，男性看見一男一女正在聊天時，都傾向於認定這就是「發出約會的邀約／收到約會的邀約」，將兩人說成是正在交往的情侶。遭人散布這類的謠言時，一定會有人來問自己是否真有其事，然而我們只要冷靜地告訴對方事實即可，**沒必要為此驚慌失措。**

另外，不想讓辦公室戀情曝光時，就絕對不要向任何人提起。因為，一旦讓人知道之後，就會出現**「睡眠者效應」**，這是一種心理現象，指消息的內容及來源會隨著時間的流逝而逐漸分離，人們只會記得消息的內容，而不記得從哪裡得知這個消息，最後眾人就會若無其事地談論著這件事。

相反地，還有一招是本人故意散布謠言，藉此引起意中人的注意。這個方式是先讓周圍的人起鬨，使周遭出現「A（散布謠言的本人）好像喜歡B（A的意中人）」的謠言。如此一來，便能引起以好感回應好感的**「好感的互惠性」**（→P81），讓B也開始在意起A。但要是弄巧成拙的話，反而會讓對方討厭自己。

> 只要處之泰然，閒言閒語便會隨風而逝。成為他人口中的八卦對象雖然困擾，但也能反過來利用這一招，讓喜歡的人注意到自己。

戀愛小專欄

從眾心理

心理學家阿希找來真正的受試者以及假扮受試者的實驗助手，做了以下實驗。準備一張畫上一條線的圖紙A，以及畫上長度各異的三條直線的圖紙B，接著請受試者從圖紙B中選出與A長度相同的直線。結果發現，受試者知道正確答案，但因為其他實驗助手回答出不正確的答案，所以有1/3的受試者跟著其他人選了不正確的答案。人類有在團體壓力下選擇從眾的性質。

SNS

釋　義	透過網際網路構築人際關係的網絡總稱
相似詞	Social Networking Services，社群網路服務（正式名稱）
場　所	Instagram／Twitter／LINE／Facebook

好感度：★★☆　反感度：★☆☆

人們透過SNS便能在網路上與不相識的人進行交流，SNS的問世讓擁有同樣興趣的人能夠輕鬆地建立起連繫。也有不少人是因為突然收到不認識的人發來的訊息，或是對方在自己發布的文章底下留言，才慢慢地培養出感情。

如果是使用本名的拼音當作帳號，可能會在多年以後又重新連絡上過去認識的人，然後成為親密的男女關係。從前，許多人都抗拒在網路以外的世界與不認識的人見面，如今**透過SNS與他人結識則已逐漸成為一種固定的交友模式**。

●透過SNS拉近距離

最近幾年，10～20多歲的女性之間流行起一種Instagram的全新使用方式。那就是在限時動態裡上傳自己好看的照片，或一些語帶玄機的貼文，吸引異性的注意力。

若以特定的異性為目標時，**也有一些人會採取戀愛的戰略**，像是貼出「透露自己心情低落」的貼文或照片引起對方的關心，或是讓對方看見自己就算沒有他／她，也過得很開心的樣子，讓對方感到很不是滋味。如今，就算沒有直接與對方接觸，人們也能利用SNS引起對方的注意。

在SNS戀愛當中，SNS上面的個人大頭照等於相親時使用的照片。網路上也出現了許多分析網站，透過個人所上傳的大頭貼，分析這個人的性格與心理。

舉例來說，通常會上傳自拍照的人，都是自我意識過剩的自戀狂（→P145），具有強烈的自我表現欲；上傳搞笑風格大頭照的人則具有服務他人的精神；使用修圖過的照片或是以前的照片，則是對真正的自己沒有信心的一種證據。

根據好幾項的問卷調查結果，帶著自然笑容的個人大頭照帶給人的好感度最高，而且似乎也有愈來愈多的情侶是因為看見對方的個人大頭照而一見鍾情（→P164），進而發展為交往關係。

> SNS戀愛在年輕世代間急速地增加。有的人是利用吸引異性目光的貼文展開戀愛攻略，有的人則是精雕細琢自己的個人大頭貼，以求提升自己的好感度。

演技

釋 義	隱藏自己真正的感覺,表面的態度是裝給人看的
相似詞	演戲／表演／表象／假裝／虛有其表／扮演／謊言
例 句	「他的溫柔全部都是演技。」

好感度:★☆☆ | 反感度:★☆☆

人格的英文「personality」源自於拉丁語的「Persona」,意指假面具。有些小孩在父母面前是個乖寶寶,但在幼稚園裡卻是個混世大魔王;有些上司在公司裡對部下疾言厲色,但一回家就變成了一個妻管嚴,**任何人都會分別使用不同的面具,根據場合扮演出最適合的自己。社會心理學稱為「角色扮演」。**

●維持婚姻的演技

日本編劇家詹姆斯‧三木的妻子——山下典子於1992年出書爆料,在當時造成大轟動。後來,這本書的書名「假面夫妻」就用來稱呼早已同床異夢卻仍故作恩愛的夫妻。

後來在1995年時,編劇家內館牧子發表小說《義務與演技》。小說當中描繪出基於義務而跟妻子上床的丈夫,以及心生厭煩卻以演技應付丈夫的妻子心中的苦悶,這部小說後來也改編成電影及日劇,描述社會現象。當時,「晚年離婚」的情況還不是很普遍,**許多夫婦都為了保住面子以及安穩的經濟來源,而選擇以演技維持婚姻關係。**

●從演技發展為真正的戀情

演技在戀愛初期的「戀愛攻略」能夠發揮出頗大的作用。原為知名魔術師的英國心理學家李察‧韋斯曼教授做了一項實驗,實驗過程中要求初次見面的100名男女假裝「自己已經愛上了對方」,結果有45％的受試者表示「還想再見對方一面」。假戲真做的現象也時常發生在專業的演員之間,但還是要提醒自己別太入戲,免得事過境遷以後被指責是愛情騙子、愛情詐欺犯。

在人格理論當中,任何人或多或少都會作戲。夫婦關係中的作戲在1990年代後半成為熱門的討論話題。而在兩人相遇沒多久的階段裡,假戲則有可能演變成真正的戀情。

戀愛小專欄

那是在假笑嗎?

從對方的這些表現,可以看出是不是真心地笑。

●眼神沒有笑意
嘴巴笑得很開心,眼神卻沒有笑意。

●動作變得不自然
臉上露出笑容,雙臂卻又在胸前或身體後仰,此類反應表示懷著警戒心。

●情緒的時機點不對
說完話的瞬間轉為嚴肅的表情、對話時出現笑點卻沒有即時反應。

遠距離戀愛

釋　義	相隔兩地的戀愛關係
相似詞	遠戀（簡寫）／牛郎織女
場　面	網路相識／交往後因工作調遣、留學等因素而改變彼此間的距離

好感度：★☆☆　反感度：★★☆

美國在1932年做了一項調查，受訪對象為5000組的未婚夫妻與已婚夫婦，結果顯示將近一半的未婚夫妻與已婚夫婦從婚前就住在附近。**情侶之間的物理距離愈近，結婚的比率就愈高（分手的比率低）**，我們稱之為「波沙德法則」，取名自進行這項調查的心理學家之名。從心理學的觀點來看，在無法時常見到對方的遠距離戀愛當中，就不可能出現所謂的單純曝光效應（→P42），也就是漸漸喜歡上一個反覆見面對象的現象。**俗話說：「逝者會隨著時間的流逝而逐漸被遺忘。」再親近的人分隔兩地以後，也會漸行漸遠。**這樣的說法雖然令人遺憾，但不得不說遠距離戀愛真的很困難。

●遠距離戀愛之間的高牆

遠距離戀愛當中最大的難關，就是費時又花錢。起初，**不希望造成對方經濟與時間負擔的心理作用「協和效應」**還會奏效，讓兩人都努力地維持這段關係，但許多情侶到最後再也忍耐不了想見卻不能見的不滿情緒，受不了一直擔心著對方是否出軌而惶恐不安。而且，在滿腹牢騷的狀態下還一直保持著聯繫，就會讓雙方的心離得愈來愈遠。大多數的男性都是將打電話或傳訊息當成用來「傳達事情」的聯絡方式、訊息傳達手段，而女性則是以「傳達心情」為目的，因此雙方在想法上才會產生誤解。遠距離戀愛還有另外一面，稱為**「羅密歐與茱麗葉效應」**（→P196），也就是**困難愈多，愛意就愈加熱烈**。這是為了達成目標而決心克服困難的一種心理作用，沒有目標的交往關係就難以讓這個效應發揮作用。在遠距離戀愛中，共同擁有「為了下一次的約會，我們要○○」、「目標○年後結婚」等具體目標是最重要的。

> 物理距離與心的距離成正比，所以遠距離戀愛才會這麼困難。不過，還是可以期待希望回收成本的「協和效應」，以及為達成目標而努力的「羅密歐與茱麗葉效應」奏效，能否成功走到最後，端看兩個人的努力與付出。

戀愛小專欄

如何談一場成功的遠距離戀愛

看不見對方的行動，所以有時會讓人疑神疑鬼，擔心著：「他會不會喜歡上了別人？我該怎麼辦？」想要經營好一場遠距離戀愛，最重要的就是「增加接觸的機會」。

不管是傳訊息還是使用SNS，只要是自己覺得方便的方式都好，最重要的是勤勞地與對方保持接觸。此外，偶爾安排一下實際碰面。例如：兩個人規劃一起旅行等等，只要彼此有共通的目的，想必關係也會變得更親密。

婚前恐懼症

釋　義	結婚在即的男女出現不穩定的情緒
相似詞	婚前憂鬱症
場　面	訂婚後具體地籌辦婚禮以及為新生活做準備時

好感度：☆☆☆　　反感度：★★☆

人的大腦具備著維持體內平衡（恆定狀態）的作用。因此，一旦我們面臨到環境的改變，不安及恐懼便會油然而生。這樣的情況若是發生在結婚前夕，就稱為婚前恐懼症（婚前憂鬱症）。

具體來說，拜訪對方父母或婚禮會場的布置、製作結婚請柬等等，籌備婚禮的過程中所形成的壓力都會成為引爆點，在籌備過程中看見對方消極的一面，也會造成幻想破滅。除此之外，如果原本是跟父母一起住的人，可能會開始不想放棄原有的便利生活；若是一個人自己住的話，則有可能捨不得原本自由自在的生活。

●憂鬱的要因以及解決對策

女性的婚前恐懼症分為兩種情況，一種是求婚時的興奮感冷卻以後，不安的感覺與日俱增，與當時的興奮感形成反比；另一種則是面對即將舉行的婚禮突然感到焦慮。大多數的女性是因為對另一半感到不安，而出現「我真的要和這個人結婚嗎？（或許我還可以找到更好的人）」等等的想法。

而男性大多都是在求婚之前、意識到結婚這件事之後開始出現婚前恐懼症。由於男性結婚以後必須扛起「一家之主」的責任，對於經濟負擔增加的這件事感到沉重的壓力，擔心自己是否真的能夠撐起一個家。與女性相較之下，男性的婚前恐懼症更多是來自現實的因素。不過，**情緒徹底地襲擊自己之後，這種情緒就會自動消失**。「放寬心去籌備的過程中，這樣的不安便隨著時間消逝」、「等到真正辦完婚禮之後，心情也冷靜下來了」、「把話講開之後，心情就舒服了」等等，大部分的情況都會有圓滿的結尾。

> 人在結婚之前感到憂鬱，是因為腦內維持現狀的作用所致。產生不安的情緒是人體的自然反應，許多人都會經歷這一關。解決之道就是別想得太過嚴重，坦率地擁抱自己的情緒便可。

戀愛小專欄

婚前恐懼症的機制

結婚在即，人便會因為生活的變化而累積壓力。在籌備婚禮或規劃新生活時出現意見不合、擔心能否兼顧家庭與事業等等，比談戀愛時多出更多觀念或想法上的差異，這些因素都會轉換成壓力，累積在心中。到最後，一個又一個的不滿殘留在腦海裡，愈來愈不安。

締結姻緣

釋　義	結下兩人之間的緣分／到寺廟神社祈求能與特定的對象成為夫婦
相似詞	結為夫妻／談親事／邱比特／戀愛成功／配對
例　句	「○○神社在締結姻緣這方面出了名的靈驗。」

好感度：★☆☆　反感度：★☆☆

「**我**去那間神社參拜後，就結婚了」、「我一直都交不到男朋友，結果抽到一支上上籤後，就交到男朋友了耶」等等，不知道這是偶然或真有神力加持，許多未婚的女性都會到這些祈求姻緣的神社、寺廟參拜，希望自己也能得到這樣的效果。

　　人在擁有不安的情緒時，都會為了消除這份情緒而祈求神明保佑。尤其戀愛是兩個人的事，許多事情光靠自己的努力還是無可奈何，對於不可知的未來所抱持的不安情緒也就與日俱增。

　　若只是因為情緒低落而祈求神明保佑，倒是沒什麼太大的問題，**但如果過度依賴求神問卜，那就必須多加注意**。在求神問卜的程度還沒嚴重到工作心不在焉、造成旁人困擾之前，客觀地重新審視一下自己吧。

> 祈求神明保佑固然好，但也必須注意是否過度依賴。若只執意地相信上天會賜給自己好姻緣，自己卻毫無作為的話，大概也不會出現好姻緣吧。

偷放閃!!

成雙成對

釋　義	兩個人穿著一樣的衣著
相似詞	情侶裝／情侶對飾
例　句	「快看！這個和他的是不是成雙成對！」

好感度：★★☆　反感度：☆☆☆

人會因為穿上不同的衣服，而有不一樣的心情或行動，因此當情侶穿著一樣的衣著時，能讓他們的戀愛心情更加高昂。這稱為**「制服效果」**。也有一些情侶選擇穿一樣的衣服、戴一樣的飾品，只是單純地覺得有趣。當然了，這樣的行為也有著濃濃的排他性意義，就是想讓身旁的人知道「我們正在交往」、「這個人是我的」。

　　1970～80年代開始流行情侶裝的時候，許多人都覺得穿情侶裝既俗氣又丟臉，但到了2015年左右，某知名電視藝人貼出情侶裝照片以後，再度帶動了「情侶對飾」的風潮。SNS世代的人對於**穿著相同的衣服、配戴同樣的飾品的接受度很高，認為這是表現出戀人關係的一種很潮的方式**。

> 穿情侶裝不只是為了個人的滿足感，通常都是因為在意周圍的眼光。從前的人們帶著批評的目光看待情侶裝，最近卻引起共鳴，許多人都覺得情侶裝很「可愛」、「時尚」。

繫我一下啦

我不喜

阿宅

釋　義	深深傾倒於自己所喜愛的事物而無視周圍的人
相似詞	狂熱者／怪咖／○○宅／○○信者
例　句	「就算是阿宅也會想戀愛。」

好感度：★☆☆ ｜ 反感度：★☆☆

「阿宅」已是全世界的共通語。從前，阿宅總被認為是「打扮俗氣、講話奇怪的人」，但最近卻能看見稱阿宅為「擁有豐富的專業知識，是值得尊敬的人」的評論風潮。阿宅總是一頭栽進自己的世界裡，所以打理人際關係對他們而言頗為吃力。不過，他們對於人際關係有多麼吃力，對於戀愛關係的對象就會有多麼忠實。認為自己多少有些阿宅特質的人大部分都是年輕人，**相似性所帶來的親近效果（受到環境、想法、興趣喜好相似的對象所吸引）**，也讓愈來愈多的阿宅同好變成一對情侶，例如：同樣都是鐵路宅、動漫宅等等。當一個陰鬱的阿宅突然露出社交全能的一面時，即使原本是嫌棄阿宅的非阿宅，也會對這個人從原本的負面印象轉變為好印象，大幅提升好感度。這樣的「得失效應」則有可能使人墜入愛河。

基本上，阿宅在戀愛方面是較晚熟的，但阿宅情侶之間的聯繫非常強大。透過得失效應，阿宅與非阿宅也能形成戀愛關係，沒有什麼是不可能的。

討男人喜歡

釋　義	在行為、外表、性格上擁有男性似乎會喜歡的女性特徵
相似詞	受男人歡迎／有男人緣／撩撥男人的心
例　句	「穿著討男人喜歡的衣服去聯誼。」

好感度：★☆☆ ｜ 反感度：★☆☆

討男人喜歡的女性具有那些特徵呢？首先是外表要美艷動人。男性優先接收到的五官感受是來自於視覺的刺激，所以他們就是對「美女」沒有招架之力。美麗動人的伴侶能夠象徵男性的社會地位，所以帶著一個「花瓶太太」出門，**通常都會讓男性覺得自己比其他男人厲害。**

除此之外，讓男人以為這女人沒有我就活不了、很懂得如何對男人小鳥依人跟撒嬌的「弱女子」，或是對於想獲得認可的男人，能夠滿足他們的自我認知欲求的「很會哄男人的女人」等等，都是比較容易讓男人喜歡的類型。不過，會討男人喜歡的女性，卻未必會受女性同胞的歡迎。因此，當與其他女性處於同一個圈子裡時，最好還是收斂一下，適可而止才是明哲保身的作法。

並非漂亮的女人才討男人喜歡，會撒嬌的纖弱女性、能讓男人滿足自我認知欲求、把男人哄得服服貼貼的女性，都是世人眼中討男人喜歡的類型。

昨天抱歉啊～
不小心醉到睡著了…嗯？

男性友人

釋 義	對於女性而言不是戀人的男性友人
相似詞	男生朋友／朋友以上、戀人未滿／拍檔／夥伴／同伴
例 句	「怎麼可能跟他接吻！他只是我的男性友人而已！」

好感度：★★☆ ‖ 反感度：★☆☆

在友情與愛情的區隔上，女性往往比男性來的更為嚴謹。這大概是因為追求優良DNA的本能所趨，再加上女性對於戀愛對象的異性都會抱有更高的理想。可以像在跟女生朋友相處一樣，或超越女生朋友的相處，推心置腹地講著真心話、可以面不改色地聊黃色內容、可以素顏或穿著家居服就見面，對於女生而言，所謂的男性友人就是這樣相處起來毫無隔閡的男性。女生們很喜歡這樣的人，但在他們身上就是完全感受不到戀愛的心動感。因此，要是其中一方向對方告白，或兩人發生了肉體上的關係，就再也不能叫做男性友人了。

●魯賓的戀愛量表

美國心理學家齊克・魯賓針對喜歡與愛情進行了比較研究，提出「愛情量表」與「喜歡量表」（→ P30）。根據魯賓的理論，**友情是由「好感評價」、「尊敬與信任」、「相似性」等3個要素所構成，而愛情則是由「體貼、依戀」、「犧牲付出」及「獨占情感」等3個要素形成**。

體貼、依戀是一種「想要兩個人在一起，永遠不分離」的情感。犧牲付出指的則是即使犧牲自我，也要為對方奉獻的心理。獨占情感則是「不想被任何人打擾，只想要自己霸占對方」的想法。在所謂**「朋友以上、戀人未滿」的半吊子狀態下覺得心裡亂糟糟的時候，可以試著利用魯賓的愛情與喜歡量表，了解自己真正的心意**。其實也滿常聽到有人表示，自己以為是朋友的那個人竟然就是命中註定的對象！

英語當中的「boyfriend」指的不是男性友人，而是交往中的戀人（同性戀的情況也是一樣）。如果想用英文表示男性友人，只要說「friend」就可以了。

友情的3要素	愛情的3要素
好感評價	體貼、依戀
尊敬與信任	犧牲付出
相似性	獨占情感

許多的女性都可以明確地區分出男性友人以及戀人的差異，在男性友人的面前，她們可以呈現出自己不修邊幅的模樣。一般認為友情是由好感評價、尊敬與信任以及相似性構成，愛情則是由依戀、犧牲奉獻、獨占情感所形成，兩者之間天差地別。然而大多男性卻容易混淆兩者之間的差異。

男子氣概

釋　義	具備他人期望男性應有的特質，做什麼都會讓人覺得真是個男人
相似詞	男子漢／男人味／熟男／雄壯威武／紳士
例　句	「放手一搏才能展現男子氣概！」

好感度：★★☆　　反感度：★★☆

聽到男子氣概這四個字，想必浮現出的都是孔武有力、有男子漢大丈夫氣概、果斷、工作俐落等等的男性帥氣模樣吧。以男子氣概一詞形容他人時，通常都是帶著稱讚的意味，不過其實也有不少男性因為這四個字吃了不少苦頭。

●什麼是閹割情節？

「是個男人就撐下去」、「男兒有淚不輕彈」、「男人就應該要如此！」等等，有些男性在各方面都很在意自己是否有男子氣概。這些男性之所以這麼在乎，其實是因為他們對於身為男性的這件事一直感到不安。關於這個現象，**心理學家佛洛伊德指出這些男性的心中其實都存在「閹割情節」。**

所謂的閹割情節，指的是男童在成長過程當中，擔心自己的生殖器會被父親切除，害怕因此變成女性的一種恐懼心理。當內心存在著閹割情節時，就會對於自己身為男性的存在感到不安。

而成年男性之所以會有閹割情節，是因為他們的精神尚未成熟，還潛藏著嬰幼童的性格。當他們在童年時期遭遇過某些心理創傷或是承受過巨大壓力時，「我要快點變得有男子氣概給你好看！」的心情就會變更強烈，進而形成了這樣的心態。這是為了掩飾自己的自信不足或魅力不足，而出現了反作用的「我必須要變得有男子氣概才行」心理。

●從男子氣概、女人味中解脫

在現代的社會裡，受他人期望扮演的角色早已出現變化，人們開始擺脫所謂的男子氣概或是女人味。**「男主外、女主內」已經是過時的價值觀**，雙薪夫妻的組合不再稀奇，給予女性後援的男性或擁有事業心的女性也愈來愈多了。

如果男性追求的男子氣概是自己在心中設定的目標，其實並沒有什麼問題，但真的不必去追求外界所期望的男子氣概。因為也有不少的女性是喜歡心思細膩且能夠對他人的感受產生共鳴的男性。

> 根據佛洛伊德的理論，男性在乎自己是否具有男子氣概，是因為內心存在閹割情節。然而現代的社會裡，關於男子氣概的價值觀也愈來愈多元。

下個禮拜還來嗎？ 嗯… 我覺得膩了

大人的關係

釋　義	不談感情的關係／特別指關係不深的肉體關係
相似詞	炮友／玩玩／情婦或情夫／玩火
例　句	「我不想太深入，保持大人的關係就好。」

好感度：★☆☆ ｜ 反感度：★★☆

「**大**人」這兩個字包含了冷靜、懂事理、有常識、謹慎、涉及金錢等等各種涵義，這邊要說的是「不涉及愛情，只以發生性關係為目的的男女交往」。

對於覺得談戀愛很麻煩、只想要滿足性慾的人，或是想試試看跟戀人、配偶以外的異性做愛的人來說，這種大人的關係可說是相當方便。特別是最近只要使用手機APP就能夠輕鬆地找到約炮對象，所以愈來愈多的男男女女都抗拒不了而跟其他人形成這種大人的關係。有些人是真的只上旅館，有些還會一起吃飯、喝酒，但不管是哪種形式都是不談感情的關係，就算結束了也不會覺得太難過。

●不談感情比較輕鬆……

不過，這種「不談感情」的心態卻是相當難對付的。在保持這種關係的過程中，內心就會漸漸地有所留戀，而產生**「相互作用效果」**，所以隨著約炮次數的增加，自然而然地就會動了真情。雖然還是有人最後從炮友「升格」為戀人，實際上真的不是那麼容易。

因為，**大人關係的魅力本來就在於這種非現實的、不平常的緊張刺激感**。要是摻雜了戀愛的真實性以及麻煩的戀愛要素在內，那就是本末倒置了。如果只想要單純而和平地享受這種大人關係，不想跟懷孕、被配偶抓包而打離婚官司等問題扯上關係的話，那就一定要有這樣的覺悟。

> 不同於伴隨著現實沉重壓力的戀人、配偶關係，這種大人的關係是從一開始就不談感情的愜意關係。話雖如此，也有不少維持這種關係的人因為其中一方動了真情，而使這段關係難以持續下去。

戀愛小專欄

什麼是性愛成癮？

「性愛成癮」為成癮症之一。人在發生性行為的時候，腦內會分泌出神經傳導物質——多巴胺。多巴胺是一種能帶來幸福感以及鎮靜作用的腦內激素，雖然只有短暫地分泌，卻能提高滿足感。而多巴胺能夠驅散不安及寂寞，所以有些人會沉溺於性愛之中。

人在喝酒或吃到甜食時也會刺激大腦分泌多巴胺，也可能出現酒精成癮或甜食成癮的情況。

比預期中的帥！！

眼鏡男（33）

職業 ◎
年收 ◎
老家 ◎
長男 △

相親

釋　義	希望結婚的男男女女在第三者的介紹之下見面
相似詞	談親事／配對／CP／盲目約會
場　所	飯店的休息廳／婚友社的大廳

好感度：★☆☆ ｜ 反感度：☆☆☆

父母親擔心著自己的兒女已經老大不小卻還不結婚，於是拜託工作上的夥伴或是親戚幫忙介紹結婚對象——這是從前最常見到的相親模式。介紹人會帶來相親對象的照片，答應相親的雙方男女則在父母的陪同之下與對方見面用餐。

不過，近年來反而都是當事者親自前往婚友社等處登記相親。像是兼辦振興地方的自治體所舉辦的相親一日遊等等，這些團體相親活動也都有不錯的評價。在戀愛關係或一般的相識過程中，大部分都不曉得能不能跟對方走到結婚這一步，甚至還可能碰上只想要金錢或發生肉體關係的對象。**而相親則是一開始就以結婚為前提，介紹的對象又符合自己提出的職業、年收等條件，既不拖泥帶水又目標明確，所以讓人挺能接受的。**

●透過相親的婚姻能走得長久？

戀愛結婚是在夢想與希望的最高點與對方結婚，所以在生活的現實之中，許多人都會出現「不應該是這樣才對」的幻滅情況。像這樣對婚姻從正面評價轉為負面評價，就會給內心帶來頗大的傷害。相反地，當負面評價轉為正面評價時，則會出現「獲得感」，使內心得到滿足（得失效應）。相親結婚是從「跟這個人結婚也沒什麼不好」不抱持太大期望的心情（負面評價）展開婚姻，在一起生活的過程當中，則會不禁地覺得「原來這個人還有這麼不錯的一面」，體驗到心動的感覺（正面評價）。或許是因為這樣，婚介的業界裡流傳著「戀愛結婚的離婚率是40%，相親結婚的離婚率是10%」這句話。

話雖如此，還是有些失敗的相親結婚案例是只憑條件決定對象，忽略了對方的人品、個性。此外，透過婚友社認識相親對象時，原則上禁止雙方測試性愛契合度。

> 不同於以前由父母或親戚介紹對象的相親模式，現代都是由本人主導且有效率的相親。雖然缺少了戀愛結婚的興奮感，卻有許多相親結婚的夫妻最後攜手共度一生，離婚率據說僅有1成。

戀愛小專欄

結婚條件嗎？　外表會被納入

外表的好壞與否是結婚對象的條件之一嗎？

根據國立社會保障・人口問題研究所於2015年的調查結果，結婚條件當中重視容貌的男性占了全體的24.1%、女性占15.9%。可以說男性比女性更重視伴侶的外表。

回憶

釋　義	過去發生的事或體驗還留在心中
相似詞	追憶／追想／記憶／紀念日
例　句	「我們一起創造出滿滿的幸福回憶吧。」

好感度：★☆☆　　反感度：★☆☆

不論是誰，都應該會有一、兩件無法忘懷的回憶。對現在的生活沒太大的不滿，也不是因為想跟舊情人重修舊好，就只是剎那間回想起與舊情人之間的快樂時光，覺得有些感嘆。各位有時候也會這樣吧？

然而，我們並不知道那回憶是不是正確的。某個心理學的實驗已經證實，**就像人們常說的「從前的記憶是美化過的回憶」一樣，人的記憶有時是會騙人的。**人在反覆回想的過程中，記憶會不知不覺地受到扭曲，甚至騙過了當事者。這樣的記憶就稱為**「錯誤記憶」**。

當時覺得前男友的缺點令人傷透腦筋，但分手之後隨著時間的流逝，從前這些不愉快的回憶會消失，印象慢慢地換了一個模樣。

> 如果覺得過去的回憶讓自己很痛苦，很可能是自己創造了一段錯誤的回憶。要客觀地面對過去的事情。

體貼

釋　義	能諒解對方的立場或心情等等的心意
相似詞	照顧／牽掛／親切／同感／感同身受
例　句	「以體貼的態度對待他人。」

好感度：★★☆　　反感度：☆☆☆

一段穩定的戀愛關係當中不可或缺的體貼，指的是關心對方的大小事，並且貼近對方的心情，與之產生共鳴。然而，隨著交往時間拉長，對待另一半的態度不小心就變得有些敷衍，很容易忘記要保持一顆體貼的心。若不希望重複著爭吵的日子或進入倦怠期，還是注意以下幾點建議為好。

首先是不要敷衍對方。**不在意另一半所說的話、覺得約會很麻煩，都會讓對方覺得有壓力。**此外，還有一點很重要，那就是不要任何事情都丟給對方決定。因為人在聽到「隨便都好」這句話時，都會有種被冷落的感覺。所以，別總是把任何事都丟給對方決定，而是要讓對方知道自己想怎麼做，展現自己積極維持關係的一面。

> 要做到愛情當中的體貼，第一步就是保持著增進彼此關係的態度。除此之外，認同並接受對方真實的模樣也是相當要緊的一件事。

溫度差

釋 義	對於某件事物的熱情、關心程度或態度有所差異
相似詞	不一致／落差／摩擦
場 面	對話或傳訊息的方式／約會或婚禮的籌辦、計畫、準備

好感度：☆☆☆ ｜ 反感度：★☆☆

交往的時間久了，就一定會出現有溫度差的時候。還沒做好心理準備就被對方逼婚等等，覺得對方「令人感到負擔沉重」，男性通常都是在這時候感覺到溫度差。想要規劃旅行的行程，但是男生卻覺得麻煩，一點行動也沒有的時候，則會讓女生覺得對方「不想幫忙」。像這樣關於某事物的優先順位、興趣嗜好及金錢觀的差異，通常都會導致溫度差產生。

這種時候，最忌諱的就是**忍氣吞聲、自我犧牲**。在接受彼此的價值觀差異以及尊重對方的同時，最重要的是要好好地表達自己的主張。這在心理學上稱為「**自我肯定**」，是人際關係當中備受重視的一環。實際上也有調查結果指出，彼此都能感受到「公平感」的情侶更能走得長久。

> 溫度差是來自於價值觀上的落差，因此當彼此想做的事情不同時，就會感覺到有溫度差。在尊重對方的同時，也要確實表達清楚自己的想法。

女性友人

釋 義	男生認為不是戀人的女性朋友
相似詞	女性朋友／朋友以上、戀人未滿／拍檔／夥伴／同伴
例 句	「你說她只是你的女性友人，但其實你就是出軌了吧？」

好感度：★☆☆ ｜ 反感度：★★☆

男性認為女性朋友與女朋友之間最大的差異有：看見對方並不會有心動感、相處起來像姊妹一樣、不會想用男性視角多看對方兩眼、對方在跟其他男生聊天時也不會覺得忌妒等等。還有另一種模式，是彼此在團體活動中相識，也真的覺得對方很吸引自己，但因為以朋友的身分相處久了，所以就一直維持著朋友關係。

不過，**在對方失戀時給予安慰的過程中，這樣的關係就有可能轉變為情人關係。**這是因為人類在喪失自信的時候，容易對溫柔對待自己的那個人產生好感。美國心理學家沃爾斯特以女學生為受試者，並請男學生擔任實驗助手，透過這項實驗證實了這個現象，稱為「**自尊理論**」。

> 男性通常並不會覺得女性友人有性感魅力，不過有時會當朋友卻是「因為一直沒有交往的機會，最後就變成了朋友」。在對方心情低落時給予溫暖，就能提高升格為戀人的機率。

女人味

釋　義	外表、性格、態度等，舉手投足都能讓人感受到女性魅力的樣子
相似詞	女性氣質／女性魅力／女子力
例　句	「能夠俘虜男人的充滿女人味的女人。」

好感度：★☆☆ ┃ 反感度：★★☆

女人味指的是身為女性的特質，而形容一個人「很有女人味」的時候，一般則是指肉體上的性別（性感）與社會上的性別（生理性別）之中的女性氣質。溫柔、客氣、能照顧他人、有母愛等等，都是一般人對於女性氣質的印象，然而像是路痴、碎碎念等等的負面形容，也是女性身上常見的特徵。**覺得這些特質當中哪些是正面的、哪些是負面的，全都因人而異，有時一個人成長的文化背景、時代背景也會影響到這個人對於這些特質的看法。**若是為了追求世人眼中的理想女性氣質，而苦惱於實際上的自己與理想中的自己之間的差距，那就請你一定要這麼告訴自己：所謂的女性特質不過是文化所形成的，絕對不是必然如此。在價值觀愈來愈多元的現代，重要的是展現出自我特色。

> 所謂的女人味，是社會上普遍共同認為的女性特色。既有好的一面，也有壞的一面，文化差異或時代改變，都會讓人對女人味一詞有不同的定義。

攻略

釋　義	在一來一往的對話之間，使情況有利於自己
相似詞	作戰／戰略／心理戰／交涉／交易／愛情遊戲
例　句	「享受戀愛的攻略。」

好感度：★☆☆ ┃ 反感度：☆☆☆

戀愛攻略的**王道技巧就是「欲擒故縱」**。人愈被禁止就會愈想獲得，這稱為**「卡里古拉效應」**，而欲擒故縱就是一種利用卡里古拉效應的心理招數，也就是裝出一副不感興趣的樣子，讓對方以為「要追到這個人可沒這麼簡單」，引起對方的興趣。話說到一半就戛然而止，讓對方覺得「剩下的就留到下次」，也是一種很經典的心理技巧，稱為**「柴嘉尼效應」**（→P23），電視廣告或連續劇也都經常使用。此外，若希望對方接受自己的價值觀，則可以運用業務員的商談技巧，例如：模仿對方動作或呼吸的**「鏡像效應」**（→P183）、提出「看電影好？還是去遊樂園好？」二選一選項的**「選擇話術」**，都具有讓對方難以拒絕的效果。

> 利用人類的心理作用，使對方產生焦急的心情，是一種典型的戀愛攻略。業務上所使用的心理技巧，也有助於拉近與對方的距離、讓對方難以拒絕邀請。

暗戀

釋　義	單方面愛慕某人
相似詞	單相思／單戀／藏在心中的想念／不求回報的愛
例　句	「這份感情大概會以暗戀告終吧。」

好感度：★★☆ ｜ 反感度：★☆☆

朝思暮想著那個不會有回應的人，這樣的暗戀心情其實也帶來許多快樂。只是遠遠地看著對方，並不會發現到這個人可能實際上是個小氣鬼、屁味很臭等等討人厭的一面，**因此大腦就會分泌給人帶來快樂的腦內嗎啡——多巴胺，讓人一直持續在情緒高漲的狀態。**「戀愛是盲目的」說的正是這麼一回事。也許真的就像英國作家毛姆所說「世上最長久的愛，是得不到回報的愛」，**暗戀才是戀愛的真正價值。**

話雖如此，暗戀使人變得痛苦，也是不爭的事實。想要告白卻開不了口時，還有一招可以試試看，那就是利用**「溫莎效應」**，透過旁人將自己的心意告訴對方。所謂「溫莎效應」，指的是從第三者口中說的話會比當事人親口所言更具有可信度。

> 美化對方並沉溺於腦內麻藥之中的暗戀，可說是戀愛的精髓，卻也讓人感到痛苦。若是自己沒辦法告白，也可以透過旁人，間接地讓對方知道自己的心意。

高需求者

釋　義	為引起他人的注意而過度展現自我的人
相似詞	怕寂寞／愛出風頭／譁眾取寵
例　句	「高需求者要求好多，真是難搞。」

好感度：☆☆☆ ｜ 反感度：★★★

會變成高需求者的人，通常都是因為在嬰幼兒時期，父母沒有接納他們「原本的樣子」。由於他們無法自己認同自己的價值（＝自我肯定感很低），獨處時就會感到極度不安。因此，這些人必須一天到晚確認有人愛自己、自己有被愛的價值。**外表看起來已經是個大人，但實際上他們的內心還是個哭著要人疼愛的小寶寶。**

面對這樣的高需求者，不是徹底地忽視他們，就是做好覺悟去愛他們。如果選擇了後者，就要隨時且徹底給他們嬰幼兒時期得不到的「愛的表現」。最重要的是要不停地讓他們知道：「你只要做原本的自己就很好了。」

> 高需求的人在童年時感受不到父母對他們的愛，導致他們的自我肯定感降低、對於愛抱持著飢餓般的渴望。倘若另一半是個高需求者，最要緊的就是以極大的耐心與他們相處。

會錯意

釋　義	搞錯對方的意思，自以為是
相似詞	誤會／想錯／搞錯／誤認／誤解
例　句	「什麼情投意合，結果只是我會錯意了。」

好感度：☆☆☆　　反感度：★★☆

隨便用自己的基準去判斷對方的所言所行，還做出自我感覺良好的解釋，就會發生會錯意的情況。情人節收到對方送的巧克力，並不代表那就是本命巧克力；對方來幫自己提東西，或許只是單純的好心幫忙而已。判斷不了自己是不是會錯意的時候，最好找個冷靜的第三者幫自己判斷。**有一些人會故弄玄虛，意圖使他人會錯意，千萬要小心別被這樣的人玩弄。**另外，重要的是不要隨著對方的一言一行起舞，請將自己的幸福擺在第一優先。倘若做得到這一點，發現自己會錯意時也不會太過失落，能夠樂觀地想著「對方讓我做了一場美夢」。相反地，要是發現自己讓別人會錯意時，也要明確地讓對方知道事情並非如此。

> 對於某項事實做出主觀的解釋，就會導致會錯意。若要避免會錯意帶來麻煩，重要的就是保持客觀的觀點及看法。另外，當自己不小心讓人會錯意時，也要冷靜地應對。

願望

釋　義	祈願希望。在心理學的用語上，則指有意志的欲望
相似詞	夙願／志願／冀求／欲求／希望
例　句	「我想結婚的願望很強烈。」

好感度：★★☆　　反感度：★☆☆

希望談場戀愛、希望與人結婚、希望嫁入豪門、希望有外遇……不管心裡頭的希望是什麼，**內心堅定無比地期望「我要○○」，會比淡淡地夢想著「要是能夠○○就好了～」更容易實現心願。**

我想各位應該也都聽過這樣的例子吧？例如：在小學畢業紀念冊寫下「我要成為金牌運動員」的運動選手最後真的奪下金牌等等。

人們常說「思考致富」，美國社會學家莫頓將這個現象命名為**「自我實現預言」**。不管有無憑據，相信「真的會是這樣」預言的人，便會在不知不覺中照著這項預言來行動，最後果真實現夢想。自我實現預言所說的就是這一種自我實現的機制。

> 不管是何種欲望，只要堅定地想著「一定會成真」，都會提高實現的機率。這是一種稱為「思考致富」或「自我實現預言」的現象。

備胎

釋　義	玩玩的對象，或指維持戀人候補的交友關係
相似詞	後備／第二順位／朋友／情夫或情婦
例　句	「先找好備胎，以備不時之需。」

好感度：☆☆☆　｜　反感度：★☆☆

1980年代後半～1990年代，日本年輕女性之間很流行一種交友關係，這種交友關係當中的對象就稱為「備胎」。這些女性略帶親密地與這些男性交往，並且把像專屬司機一樣開車接送她們的男性稱為代步君（＝移動用的交通工具）；應她們的要求，自掏腰包請吃飯的男性，則稱為請客君；而動不動就送禮物給她們的男性則稱為上貢君。不過，備胎與她們真正喜歡的對象不同，她們不對這些男性有精神上的奉獻，也不會與他們發生性關係。「也許有一天我們能夠上床」是這些女性丟出的誘餌，吊住男人們的胃口。**被當成備胎的那一方也必須要有不錯的經濟能力，象徵著當時泡沫經濟的社會背景。**

如果把男性與女性角色互換，男的一方會有意無意地暗示，讓女性以為這個男人要跟她結婚（等於跟妻子離婚），勾住女性的心，卻只是與她持續著肉體關係而已。被當成備胎的女性又被稱為「方便的女人」（→P131），出自於日本在1993年撥放的一部描述女主角在兩個男人之間發生情感糾葛的連續劇。

如果覺得自己可能是別人眼中「方便的女人」的話，不妨回想一下自己有沒有以下這些特徵或表現。例如：當對方提出要見面的時候，自己不管何時何地都會赴約；總是看對方的臉色，不能表達自己的意見；與對方約會的時候都是自己出錢等等。若是如此，那說不定真的很有可能已經是個「方便的女人」。

●不想落單的心理

從心理的角度來看，**不論是把別人當成備胎的一方，還是被當成備胎的一方，都是因為害怕孤獨，想避免陷入孤獨。**不管是不是已經有伴侶，這些人對於「我滿足於我自己」的自我接納感很低，所以每當與戀人、配偶相處不順時，就會感覺自己不再具有價值，覺得不會再有人愛他們。

在歐美文化當中，出席某些公共場合必須要有異性伴侶陪同，沒有伴侶可能會造成他們生活上的不便。有些人便是基於這個理由而擁有「back-up partner（以備不時之需的伴侶）」。

備胎一詞在1980年代後半以後開始廣為流傳。人們之所以與其他人保持著備胎關係，是將對方定位在候補的位置，以防自己將來可能因為失戀或離婚而深受打擊。在備胎關係的背後，隱約可以看見他們對於落單的恐懼感以及自我接納感的低迷。

變心

釋　義	想法出現變化
相似詞	變冷淡／覺得膩了／反悔
例　句	「到了結婚前夕突然變心。」

好感度：★☆☆　反感度：★★☆

以為對方是個完美的理想情人，而開始與對方交往，卻在交往之後漸漸地發現對方的缺點，完全澆熄了熱情……不曉得各位是否也有過這樣的經驗？**當好評不再之後，就開始產生厭惡感，這樣的心理稱為「失落效應」。**失落效應的幅度愈大，態度的轉變就會愈明顯，帶給對方的心理傷害也愈大。

就女性而言，有許多女性只要出現一次「生理上無法接受」的感覺，就會出現極度的厭惡感，覺得光是看到臉就討厭，呼吸著同樣的空氣也討厭。就男性而言，如果是重視戀愛結果勝過戀愛過程，認為「上鉤的魚就不用再給飼料了」的男人、性慾旺盛的人、對於成為她的「第一個男人」感到優越感的人，這些男性都可以說是最容易變心的類型，一定要多加注意。

發現戀人不好的一面時，若與原本的形象落差愈大，就愈容易從好感轉變成厭惡。有潔癖的女性或是獵豔型的男性都容易有這樣的傾向。

已婚

釋　義	已經結婚的狀態
相似詞	有婦之夫／有夫之婦／有家室
例　句	「我總是愛上已婚的人。」

好感度：★★☆　反感度：★★☆

在過去的日本社會，上司可能會用「一直打光棍的話，會得不到客戶的信賴」的理由勸部下相親，或是有人把離婚這件事看成是「婚姻失敗」。這樣的想法在以前是一種社會共識，認為結了婚才是最好的，然而近年來，這樣的價值觀已經慢慢地發生變化。**現在，三、四十歲還是未婚的人已經不足為奇，也有愈來愈多人在各種文件上勾選實際為未婚狀態的事實婚（夫婦別姓）。**

也有些人是為了閃避麻煩的豔遇，才假裝自己是已婚人士。不過，在漫畫家東村明子的漫畫《偽裝不倫》裡，可以發現女主角反而是因為已婚的身分才被搭訕。每個人的主觀意識不同，所以並不是所有人都會將已婚者排除在戀愛對象之外。

到了一定的年紀之後「理所當然要結婚」的社會共識，已經是一種過時的觀念。但由於每個人的價值觀不同，還是可能有人將已婚者視為可以談戀愛的對象。

接吻

釋　義	打招呼或情感的表現，或指性關係中的一環，以嘴唇與對方接觸
相似詞	親親／親吻／啾
例　句	「我第一次跟人接吻是在15歲的時候。」

| 好感度：★★★ | 反感度：☆☆☆ |

接吻是一種用來確認彼此的信任關係及感情的行為，一般認為接吻的起源之一，是來自於媽媽把食物咬碎之後，再用嘴巴餵給小寶寶吃的行為。

佛洛伊德是精神分析的始祖，他將小寶寶用嘴巴吸吮母乳的行為，視為是一種「透過嘴巴獲得安心感與快感的體驗」，並將這個階段命名為「口腔期」。人在口腔期的階段中若無法充分地滿足內心的需求，就會習慣用從嘴唇獲得刺激，以掩飾內心的寂寞。他人口中的接吻狂、在酒席上不分輕重就想跟人接吻的人，或許都是在這個時期裡遇到了某些問題。

日本的豐臣秀吉就是個所謂的親吻狂，在一封寫給幼子秀賴的信中寫著：「日前未能好好地親親吾兒，為父深感遺憾。為父會盡早趕回，親親吾兒，在那之前可不能讓母親親吻。」

●親吻的效果

根據動物學家笛氏門‧毛里斯提出的「親密關係十二階段」，從男女相識到發生關係的12個階段裡，包含親吻在內的臉部接觸為第7階段，遠遠超過排在後面的愛撫階段。每個人對於這部分的感受會有些不同，日本的成年人也沒有當眾接吻的習慣，因此這份階段表並沒有辦法直接套用在日本。在日本，似乎也有不少人認為接吻的下一步就是開始性行為。

在日本某化妝品公司的問卷調查當中，有9成以上的男女都回答「喜歡接吻」，尤其是女性，有非常多的女性受訪者都是喜歡接吻的人。在英國牛津大學進行的某項實驗當中，接吻次數高於性交次數的情侶都認為滿足的程度更高，許多女性也表示：「日常的接吻也很重要，一點都不輸給性愛前戲裡的接吻。」不論文化背景，女性似乎都更傾向能夠與戀人頻繁地接吻。

也有人說，接吻可以知道自己跟對方的契合度。接吻可以交換彼此的唾液，讀取對方的DNA，讓人憑著本能去判斷對方跟自己是否合得來。如果覺得跟對方接吻的感覺很不錯，也許對方在基因方面就是那個對的人。

嘴唇相貼的親吻，是源自於父母對於孩子的愛的表現，並發展成性行為的前戲或性行為當中的一部分。各地文化不同，成人間的親吻所代表的意思也有些微的差異，而女性似乎更喜歡接吻。

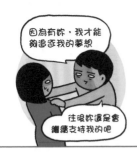

因為有妳，我才能
夠追逐我的夢想

往後妳還是會
繼續支持我的吧

羈絆

釋　義	人與人之間想斷也斷不了的聯繫
相似詞	瓜葛／團結／合作關係／束縛
例　句	「牢牢的羈絆聯繫著兩人。」

好感度：★★☆　　反感度：★☆☆

「絆」原本指勒住馬匹或犬隻的繩子。後來衍生出其他涵義，表示使人與人難以分離的聯繫。2011年發生東日本大地震以後，日本全國各地流行起帶有「絆」字的短句。在難熬痛苦的體驗當中，互相勉勵、彼此安慰，**攜手度過重重痛苦的人之間所形成的「連帶感」，正是羈絆的根源。**

羈絆是一種如此美好的情感，但在愛情裡，所謂的羈絆也有著不好的一面，有時會讓兩人只因為羈絆而無法好聚好散。例如：即使想跟對方分手，但只要一想到至今的一切努力都要付諸流水，最後還是不了了之。當人類的心理作用出現這樣的「協和效應」（→P53），或者是深陷於共依存關係（→P43）的狀態時，兩人之間並不存在連帶感，**羈絆的涵義更偏向於剝奪自由的「束縛」。**

所謂羈絆，來自於患難與共的同伴間的連帶感，但同時也擁有經美化過的一面，羈絆在愛情當中則隱藏著「羈絆＝束縛」的危險性。

好麻煩喔

等等再說吧

已讀不回

釋　義	看到LINE的訊息卻不回覆
相似詞	不讀不回
例　句	「我被喜歡的人已讀不回，好難過。」

好感度：☆☆☆　　反感度：★☆☆

LINE是個方便的通訊軟體，但對方可以直接看到自己是否已讀過訊息，所以有時就會讓人懶得再回覆。特別是討厭麻煩的人，他們回不回訊息跟愛對方的程度並沒有關聯性，有時只是當下沒有那個心情回覆，或者是看過訊息之後不小心忘記回覆。不過，對於要保持熱線才能感受到愛的人來說，要是對方總是一直已讀不回，就會讓他們感到不安。假如自己本來就很清楚對方的個性或情況，也許可以接受對方的已讀不回；但不夠了解對方的話，就會開始擔心對方是不是討厭自己了。

想要改掉自己這種愛胡思亂想的壞習慣，試試看阿德勒心理學所提到的**「課題分離」**應該會很有效果。所謂的課題分離，意思是指**「切割自己與別人的課題」**。劃出一條自己與他人的界線，就會減少很多白傷心的情況。

與人交往之前，最好先磨合一下，找出彼此都覺得最剛好的聯絡頻率。這麼一來，也會減少因為沒有聯絡而感到不安的情況。

竟然忘記!? 太過分了!!

今天是我們第一次告情侶婚的紀念日耶…

紀念日

釋　義	紀念曾發生特別事情的那一天
相似詞	周年紀念／○周年／回憶中的那天／節慶
例　句	「我忘了結婚紀念日，把老婆惹火了。」

好感度：★★★　反感度：★☆☆

愈是剛交往沒多久的情侶，就愈喜歡制訂告白紀念日、交往一個月紀念日等各種紀念日，在注重紀念日的女性與容易忘記紀念日的男性之間，就容易產生各種問題。眾所皆知，男性與女性的記憶力本來就有落差。英國劍橋大學的某項研究邀請4500位男性與女性擔任受試者，結果也證實女性喚醒記憶的能力遠勝過男性。而且在普遍的認知裡，**女性的「情節記憶」整體而言又勝過男性**，這樣的落差便會造成情侶之間出現問題。雖然知道女性都希望男性可以記住重要的紀念日，也能夠體會女性的心情，但若是雙方都以寬容的態度來面對這件事，也許會更加理想。

> 紀念日是與情感有所關連的一種情節記憶。可以試著花點心思，讓兩個人都能夠記住交往當中的紀念日。

反差效果

釋　義	先、後發生的情感之間落差愈大，後者的印象就會愈加鮮明
相似詞	反差萌／得失效應／對比效應
場　面	在不同於平日的環境下與同樣的人接觸時

好感度：★★☆　反感度：☆☆☆

對於同一個人的印象從A轉變成B的時候，前後的反差（落差）愈大，B的記憶就會愈加深刻。在席維斯史特龍主演的電影《洛基》當中，洛基的女友阿德里安是個打扮樸素又低調的人，而當她拿下眼鏡變成大美女的那一瞬間，就是**最經典的「反差萌」，心理學則稱之為「得失效應」**。

實際上，產生得失效應後還會再出現另一個效應，那就是形成一個好印象之後，也會連帶提高其他方面評價的「**輪暈效應**」（→P23）。輪暈指的是背後的光環，例如：當某人具有「美女」的特徵時，這項特徵就會像光環一樣閃耀著光芒，讓他人覺得這個人的性格、才能等等的內在也是如此，使人讚嘆：「真是有魅力的人！」

> 原本覺得對於這個人的感覺還差了那麼一點點，但當對方展現出吸引自己的那一面以後，就會迅速地提高我們對這個人的好評。再加上輪暈效應的作用，也會讓我們開始覺得對方的一切都很美好。

抱歉，我對三次元的女生沒有興趣

感興趣

釋　義	覺得某個對象很有價值，而積極地做出選擇的一種心理活動
相似詞	好奇心／關注／在意／有希望
場　面	遇見了某個有魅力又有趣的人或事物

好感度：★★☆　反感度：★★☆

對某人感到興趣，指的是抱持著「想更了解這個人」的想法，是親密人際關係的起點。不過，**近年來愈來愈多人對於戀愛根本不感興趣，這樣的人被稱為「絕食系」、「仙人系」**。有些人對戀愛不感興趣是因為某些消極的理由，例如：有心理創傷，或是沒有自信所以早就放棄談戀愛等等；有些人則是因為想要專注在戀愛以外的事物，或因為他們的社交能力好，不覺得一定要有戀愛對象等等，比較正面積極的理由。也有人是因為擇偶條件過高，而遇不到理想對象。有一部分的看法認為，人在處於輕微的憂鬱狀態下，或生活不規律、承受著巨大壓力等情況，都有可能造成腦內啡、多巴胺、催產素（→P112）等「戀愛荷爾蒙」不正常分泌。

> 對某人感興趣是戀愛的起點，但近年來卻有愈來愈多的人都對戀愛不感興趣。這些人對戀愛不感興趣的理由五花八門，從性格因素，到生理因素等等，什麼樣的理由都有。

給我吃一口

嗯？喔⋯好⋯

容許

釋　義	在某種程度以前都覺得沒問題，可以接受或同意
相似詞	寬恕／寬容／原諒／接受／同意／許可
例　句	「他傲慢的態度已經超過我的容許範圍了。」

好感度：★☆☆　反感度：★★☆

在人類的本能裡，劃分勢力範圍的意識稱為「個人空間」（→P153）。個人空間的大小視心理距離而定，心理距離愈靠近，個人空間就會愈小。情侶或是夫婦的個人空間一般是在45公分以下，但實際上多少因人而異。了解自己與對方的容許範圍是一件很重要的事情。對著男性批評他們的弱點、用言語揶揄他們的性器官、頭髮、身高；當著女性的面前批評、議論她們的年齡、體態、相貌，這些都是超出對方所能容忍的NG行為。**千萬不要以為仗著戀人或伴侶的身分就可以為所欲為。**當對方也做出自己無法容忍的行為時，與其直接向對方大發脾氣，倒不如以「我」為說話的主語，具體地向對方表示「你這樣讓我很受傷」，這樣更能傳達出自己的感受。

> 能夠容忍什麼事、能夠容忍到哪個地步，都是因人而異。即使是情侶，也不能夠為所欲為，應該尊重對方的個人空間，不該講的話就不要亂說。

不討厭

釋　義	並不覺得印象不好（委婉的表現）
相似詞	不覺得討厭／一言難盡／不喜歡
例　句	「我並不討厭你這一點喔。」

好感度：★☆☆　｜　反感度：★☆☆

「**我**是不覺得討厭啦，但……」是一句模稜兩可的話。當後面的句子接「不是我想要的戀愛對象」時，仍可能在機緣巧合之下與對方交往，最後真的喜歡上了對方。比如：相親結婚以後鶼鰈情深的夫妻，就是屬於這樣的戀愛模式。如果是個不善言辭或性格傲嬌（→P133）的人，就可能在「不覺得討厭」的後面接上「其實是喜歡……」。如果後面接上「也沒有很喜歡」，那就表示真的沒什麼興趣。

比起有意識的言語表達，一個人真正的想法更常展現在無意識的身體動作（肢體語言）上。如果說「並不討厭」的時候是看著對方的眼睛，那就代表有好感；相反地，如果眼神亂飄或雙手抱胸、雙腿交叉，則代表拒絕及警戒。要好好地觀察對方，可別被對方表面上的話牽著鼻子走。

> 「不討厭」是句讓人難應付的話，好、壞方面都能聯想。單憑字面意思難
> 以判斷，留意對方無意識的眼神及肢體動作，那些才代表真正的想法。

抓狂

釋　義	爆發出憤怒的情感
相似詞	激昂／忍無可忍／怒髮衝冠／怒火中燒／惱羞成怒
例　句	「他為人溫厚，不過有時還是會抓狂。」

好感度：☆☆☆　｜　反感度：★★★

當大腦負責抑制情感的前額葉皮質尚未發展成熟，或是刺激前額葉皮質活動不可或缺的血清素分泌不足時，就會讓人變得容易抓狂。而飲食習慣不正常造成血糖急速降低時，則會促使體內分泌令人興奮與具攻擊性的腎上腺素，同樣也會讓人暴怒。大人發飆、抓狂跟小孩子在地上打滾哭鬧是一樣的，同樣是一種精神年齡尚低的表現。假如有人對著自己發飆，自己還被對方嚇得露出一副「好像是我的錯」的樣子，反而會讓對方的情緒更加激昂，所以**其實可以反擊回去，而且最好是可以讓對方收斂的那種暴怒程度，不然就是完全無視對方，直接走掉。**

隨便地攻擊他人並不是件好事，但表達憤怒本來就是一件健全且必要的事。受到不講理的對待時，不忍氣吞聲才是最要緊的。

> 腦部與體內激素之間的不協調、精神方面不夠成熟，都會使人產生憤怒的
> 情緒。對方亂發脾氣時，也不必覺得害怕，只要坦蕩地面對即可。

孼緣

釋　義	想斷卻斷不了的消極關係
相似詞	惡緣／束縛／死黨
例　句	「那兩個人的孼緣持續30年了。」

好感度：★☆☆　反感度：★★☆

吃軟飯的男人與工作幹練的女人、歇斯底里的妻子與社會菁英的丈夫、嘴上說著厭倦彼此卻還是糾纏不清的情侶，還有重複著離婚與結婚的夫妻。

即使身旁的人都勸說：「跟那個人一刀兩斷才是對你自己好。」自己也心知肚明這才是正確的選擇，卻因為害怕自己變成孤家寡人，終究下不了決心。就算對方是個大爛人，也是**用來消遣寂寞或排解不安的最佳工具**，彼此之間就是「有總比沒有好」的關係。

●共依存與虛偽記憶

因金錢借貸而牽扯在一起的兩個人，最容易變成一段孼緣。跟人借錢的那一方為了拖延債務而持續這段關係，而借錢給人的那一方則更加相信「這個人沒有我就活不下去」，於是形成了一段斬也斬不斷的關係。**共依存（→P43）就是最典型的孼緣模式**，其中也有許多例子發展為家暴。

有些人在嬰幼兒時期得不到父母充分的愛，成長過程中總是（下意識地）認為自己沒有存在的價值，所以一旦遇到同樣境遇的人，就會在不知不覺中成為彼此的伴侶，在對方身上尋求父愛或母愛。當兩人之間的愛情成分愈少，就愈容易形成孼緣。

不斷地分手又復合的孼緣，則是因為人在不停回憶的過程當中，會逐漸美化當時相愛的美好記憶，覺得應該再給彼此一次機會。這種情況牽扯到人類腦部的運作機制，使人的記憶在每一次的回想過程中都會遭到改寫。**而這種遭到改寫的記憶就稱為「虛偽記憶（false memory）」。**

假如一個深陷孼緣之中的人早就已經知道這些原因，卻依然執意地要維持這段關係、覺得自己很幸福，這樣的情況任憑誰都幫不上忙。

如果想設法解決共依存關係，首先就要客觀地理解自己的現狀，承認自己的共依存情況。誠實地面對自己的內心，自然就能採取下一步的行動。再來就要找出彼此之間糾葛不清的原因，且一定要有抽離這段關係的堅定決心。要是覺得自己一人難以堅持，那麼就找個值得信賴的人來幫助自己，這樣做會頗有成效。

> 兩人之間雖然沒有愛，但總比一個人好。因為金錢借貸而糾纏不清的情侶、將對方視為父／母的替身而緊緊相依的情侶、已經分手卻又重修舊好的情侶……都容易變成所謂的孼緣。

聖誕節

釋　義	慶祝耶穌基督降生的日子
相似詞	耶誕節／耶穌誕辰紀念日
場　所	教會／自家／餐廳／遊樂園／飯店／百貨公司

好感度：★★☆　反感度：★☆☆

聖誕節原本是宗教節日之一，但自80年代起，聖誕節在日本已經變成是一個「小孩子可以收到禮物的日子」，更變成一個「跟戀人一起度過的日子」。日本歌手松任谷由實的歌曲《戀人是聖誕老人》在1980年大賣；女性雜誌《an-an》在1983年第一次推出結合聖誕節與戀愛的特輯；在日本鐵路公司JR東海以遠距離戀愛為題材的一系列廣告當中，1988年起用歌手山下達郎的歌曲《Christmas Eve》作為廣告曲，擄獲了大批年輕人的心；1990年代以後，受泡沫經濟景氣的影響，日本全國上下的氣氛都像在舉辦慶典一樣，商業設施中的裝飾彩燈、餐廳的限定菜單、飯店的聖誕節限定專案等等，專為情侶設計的商品接二連三地登場。

●想在聖誕節前找到交往對象的焦急心理

大約在秋季，就會慢慢出現一些焦急著要在聖誕節前找到交往對象的人。為何這些人會出現這樣的心理呢？首先，到了聖誕時節，五彩絢爛的燈飾等等都會讓街道的氣氛變得熱鬧不已，走在街上也愈常看到濃情蜜意的情侶。不僅如此，也有人認為，人在冬季寒意的影響下，想要愛人的心情就會愈來愈強烈，聽著朋友開心地討論著聖誕節的計畫，也會讓自己開始心急著好想要有個戀人。

●什麼是「孤單聖誕」？

大約從2012年開始，年輕人之間出現了新的用語，叫做「孤單一人的聖誕節」，簡稱「孤單聖誕」。

起初，許多人都覺得過「孤單聖誕」是一件很丟臉的事，但根據這幾年的幾項調查，回答「覺得孤單聖誕很不錯」的受訪者比例愈來愈高。一個人吃掉整桶炸雞、整份蛋糕、跟同樣處境的人一起在SNS上面狂歡慶祝等等，慶祝聖誕節的方式也愈來愈多、愈來愈新穎。

此外，有不少人會將聖誕節的慶祝活動分成兩天，24日的平安夜與戀人或朋友一起慶祝，25日的聖誕節則與家人一起度過。智慧型手機的發達讓彼此心的距離不再那麼遙遠，再加上經濟方面的因素，漸漸地打破了「聖誕節＝約會」的公式。

> 受到音樂及媒體的影響，聖誕節在80年代成為了戀愛的節日。以前的人認為與戀人過個美好的聖誕節才是理想的慶祝方式，然而隨著經濟狀況及通訊方式的變化，年輕人的價值觀已經不同往日，也有愈來愈多的人享受著一個人的聖誕節。

唉呦～
不要數得這
麼清楚嘛～

經驗人數

釋　義	過去交往過的人數或發生過性經驗的人數
相似詞	戀愛經歷／經驗值／百人斬
例　句	「你的經驗人數是多少？」

好感度：★☆☆ ｜ 反感度：★☆☆

有人洋洋得意著自己的戀愛經驗豐富，也有人因自己的戀愛經驗不足而覺得丟臉。這兩種情況的根本都是一樣，那就是**只以桃花運的好壞來決定自己的價值**，差別只在於是感到自卑，還是沉醉不已。每個人都應該擁有許多不同的魅力與優點，而這兩種人卻都只執著這一點。說到底，本來就沒有什麼「正確的經驗人數」。要是有人問的話，只要隨便敷衍過去就行了。假如有個人一年內交往過10個對象，那就代表他是個遊戲人間的人嗎？或者他只是戀愛運氣很差而已？從來都沒有過交往經驗，是因為這個人的個性很差？還是因為個性比較嚴謹又單純？戀愛經驗的人數多寡並不是用來比較的，其意義全憑**每個人的價值觀**而定。

戀愛經驗人數多，不代表比較厲害；戀愛經驗人數少，也不代表比較差。
會覺得有優劣之分的人，都是因為他們看不起自己擁有的價值，才會去跟
其他人比較。戀愛經驗的人數要多少才好？其實根本就不存在比較基準。

喔～B型啊

我知道了～

血型占卜 （血型算命）

釋　義	透過血型判斷與他人的速配程度或個人性格的占卜
相似詞	速配程度診斷／性格診斷
場　所	日本

好感度：★☆☆ ｜ 反感度：★☆☆

日本作家能見正比古於1970年代初期，從舊有的血型與性格的理論提出了血型占卜的概念。血型原本有Rh式血型、MNSs式血型等許多分類，因此這種只以ABO式血型判斷性格、契合度的方式，實在無法說具有科學上的根據。儘管如此，為何這種占卜方式至今仍未廢止？這是因為當我們聽見有人說「○型的人就是○○」的時候，會覺得「似乎有這麼一回事」，結果就形成了**所謂的「自我實現預言」**（→P65），採取了跟血型占卜結果相符的行動。

不僅如此，我們的頭腦在運作時會出現**「確認偏誤」**，讓我們只蒐集有利於自己的訊息，加深先入為主的觀念，於是就深深地相信：「○型真的就是○○，好準！」

由於「自我實現預言」的心理現象以及「確認偏誤」的腦部運作，使血型
占卜深入大眾的生活。

結婚也不錯…

好想要有
小孩啊…

結婚

釋　　義	受社會承認結為夫婦
相似詞	婚姻／入籍／結合
例　　句	「28歲以前結婚是我的夢想。」

好感度：★★★ ｜ 反感度：★☆☆

　　直到數十年前，未婚的男性下班之後，通常都是回到烏漆摸黑的公寓，一個人吃著泡麵，配著不怎麼有趣的電視節目，空虛、寂寞與冷清滲透全身上下。一般大眾也都將「已婚」與「值得信賴」畫上等號，所以未婚人士與已婚人士在職場上遇到關於調職等問題時，也會受到極大的差別待遇，於是讓未婚的人時常萌生「想結婚」的念頭。

　　但在現今的時代裡，超商或超市都買得到還算美味的晚餐，也能玩玩手遊、上網逛逛，悠哉愜意地度過一個人的時光，上司也不會一直勸部下結婚，**因此少了許多讓人萌生結婚念頭的機會**。這些情況也都適用女性，特別是經濟獨立的女性，似乎也有不少人抱持著「不結婚也無所謂，但想要有小孩」的想法。

●如何找到理想的結婚對象

　　雖說現代少了很多讓人萌生結婚念頭的動機，但我想每個人應該都有過「如果是理想的結婚對象，那我就會想結婚」的想法。不過，究竟是怎樣的人才是適合自己的理想對象呢？

　　關於這一點，美國心理學家齊利安姆提出了以下的論述。

　　齊利安姆認為人類分為兩種類型，一種是因為有獎勵而努力的**「達成需求型」**，另一種則是因為討厭處罰而努力的**「迴避需求型」**。他認為，**兩種不同類型情侶組合比較能夠走得長久**。由於彼此屬於不同類型的人，便有可能形成如同油門與煞車的關係，做出最好的選擇。

　　在共同生活中，能夠互相彌補對方不擅長的領域、彼此分擔不同的任務，會是兩人相處的關鍵所在。隨著兩人的關係愈來愈深入，恰好相反的「互補性」也就愈來愈重要。

現代人少了非得結婚不可的世俗壓力，結婚與否都是個人的自由。而在共同生活當中，找到一個能互相彌補不足的伴侶才是最要緊的。

別以為妳哭就贏了

爭吵

釋　義	言語針鋒相對、動手毆打對方
相似詞	起口角／爭執／衝突
例　句	「住在隔壁的情侶總是爭吵個不停。」

好感度：☆☆☆ | 反感度：★★☆

吵架絕對不是一件壞事，**而是一種與人溝通交流的技術，有的人很會吵架，有的人則是每吵必輸**。「動不動就哭」的人對於別人大聲講話或是蠻橫的用詞遣字很敏感，所以容易覺得受傷、驚慌失措，而無法回嘴。

不過，也有人認為在這樣的行為背後，其實是一種利用哭泣來引起對方的同情，等待對方態度軟化的自我防衛反應（自我防禦）。這是因為人的內心會出現一種藉由「退化」機制以迴避壓力的心理作用。

●為什麼看到對方在哭，就會覺得一肚子火呢？

許多人在看見對方哭哭啼啼的時候，都會覺得困惑、有罪惡感，但也有人是覺得不爽或煩躁。在後者的情況中，他們會生氣地責罵對方：「別以為哭的人最大！」好像有錯的都是哭泣的一方，但實際上**他們只是將自己的罪惡感轉嫁給對方**。

在「想哭的人是我才對吧」、「丟臉死了，拜託你停下來可以嗎」的想法背後，其實隱藏著「眼淚是女人的武器」、「男兒有淚不輕彈」等等的性別刻板印象。問問自己的內心是否有這樣的想法，也許下次就不會胡亂地發飆。

●如何跟人好好地吵架

想在對方或自己開始落淚之前就順利地停止爭吵，不管如何就是先冷靜下來。如此一來，才不會只是怪罪對方，並且以「我」為說話的主語，使用「我是這麼認為」、「我希望可以這樣」等等的**「我訊息」溝通方式與對方溝通。「這個不用我講，你應該也知道吧」的想法是相處的大忌**。最好也別一直翻舊帳，然後指責對方：「你那個時候也是這樣對我。」或是妄自揣測對方的心情與想法，覺得自己是受害者。

> 有些人只要一跟人吵架就會掉眼淚，這是因為他們不適應這種激烈的情感碰撞；有人看到對方落淚就會覺得一肚子火，其實問題在於自己而不是對方。試著使用「我訊息」、立下規定等方式，努力在掉下眼淚之前擺平彼此間的爭吵。

務實

釋　義	根據現實。追求的不是理想或夢想，而是眼前的實質利益
相似詞	合情合理／實際／真實／嚴格／寡情
場　面	挑選結婚對象的方式

好感度：★★☆　反感度：★☆☆

對結婚抱持著務實態度的人，都屬於理性主義者。換過一個又一個放蕩不羈的交往對象，最後卻是選擇一個忠貞、顧家的對象結婚，這樣的人乍看之下是個浪漫主義者，實際上卻是個相當分得清現實的人。若論起結婚對象的理想條件，那是說也說不完，但已經在心中劃出理想條件範圍的相親結婚，其實也是一種現實主義。對於結婚對象抱持過高理想的人不管跟誰相識，通常都無法進展到交往關係，不然就是以為「跟這個人結婚應該能過上好日子」，實際上卻不如預期的美好，而後悔著「不應該是這樣才對」。現實主義也有不好的一面。這類型的人注重實用性更勝於氣氛，他們可能會在生日時送家電當作生日禮物，也很難對另一半的感受產生共鳴。因此當對方果斷地斷絕自己對於未來的美好夢想時，通常都會大受打擊。

> 務實的人能明確區分玩玩的與結婚對象，但也有不少人是因為理想過高而以失敗收場。對務實的人來說，無法展現浪漫、與對方產生共鳴是弱點。

倦怠期

釋　義	厭倦與伴侶的關係，失去當初的熱情
相似詞	千篇一律／了無新意／膩煩／習以為常／無趣
場　面	交往、結婚的時間愈來愈久的時候

好感度：☆☆☆　反感度：★★☆

人在戀愛初期或新婚時，腦內都會大量分泌使人感到幸福與興奮的荷爾蒙，所以不管發生什麼事，還是能夠開開心心地度過，但隨著相處時間愈來愈長，就會開始覺得習慣了。**這樣的現象稱為「大腦的習慣化」，指大腦對於同樣的刺激不再逐一地產生反應。**對於何時會進入倦怠期的意見眾說紛紜。有人認為倦怠期容易出現在幸福荷爾蒙「苯乙胺」停止分泌的三個月後，也有人認為心情在半年後、一年後會出現轉變，而這時就容易進入倦怠期。

美國的人類學家費雪認為，婚後第4年是夫婦的離婚高峰期。其實只要兩個人一起做點全新的事情，給大腦帶來一些刺激，就能夠克服倦怠期。有共同休閒活動的夫妻對於結婚生活的滿足度會比較高，想必也能有效預防婚外情。

> 關於倦怠期的出現時機有各種說法，但只要給大腦帶來全新的刺激，例如：找到一個新的共通興趣等等，就能夠克服這個難關。

小惡魔

釋　義	玩弄男人的愛慕之心，且具有魅力的年輕女性
相似詞	搔首弄姿／矯揉造作／摸不清楚心思
場　所	夜總會／職場／學校

好感度：★★☆ ｜ 反感度：★☆☆

2005年10月《小惡魔＆nuts》創刊。後於2006年10月更名為《小惡魔 ageha》，並改為月刊形式，這本《小惡魔ageha》被稱 「酒店小姐的教科書」，點燃了小惡魔熱潮。

如果說惡女是以縝密的計算、惡意、美貌和性慾，榨乾她們看上的男人的全部財產、讓他們失去社會地位、破壞他們的家庭，是人們口中的「蛇蠍美人」，那麼**「小」惡魔就是只帶著輕微惡意的女性，她們不與男人發生性愛關係、也知道男人貢獻的財物都不是靠她們努力得來的，而且比起美艷動人的外表，更多的是可愛迷人的類型。她們靠的不是機關算盡的手腕，而是她們本身最自然的模樣。**

在歐洲，成熟的女性比稚氣未脫的女性更受青睞，許多藝術作品當中所描繪出的迷人女性形象，都是所謂的惡女。而日本人則認為青春有活力的女性更具價值，所以喜愛小惡魔類型女性的風氣，算是日本獨有的價值觀。

●矛盾之處正是魅力所在

小惡魔女性的特徵是具有「清純中帶著性感」、「傲嬌」（→P133）、「可愛又性感」等等兩種截然不同的特質。可以說是恰恰體現出佛洛伊德所說的「矛盾心理（雙面價值）」。對於邀約似乎有些心動，卻不肯答應對方；感覺是個開朗的人，卻似乎有著不為人知的一面；反覆無常、說話總是不明講，讓人摸不著頭緒等等，正是這些神祕之處激發了男性的狩獵本能和好奇心。但這些小動作用得太過明顯就會變成「心機做作」（→P41），是會被女性同胞厭惡的經典類型。

2000年代初期，部分年輕女性很喜歡這樣的小惡魔風格。小惡魔女在舉手投足之間都展現出兩種衝突的特質，她們不與男性發生性愛關係，卻輕輕撩撥著男人的心。

我還沒打算結婚，只是來找玩玩的對象

戀活

釋　義	「戀愛活動」的簡寫。不以結婚為前提，尋找戀愛機會的活動
相似詞	找戀愛對象／配對
場　面	聯誼／手機APP／大型活動／社團活動

好感度：★★☆　　反感度：★☆☆

比起婚活是出自於明確的「想要有效率又快點找到結婚對象」的結婚願望，戀活的動機就顯得比較隨意。感覺就是「也許最後還是會結婚，現在只是想要認識異性而已」。參加戀活的年齡層主要是20～30歲的年輕人，比參加婚活的人年輕了一個世代。戀活重視的是「如果是這個人的話，也許可以談談戀愛」的心情，**所以不會斤斤計較年收等條件，這也是戀活的特色。**

　戀活的內容與婚活大同小異，基本上都是採用聯誼形式。街頭聯誼是最常見的形式，由主辦單位包下餐廳，讓參加活動的人用餐聊天。除此之外，更細分成散步聯誼、嗜好聯誼等各種主題的聯誼。散步聯誼就是所有參加活動的人一起到散步到各個觀光景點，嗜好聯誼則是集結了同樣喜歡運動、動物、動漫等等的人。

> 戀活是積極地尋求與戀愛對象的邂逅，而且不同於婚活，不以結婚為前提。戀活通常都會設定各種主題，以聯誼的形式舉辦。

你接過吻嗎？
嗯～
咦！
何時？
在哪？
際遇如何!?

戀愛話題

釋　義	關於戀愛的一切話題
相似詞	戀愛經驗談／放閃
例　句	「跟朋友熱烈地聊著戀愛話題。」

好感度：★★☆　　反感度：☆☆☆

關於前任或現任的大小事、初戀的回憶、第一次性經驗、喜歡類型或理想約會等等，只要是跟戀愛有關的，都可以是戀愛話題。容易產生共鳴又是人人愛聊的戀愛話題，就跟發牢騷或是聊八卦一樣，**比起話題本身的內容，「講」才是重點。**具體的內容是什麼都無所謂，只要聊得開心，就會讓人覺得很滿足。熱衷於談論戀愛話題的人十之八九都是女性，男性其實不太會應付戀愛話題。女性如此積極地與其他人談論戀愛話題，是因為戀愛話題的意義就在於資訊交流。享受談論戀愛話題的祕訣就是不批評對方、不炫耀，互相分享讓人覺得好笑的失敗談，或是對於其他人也有幫助的資訊。在跟朋友談論著「好希望談一場這樣的戀愛」的夢想時，彼此會互相加油鼓勵，而強化**「自我實現預言」（→P65）**，夢想也就更容易實現。

> 每個人分享戀愛話題的目的或內容不盡相同，但能炒熱氣氛的這一點則不分男女。可以講些有趣的事，並且避免說人壞話或大肆炫耀。

那個女生
好像喜歡你喔

哦～

好感的互惠性

釋 義	感受到對方的好感時，自己也想要以好感回報對方的一種心理
相似詞	一貫性原則
場 面	聽聞某某人對自己有好感的時候

好感度：★★☆ ｜ 反感度：☆☆☆

明明之前完全沒有這樣的感覺，卻在發現對方似乎喜歡自己，或從別人的口中聽說有這麼一回事時，開始覺得自己好像也對那個人有點意思。不知道各位是不是也有過這樣的經驗呢？實際上，當我們感覺到他人對自己有好感時，**自然而然也會對這個人也產生好感**。這樣的現象稱為「好感的互惠性」。

「互惠」指的是回報他人施予自己的恩惠。當我們感受到這份來自他人的好感時，我們的心情會變得愉悅，希望也以相同的方式回報給那個讓自己心情愉悅的人。好感的互惠性正是來自於這樣的心理作用。

有喜歡的對象時，不妨試試看主動釋出自己的好感。這樣一來，就算對方之前完全沒有注意到你，也極有可能在你釋出好感之後，而對你產生好感。這樣說來，「戀愛就應該主動出擊」的說法其實也是很有道理的。

●對於他人的反感也會用反感的態度回報

那麼，如果反過來對他人表現出反感的態度呢？

其實就跟展現好感就會獲得對方的好感是同樣的道理，**當我們對於別人表現出反感的態度時，通常也會讓對方覺得反感**。這樣的現象則稱為「厭惡的回饋性」。也就是說當我們覺得某個人很討厭，不希望對方繼續表現出無謂的好感時，就可以用稍微冷淡的態度來應付這個人。

不過，這種反感的態度就算沒有宣之於口，別人還是可以很容易就感受到。要是表現得太過誇張的話，恐怕會激起對方的仇視，導致意料之外的結果。在這方面要留意適可而止。

> 互惠性的法則對於愛情也頗有效果。要巧妙地運用好感的互惠性，最好的方式就是透過朋友或不經意地讓對方知道自己的好感。

戀愛小專欄

心理 出現幫助他人的

根據心理學家的實驗，證明人類在經歷過開心的「愉快感」之後，都容易出現幫助他人的行動。另一方面，人類在做了一些有愧於心的不良行為之後，也會為了彌補自己的罪惡感，而出現幫助他人的行動。

在對方剛感受過愉快感或是罪惡感時，向對方提出請求的話，對方應該會點頭答應。

我喜歡綁馬尾的女生～

...

好印象

釋　義	印象良好
相似詞	有好感／覺得不差／感覺良好
場　面	第一次約會中發覺對方討喜的一面時

好感度：★★☆　反感度：☆☆☆

在短短的0.2秒內，就能決定一個人的印象好壞。所以，給人的第一印象可以說是重要至極，深深地影響著雙方之間往後的關係。

　　決定一個人的第一印象有三個要素，依效果由高至低排序，分別為「外表」、「聲音」、「說話內容」，這稱為**「麥拉賓法則」**。若希望給第一次見面的對象留下好印象，可以利用這一項法則。

　　首先是最具效果的「外表」，重點在於注意周遭的人對於自己的看法，隨時留意自己的儀容外表是否能給人產生好感。有人說，一個人是否給人乾淨清爽的感覺，是影響本身印象的最大關鍵。此外，笑容也是重點之一，面帶微笑能夠消除對方的緊張感，讓對方感到安心。其次是聲音，聊天時別忘了注意說話的速度以及聲音的起伏。要根據說話的內容，有意識地調整說話的方式，例如：講正面、開心的事情時，語氣要輕快而有活力；提到負面、難過的事情時，則要用緩慢而低沉的音調敘述等等，如此才能讓對方更容易聽懂自己要表達的事情。最後是說話內容，最好是有意識地在對話中加入一些正面、樂觀的用語，或是積極地提及對方的名字等等。當對方在聊天時加入一些順耳的話，我們也會自然地提升對於這個人的好印象。

　　還有一點相當重要，那就是**當我們在表現出這三個要素時，彼此之間不能起衝突**。就算一個人的外表再怎麼好看，要是說話的聲音讓人聽不清楚在講什麼，說話的內容也跟這個人的外表不相稱時，就很難給對方留下好印象，因此說話時要掌握好這三個要素之間的平衡。

●比起產生負面形象，先給對方留下好印象會更有助於戀愛

　　給人的第一印象是正面的形象時，不管這個人後來做了哪些事情，最初給人的印象還是會深深地烙印在他人的腦海，所以**推翻掉這個正面形象的可能性不高**。這個現象稱為**「初始效應」**。如果想要更接近心儀的對象，那就要謹記著「最初的印象才是關鍵」。不僅正面印象難以推翻，就連負面印象也是如此，所以要是有人在第一次約會就遲到，對方肯定會覺得這個人怎麼如此過分。之後就算再怎麼賠笑臉、獻殷勤，想要反轉自己在對方心中「就連第一次約會也能若無其事遲到的人」的印象，可以說是不可能的任務。

> 雖然是希望受到對方的青睞，但只關心談話的內容的話，未免太可惜了。
> 也別忘了自己的儀容外表、說話方式等等，多加留意這些更能讓對方留下好印象的要素。

聯誼

釋　義	與初次見面的對象發生邂逅的場合
相似詞	飲酒會
例　句	「我在聯誼之後跟對方去開房間了。」

好感度：★★☆　反感度：★☆☆

聯誼已經是一種固定的男女邂逅場合。聯誼當中當然少不了沒有對象的單身人士，但偶爾也有已經死會的人來參加，是一種能夠輕鬆地認識其他新異性的邂逅場合。同樣也是男女邂逅的場合還有「婚活派對」等等，但參加婚活派對的男女雙方通常都抱持著具體的目標，那就是結婚。相對地，聯誼則是集結了希望與異性相遇的人，**這些人未必都是以結婚為（現在的）最終目的，性質上與「婚活派對」還是有些微的差異。**

●聯誼是男女的心理戰

聯誼給人的印象是一場開心的飲酒會，但在檯面下其實交錯著各種心思，有人想著：「前輩該不會也看上同一個女生了吧？」有人則想著：「那個人對我好像有意思，但他不是我的菜。」如果一起參加聯誼的人是瞭解自己的朋友，就會比較容易去接近自己有意思的對象；但如果是跟公司的前輩一起參加聯誼，就會顧慮到自己不能搶在前輩之前出手，就算有中意的對象也無可奈何。

但不管怎麼說，**能在聯誼時主動出擊的人還是有比較高的成功機率。**有些人可能會覺得：「我表現得太過飢渴，會不會把對方嚇跑……」所以就算有心儀的對象也不敢主動接近對方，只是被動地等待對方有所行動，但是說到底，來參加聯誼的人本來就是為了追求邂逅才會聚集在一起，就算表現出自己的好感，也不是什麼大問題。飲酒會就那麼短短的幾個小時，要是不把握時間好好地表現自己，對方才不會有什麼印象。所以如果有中意的對象，就可以在聯誼結束之後趕緊跟對方要聯絡方式等等，讓對方知道自己有這個意思。

> 雖然會顧慮到不能搶了前輩的鋒頭，或擔心自己表現得太過飢渴，但在聯誼的時候就是要盡量地展現自己，才能提高成功的機率。

戀愛小專欄

有效的讚美方式

掌握以下4個能夠滿足對方的讚美方式吧。

●名為感謝、實為稱讚對方的表現
「謝謝你願意聽我說話」等等，每次都要讚美對方的行動。讚美的內容是具體發生的事，所以對方也不會覺得奇怪。

●稱讚對方沒有注意到的地方
「你總是這麼體貼別人呢」等等，稱讚對方沒有查覺到的優點。

●對女人要稱讚細節之處
「妳的眼睛真漂亮」、「今天的髮型很好看喔」等等，稱讚對方一些小細節。與他人做比較的相對評價是絕對不行的。

●對男人要稱讚整體形象
「真有型」、「你穿西裝真好看」等等，男性通常更希望被稱讚整體。

我…我喜歡你…

告白

釋　義	將自己的心意告訴對方
相似詞	表明心意／告訴／求愛
場　面	想從朋友關係晉升為戀人關係時

好感度：★★☆　反感度：☆☆☆

在兩個人還不是很熟稔的階段，就決定放手一搏跟對方告白，這樣的舉動看起來雖然很帥氣，但在彼此都還不太了解對方的階段，實在讓人難以想像會告白成功，機率應該是微乎其微。

實際上，在雙方都對彼此有一定程度的了解之後再告白的話，被告白的一方也比較可以接受。可以的話，最好是在兩個人經常有獨處機會以後再告白，這是提升告白成功率的關鍵。

●告白需要的是時機，而不是言語

跟對方約會愈多次，告白就愈容易成功嗎？其實沒有這回事。雖然知道彼此互有好感，但兩個人每次都只是約會，根本就沒打算跟對方告白的話，想必對方也會產生不信任感。都已經過了好幾個月，對方卻還是沒有任何行動或表示的話，也會讓人覺得「這個人應該是沒打算跟我交往吧」。不過，告白的時機其實還是取決於對方的心情，有些人對彼此都一見鍾情（→P164），在第一次約會後就順利地告白，有些人則是慢慢地加溫雙方之間的感情，在第3個月時告白成功。重點是要**看清楚對方有沒有將自己當成交往對象來看待**。例如：秒回LINE的訊息、每一次都答應約會的邀約、大多時候都聊得很開心等等，千萬別看漏了對方的這些明示與暗示。

此外，有些人或許會很煩惱告白的時候應該說什麼才好，但其實只要不是太奇怪的告白方式或內容，不管在告白時說了些什麼，都不會影響到最後的結果。因為如果對方是自己喜歡的人，那麼不管這個人在告白時說了什麼，結果都不會改變。**答案早在對方告白之前就已經確定了**。

告白被拒絕之後反省「要是我告白的時候是這麼做的話……」並沒什麼意義。

> 許多人都很重視告白的內容以及場地，但最重要的還是時機。只要抓住正確的時機點，應該可以提升不少成功告白的機率。

戀愛小專欄

黃昏效果

　　傍晚是人的生理時鐘最不安定的時候。人的注意力在這時候會變得渙散，感性勝過理性。此時最容易使人吐露真心話，所以也是最適合告白的時段。

彆扭

釋　義	把事情搞得很複雜
相似詞	麻煩／愛繞圈子／很難搞
例　句	「真不想跟彆扭女扯上關係耶。」

好感度：☆☆☆　　反感度：★☆☆

彆扭的人容易「把事情搞得很複雜，變得難以解決、處理」，後來演變成用來形容在戀愛方面讓人覺得麻煩的人，例如：「彆扭女」、「彆扭男」等。

●自卑情感底下藏著強烈的自戀

　　這樣的人是怎麼讓人覺得難搞呢？舉例來說，「彆扭女」在說話時會毫不遮掩地表現出自卑的情緒。她們的口頭禪是「反正」，最常說「反正我就是不可愛」、「反正我就是一點都不性感」之類的話。聽到男朋友或身旁的同性好友安慰她們：「沒這回事啦，○○很可愛啊～」她們反而會變本加厲地貶低自己地說：「算了，不用這樣安慰我⋯⋯」但這樣的人往往又會積極地在IG放上妝容滿分、髮型完美的自拍照。

　　總歸一句，**在她們覺得自己比不上他人的自卑心的深處，其實藏著強烈的自戀情感**。這樣的人也很清楚當自己說出「反正我又⋯⋯」的時候，周圍的人就會回答她們「沒有這回事」。

　　倒不如說，彆扭女就是希望別人對她們說「沒這回事」，才會把「反正我又⋯⋯」掛在嘴邊，這樣的說法應該一點也不為過。她們過於渴望來自他人的需求及肯定，所以渴求著被人寵溺、有人把她們捧在手心的感覺。

　　而且她們對自己極度地自戀，甚至還很喜歡這樣為情所困的自己，所以才會是所謂的「彆扭女」。站在旁人的角度來看，實在不知道應該要安慰她們、還是祝福她們才好，總歸就是個難搞的人。

　　不過，個性彆扭的人缺乏自信，這一點倒是所言不假。**撇開個性難搞的這一點，比起總愛自賣自誇的自戀狂，彆扭的人還比較容易對旁人的感受有所共鳴**。只要適度地給容易彆扭的人保留他們的面子，想必就不會讓難搞的情況惡化。

> 彆扭女雖然不停地表現出自己是個不被人愛的人，實際上她們比誰都更渴望有人來愛她們。

CP值低

釋　義	付出的情感得不到相符的結果
相似詞	打水漂／付諸流水
場　面	送給對方昂貴的禮物，但對方的反應卻很冷淡時

好感度：☆☆☆ 反感度：★★☆

「CP值（cost performance）」是報酬與成本的比例，意指自己付出了多少成本，可以得到多少的報酬。報酬扣掉成本之後，就稱為「成果」。基本上，人類在行動時都會盡量地使這個成果愈大愈好，這稱為「社會交換」。

在戀愛當中提及成本、報酬的概念，或許會令人覺得掃興，但就算未必與金錢扯上關係，實際上人類就是會付出一些成本在交往對象的身上。即使只是把家裡掃得乾乾淨淨的、親手下廚等待對方的到來，還是付出了各式各樣的成本。若對方表現出令自己滿意的反應，那就是這份付出的報酬。

不過，努力未必都會得到回報。**當自己傾盡全力為對方付出，而對方卻沒有回應這份心意時，就會形成不平衡的付出成本與報酬。換句話說，在戀愛當中就是所謂的「CP值低」。**

●收支為零是成本與報酬最理想的平衡點

能否確切獲得這份付出的報酬，判斷的基準說到底都是個人的主觀感受，所以所謂的CP值有時反而會讓事情變得複雜。假設有個人因為對方親手下廚，煮了豐盛的料理，而決定送對方珠寶首飾當作回禮。有些人或許會欣然接受這就是「報酬」，但在戀愛當中，絕大多數的人都會覺得比起收到真正的禮物，對方衷心的感謝、溫柔親切的回應態度才是所謂的報酬。

人在行動的時候都會盡可能地讓成果愈大愈好，但也要注意一點，在愛情裡的成本與報酬相扣之後應該要歸零，這樣對於彼此而言才會是最滿足的狀態。假如自己覺得不過付出了一些成本，卻獲得不成比例的過多報酬時，**就會讓人覺得有罪惡感，因而卻步。**

只要對方有所付出，就要對此表達感謝之意，這在戀愛關係裡是相當重要的一件事。不過，不管是付出還是給予報酬，最好都要適可而止，才不會打破這個平衡。

不光是戀愛，人際關係當中的平衡也相當重要。若希望與對方長久地相處，就不可過度地索求報酬。

用詞遣字

釋　　義	對他人的說話方式
相 似 詞	語調／措詞／表達方式／聲色
例　　句	「我覺得他最近的用詞遣字都不太一樣了。」

好感度：★☆☆ ｜ 反感度：★☆☆

用詞遣字是一種能夠衡量人際關係的親密程度的指標。特別是日語，日語是一種注重使用敬語與丁寧語的語言，用詞遣字都直接反映在人際關係上。如果兩個人在講話時還是跟剛開始認識的時候一樣帶著敬語，那就表示彼此之間的距離還沒這麼親密；但如果對話時已經是使用所謂的「平輩用語」，則代表彼此之間已經拉近距離了。但也不是說使用平輩用語才是好事。

假如某個人在跟其他人講話時都用語氣輕鬆地平輩用語，唯獨在跟你說話時才使用敬語，那就表示這個人很有可能特別在意你。不管是對方在跟你講話時語氣有別於其他人，還是對你講話時的用語不同於以往，**若能在對方的用詞遣字之間發現不同之處，也許就會有交往的希望了。**

在日語當中，使用「おれ（男生用語的「我」）」或是「あたし（女生用語的「我」）」的親密程度會比「わたし（一般最常用的「我」）」更高一些。

獻媚

釋　　義	為了吸引對方的注意而表現出嬌媚的態度或表情
相 似 詞	勾引／裝可愛
例　　句	「她會對所有人獻媚。」

好感度：★☆☆ ｜ 反感度：★★☆

希望吸引他人的注意而對人撒嬌的言行舉止，稱為「獻媚」。諂媚一詞通常被視為是女性為了吸引男人目光而採取的一種行動。這是由於人們的**刻板印象**認為「能勾起男人注意力的女性魅力就在於她們撒嬌時的可愛模樣」，才對獻媚一詞有這樣的印象。

不加掩飾的獻媚態度之所以會引起其他女性的反感，大概是因為她們並不是很認同這樣的印象，不喜歡被別人用這種刻板印象來看待。此外，當地位較低的男性以討好的態度對待地位較高的男性時，同樣也可以使用獻媚一詞。

對男性獻媚的女性會引來「態度因人而異」的惡評，如果最後傳到了其他男人的耳裡，就有可能讓他們覺得掃興。

對人獻媚，是因為想讓對方回頭看看自己。應該要表現出自然的關懷，而不是帶著只想討到好處的心情。

太壞壞了啦！

要稍微露出肌膚，並且清新、有品味，這都是基本喔！

婚活

釋　義	以結婚為目標的活動
相似詞	結婚準備／尋找結婚對象
例　句	「我在30歲的時候開始參加婚活。」

好感度：★★☆ ｜ 反感度：★★☆

每個人開始參加婚活的理由都不一樣。有些人是因為本身擁有強烈的結婚意願，有的人則是受不了周圍的壓力，而心不甘情不願地開始婚活。跟從前相比，那種非得結婚的世俗壓力雖然少了許多，卻也不是全然消失。

因為壓力而開始婚活的人，通常都是**受不了回到鄉下就要面對父母或親戚逼婚的壓力**。特別是父母親如果是屬於戰後嬰兒潮的年代，他們從小接受到的觀念就是「結婚是天經地義」，所以當孩子超過30歲還不結婚的話，就會開始叨念著「什麼時候才打算結婚」、「真想抱孫子」，有不少人雖然自己覺得單身生活挺不賴，但一想到必須給長輩一個交代，就只好開始參加婚活。

女性則是有不少人因為想要孩子，而意識到結婚這回事。考慮到懷孕、生產，時間的壓力就會讓她們覺得焦慮，於是便進入了這個以結婚為前提的婚活市場。

●在婚活市場當中，第一印象是最重要的一點！

在婚活市場當中，不論男女，第一印象都是最重要的擇偶要素。婚活派對、街頭聯誼等等的活動，通常為了讓參加的人有機會認識更多異性，所以分配給每一組的談話時間都很短，實在沒辦法深入了解對方之後再來決定是不是要選擇這個人。因此，第一印象的好壞就是選擇對象時的一大判斷指標。

另外，心理學當中則稱之為**「初始效應」，意指最初的印象會遠遠地影響到之後的評價**，所以第一眼可以說是最重要的。首先，把自己打扮得乾乾淨淨、說話的時候看著對方的眼睛等等，努力地憑藉第一印象成為他人心中的戀愛對象吧。

在沒有足夠的時間好好聊天的婚活派對等活動中，第一印象尤其重要。根據「初始效應」，最初的印象會影響到之後的評價。

自卑情結

釋　義	壓抑在潛意識當中的意識複合體
相似詞	自卑感／戀物癖
例　句	「跟漂亮的姊姊相比會讓我對於長相有自卑情結。」

好感度：☆☆☆　反感度：★★☆

這是一種由衝動、渴求、哀嘆、憤怒、記憶等各種要素錯綜複雜地結合而成的負面情感。這樣的情感平時會被壓抑在潛意識裡，讓人不會注意到它的存在，但是當我們在做某些事情的時候，這個情感必定會造成一些影響。

在「對於長相感到自卑」等情況下的情結，指的是一種會形成自卑感的複雜心理要素。

戀母情結（Mother complex）也是一種複合情結。戀母情結指的是當一個人在嬰幼兒時期缺乏母親充足的愛，或是受到母親過度的保護時，長大之後依然無法離開母親、獨立自主的一種現象，這類型的人通常優柔寡斷，無法自行做出決斷。

同樣地，戀父情結則是孩子對於父親抱持著強烈的依賴。這類型的人通常都擁有希望無時無刻都受人保護、沒有自信、容易被人騙等等特徵。

戀姊情結／戀妹情結的人則是對於自己的姊姊、妹妹有著強烈的執著以及滿滿的愛戀；同理，還有戀兄情結／戀弟情結。小時候都是姊代母職，或是跟著哥哥玩耍，備受哥哥疼愛等等，這些經驗都容易讓人產生這樣的傾向。

●喜歡上的人都是同類型時，一定要注意

當自己交往的對象或心儀的對象都偏向某種類型時，就可以推測自己是基於某些原因而符合以上所述的幾個類型之一。

如果能過得幸福快樂，不管喜歡上怎樣的人都無所謂，但如果有可能會演變成問題的話，例如：戀父情結的女生總是愛上已婚男性或者是疼愛小孩子的男性，這時也應該要找出克服這種情結的方法。可以試著接受心理諮詢等等，一定要客觀地面對自己內心的情結。

> 克服情結的第一步，就是先認可自己的存在價值。如此一來，就算不倚靠特定對象，也能讓自己過得很好。

你不知道嗎？

社長出手竟快

社團戀情

釋　義	與社團的成員成為情侶
相似詞	團體約會／辦公室戀情
例　句	「談社團戀情要很小心。」

好感度：★☆☆　反感度：★☆☆

除了運動會、校慶等等，校園生活的樂趣之一還有社團活動。有不少人與另一半相識的契機，都是因為參加了同一個學校社團。參加同樣的社團，本來就代表兩個人有共同的興趣。興趣相同的話，既不用煩惱要聊什麼話題，也容易建立起互相傾訴煩惱、相談甚歡的關係。

不過，既然透過參加社團能夠比較容易與社團成員成為情侶，**代表其他的社員也有這個機會**。抱持著「最近對他（她）好像有點意思」想法的人，或許不會只有你一個人。

●同儕之間的戀愛難處

要是發展成三角關係（或是更加複雜的關係），就會破壞跟其他社團成員之間的關係。硬是跟社團的成員交往的話，跟其他成員之間的關係也許會變得複雜，也會讓社團內部的氣氛惡化。若是社團的其他成員對於你們交往抱持著樂見其成的態度，當然是一件好事；但如果不是的話，可能還是要考慮到未來有可能會分手，斟酌一下是不是真的要談社團戀愛。要是沒有覺悟分手以後就離開這個社團的話，最好還是徹底地維持彼此的社員友情，將自己真正的心意藏在心裡。

如果是感情好的社團，畢業以後還是有機會頻繁地連絡。這時如果有機會交往，想必其他人也會支持你們的。但是，不能否認當你抱持著這樣的想法與社團成員相處時，有人可能會先下手為強，跟你喜歡的人交往。所以只能一邊觀察實際的狀況，**衡量一下風險與想談戀愛的心情之間孰輕孰重**。不過，沒有先下手為強的你，至少不會招來任何人的討厭，還能夠開開心心地享受社團活動，回歸參加社團的最初目的。

> 跟社團裡的人交往時，最好別隱瞞其他的社員，否則戀情曝光時，會受到更大的抨擊。

戀愛小專欄
容易發展成情侶的對話

應該要聊什麼樣的話題，才能成功談戀愛呢？愛丁堡大學做了一項實驗，讓初次見面的50名男女自由地聊天，看哪個話題最有機會將兩個人湊成一對情侶。在各式各樣的話題當中，最後是「旅行」拔得頭籌。許多的人都擁有旅行的經驗，而且旅行話題又不涉及個人隱私，所以比較容易聊得起來。不知道初次見面或第一次約會應該聊什麼才好的話，那就先試試看跟對方聊聊旅行的話題吧。此外，季節、興趣、新聞、美食等等，應該也都不錯。

媽媽決定
要結婚了！

喔～
祝你們4結4難～

再婚

釋　義	離婚後再度結婚
相似詞	梅開二度
例　句	「我找不到再婚的理由。」

好感度：★★☆ ｜ 反感度：★★☆

在現今的日本，離婚5年內的再婚人數比例，男性約為26%，女性約為22%（根據日本厚生勞動省「2016年度人口統計特別報告」）。有人覺得再婚比例很高，有的人覺得還好，但不管如何，確實是有這麼多離過婚的人再次踏入婚姻。

有沒有孩子這件事，是離婚者決定是否立刻再婚的一大關鍵。有些離過婚的人選擇不再婚，可能是單純是因為養育孩子而沒時間與心力談戀愛，或者是不希望為了追求自己的幸福而犧牲掉孩子。在日本，夫婦離婚以後，孩子的扶養權通常都會判給母親，所以這樣的問題主要都發生在單親媽媽身上。不過當然還是有些單親爸爸也是如此。

●對於前一段婚姻的反省

然而，還是有些人在這樣不利的條件之下再次踏入婚姻，並且與另一半過著幸福的生活。因為，即使他們有過失敗的婚姻，仍然去正視這些困難，堅強地靠自己的力量生活，讓其他人覺得他們別具魅力。而且，**在失敗的婚姻裡有所成長的人，了解自己應該與怎樣的對象結婚才能共築幸福的家庭**，因此他們能夠選出適合與自己共組家庭的對象，不再重蹈覆轍。若是因為「對另一半不夠體貼」、「強迫另一半接受自己單方面的感情」等理由而離婚，我想就應該反省自己的行為，也要改變自己的待人處世之道。

以上是夫妻雙方皆離過婚的情況，那如果只有其中一方是再婚，又會如何呢？離過婚的人再怎麼從失敗的婚姻中有所成長、積極地生活，仍然會因為另一半不曾離過婚，而覺得自己哪裡比不上對方。所以就算對方離過婚，你還是非常地喜歡這個人，想跟這個人攜手共度一生，那就要花點時間讓他了解「我是真的一點都不在意你離過婚的這件事」。

因為對方有過一段失敗的婚姻，便認定這個人不適合跟人結婚，實在言之過早。他們其實很有可能為了不再重蹈覆轍，而去反省自己為什麼會離婚，並且改掉這些讓他們婚姻失敗的行為。

在結婚的同時，我們也喜迎接新生命的到來

先有後婚

釋義	二人以女方懷孕為契機而步入婚姻
相似詞	先上車後補票／奉子成婚／雙喜臨門
例句	「我們才不是先上車後補票，這叫做『先有後婚』。」

好感度：★★☆　反感度：★☆☆

從前，若是結婚之前便有了孩子，可能會被認為是「不檢點」、「做事沒計畫」，遭人指指點點，「先上車後補票」＝「因為懷孕而不得不結婚」的印象深植人心。不過時代在改變，確定女方懷上孩子而決定結婚，到了這幾年再也不是什麼稀奇的事。

有的夫婦在結婚以後因為沒有性生活，或過了適孕年齡等問題，怎樣都生不出孩子。所以兩個人都非常想要孩子的話，等到真的懷孕以後再決定結婚，可以說是一種非常合理的選擇。

●從貶義詞改為中性詞

先有後婚已經不再稀奇，對於「先懷孕、後結婚」的說法也慢慢地在改變。過去，先懷孕才結婚都被叫做「先上車後補票」，但「補票」二字會讓人產生「意外有了孩子，所以不得不結婚」的負面印象。但現在對於所謂的「先懷孕、後結婚」，許多人都開始改用觀感比較好的詞，例如「雙喜臨門」等等，讓人從字裡行間感受得到懷孕的喜悅。

或許有些人會認為講法再怎麼變，懷孕以後才結婚這件事，從本質上來看還是一樣的。但心理學也認為，**當我們聽見的是正面的詞彙而不是負面的詞彙時，大腦會產生正面的聯想**。不以貶義的「先上車後補票」稱呼「先懷孕、後結婚」，抬頭挺胸地表示自己是「先有後婚」的話，旁人或自己都會覺得這是一件喜事，由衷地感到祝福。

與從前的時代相比，先懷孕再結婚已經不是什麼稀奇的事情了。而且隨著這樣的改變，也從「先上車後補票」一詞變成了「先有後婚」等正面聯想的說法。

戀愛小專欄

畢馬龍效應

人在被賦予期待以後，就會出現符合期待中的結果，稱為「畢馬龍效應」。

從羅森傑塔爾的實驗可以知道，當老師殷殷期盼著學生能夠進步時，這份期待便會不自覺地表現在聲音、表情及態度上，而當學生接收到老師這份熱切的情感時，便會在學業方面有所進步。不論是工作還是戀愛都是如此，但如果接收到的是負面的言語或行為，就容易讓人發怒或不安。

前輩～
我們結婚吧！

不要

那你跟我
約會吧！

只是約的會應
該可以吧～

邀約

釋　義	伺機親近異性，並提出邀請
相似詞	引誘／約定／說服
場　面	兩人獨處時

好感度：★★☆ ｜ 反感度：★☆☆

當彼此只是點頭之交，關係並不算太親近時，要是冷不防地向對方提出約會的邀請，可能會讓對方覺得很唐突。像這種情況，就應該在聊天的過程中看看彼此有沒有共通的話題，再試著延伸話題，藉機提出邀約。

當你提到「我之前看的那部電影很有趣」，而對方也加入這個話題時，自然就比較容易提出「那我們下次也一起去看電影吧」的邀約。**就算不提到「約會」二字，一樣能讓對方覺得「難道這是約會？」，這才是重點所在。**實際上，最後的目的同樣是約會，但稍微換個方式表達，就比較能讓對方放下戒心而答應赴約。

這樣的邀約技巧不論男女皆適用。聽見有人沒頭沒尾地就跟自己說「跟我去約會吧」而感到抗拒的，可不是只有女生而已。就算是男人，聽到女生這樣講，也許也會打退堂鼓，覺得「這個人也太飢渴了吧」或是「她該不會對誰都是這麼輕率地講吧」。

●用小小的請求，換取大大的請求

想要成功約到對方，還有一個技巧可以試試看，那就是**「得寸進尺法」**。

例如：拜託對方幫自己代班打工，之後就可以用感謝的名義請對方吃飯。**用一個小的請求換取更大的請求（本來的目的）**，就是所謂的「得寸進尺法」。

另一個恰好完全相反的技巧，則叫做**「以退為進法」**。例如：當你向對方表示「我想跟你這樣有魅力的人結婚」卻遭到對方拒絕，就可以向對方提出「那麼，至少請你跟我一起吃頓飯」等等的小請求。這時，或許對方會認為：「既然這個人都讓步了，那我也退一步，答應他的請求吧。」因為這樣的心理作用，提高了對方點頭答應的機率。

> 說話者平時的形象，以及雙方之間的關係為何，是使用「以退為進法」的成功與否的關鍵。一個平日說話總是正經八百的人，卻突然用起這樣的講話方式，一定會讓人覺得哪裡怪怪的，所以使用的時候一定要多加注意。

抱歉，
工作上突
然有事

足喔…

驚喜

釋　義	做出對方預料之外的行動
相似詞	貿然／衝擊／意料之外
場　面	送禮物給他人並希望對方能夠欣喜雀躍的時候

好感度：★★☆　反感度：★☆☆

想在生日、聖誕節、求婚紀念日等等的特別日子裡讓對方開心，所以瞞著對方準備，在當天讓對方嚇一大跳，這就叫做驚喜。我們都知道，形成驚喜的正向因素與反向因素之間落差愈大，給對方造成的衝擊就會愈大（得失效應）。這時，最理想的方式是先製造出對方不希望的狀況，接著才是對方所希望的情況。因為，**通常會給人帶來衝擊並讓人難以忘記的，都是發生變化以後的那個狀態。**

例如：在戀人生日的那一天告訴對方：「抱歉，我忙到忘記買禮物了。」這時候對方應該會失望落寞地回家。結果一回到家裡，卻收到意料之外的超棒禮物。就像這樣，原本的失望愈大，後面的驚喜就會愈讓人感動。

●從失望到驚喜之間的落差

哪些事情才會讓戀人覺得是驚喜呢？想給對方驚喜時，對方認為是不是驚喜才是最重要的，所以一定要做好事前調查。雖然不管是誰收到高級精品，都會覺得這是驚喜，但由於每個人的價值觀不同，**也許有的人會擔心對方結婚以後的金錢觀。**

有些人看見對方再不熟練也要親自下廚，會覺得比收到昂貴的禮物更加開心。而且，愈是做平時不習慣做的事情，收到驚喜的人就會覺得反差愈大，所以驚喜的效果也愈值得期待。

明明自己的廚藝很好卻深藏不露，然後選在特別的日子裡大顯身手，也會有很不錯的驚喜效果。要讓自己準備的驚喜完美地呈現，祕訣就是花時間仔細、慢慢地籌畫。

若希望成功地帶給對方驚喜，那就一定要做好事前調查，蒐集正確的資訊，例如：對方喜歡什麼？對方想要什麼？

感情淡了

釋　義	覺得另一半不像從前那樣有魅力
相似詞	覺得膩了／移情別戀／變心
場　面	已經習慣兩人的關係時

好感度：☆☆☆ ｜ 反感度：★★★☆

情侶在剛開始交往時，總是一刻也不想離開對方，但時間久了以後就不再有這樣的感覺。雖然感受的程度因人而異，但有交往經驗的人應該都是如此。理由其實很簡單，因為人類的特性本來就會漸漸習慣同樣的刺激。人一旦習慣同樣的刺激，便不會再因這份刺激而產生喜悅或快感，因而開始尋求新的刺激。

若以戀愛為例，這個習性確實令人頭疼。雖然也能夠理解「好不容易才在一起，所以自然會希望永遠恩恩愛愛」的這種心情，但人類就是要藉由「放棄」的習性，才能隨時切換自己的心情，去挑戰全新的事物。因此，也許可以說那些做事沒什麼耐性、動不動就會覺得厭煩的人，其實社會適應能力還不錯。

萬一你不管跟誰交往，每次都過沒多久就覺得熱情不再，而移情別戀的話，或許是因為對新環境的適應力太好所造成的。

●保持神祕的一面，才不容易讓戀情降溫

既然每個人或多或少都有著三分鐘熱度的習性，那麼讓彼此都不要過於習以為常，才能讓戀愛關係走得長遠。

有個能讓戀愛長久的好方法，那就利用人類的心理作用「柴嘉尼效應」。所謂的「柴嘉尼效應」是人類對於未完成的事情，會記得比已經完成的事情更清楚的一種現象。拜「柴嘉尼效應」所賜，比起完完全全地了解對方，對方有著不為人知的一面才更令人印象深刻。戀愛時要維持著略帶神祕的一面，別讓對方摸透自己，這樣能讓戀情不容易降溫，一直保持著有刺激感的關係。

> 有時吵架也是一種刺激。與其相敬如賓、維持平凡的戀愛關係，還不如在爭吵摩擦之中加深彼此間的羈絆。

戀愛小專欄

戀愛的高昂情緒

當男性結識新的女性時，會使他們的性慾復甦，這樣的現象稱為「柯立芝效應」，由行為內分泌學家法蘭克提出。現在，就算是在無性關係的伴侶之間，也能看到這樣的現象。男性在戀愛初期容易情緒高漲，當與女方的關係變得更密切時，就是他們的心情達到最巔峰的時候，但過了這個巔峰時期，就會慢慢地下降，而這樣的現象也被認為與柯立芝效應有關。

三角關係

釋　義	愛情中存在著3個當事人的狀態
相似詞	愛情的競爭關係／劈腿／出軌
例　句	「陷入三角關係。」

通常，在兩個人之間成立的愛情裡，如果同時還有另一個人的存在，這樣的關係就稱為三角關係。三角關係有好幾種形式，有時候指的是兩個人同時愛上了一個人，有時也會指其他的異性介入了早已形成戀愛關係的男女之間。

如果兩個人都想跟同一個人交往，那就會變成「情敵關係」；如果一個人同時想和兩個人交往，那就是所謂的「劈腿」或「出軌」。

●男女嫉妒的矛頭指向有別

當這段三角關係的組成是二女一男的情況時，**通常女性都會將嫉妒的矛頭指向另一名女性**。這是因為男人有個特質，一旦他們覺得受到逼迫，就會下意識地想要逃跑，所以若是女性因為嫉妒而把氣出在男性身上，就很有可能讓自己喜歡的男人被別的女人搶走。

相反地，當三角關係的組成是二男一女時，**通常男性是把嫉妒的矛頭指向女性**。當一個男人愈是擔心自己喜歡的人被其他男人搶走時，就愈容易受到自卑感折磨。他們為了保住自尊，會把嫉妒的矛頭指向女性，而不是針對其他男人。

●避免說情敵的壞話

如果自己或情敵都還沒有跟對方交往，彼此心裡想的應該都是要怎樣才能贏過對方。這時候有一件事情絕對不能做，**那就是為了破壞對方的形象而在背後說人壞話**。雖然能夠理解想讓情敵被討厭的心情，可是一旦這麼做，很有可能讓喜歡的人覺得自己是個愛說三道四的人，也使自己在對方心中的形象破滅。

要想的不是如何打敗情敵，而是怎麼做才能比情敵更能吸引心儀對象的目光。了解一下對方的興趣、嗜好等等，想一想用哪些方式去接近對方，才有可能吸引對方的注意力。

> 最重要的是別被三角關係耍得團團轉而迷失了自我。要是太過專注於與情敵的競爭，而忽略了去吸引心儀對象的目光，那就是本末倒置了。

3B

釋　義	不可交往的男性職業排行前3名
相似詞	渣男
例　句	「跟3B男交往可是很辛苦的喔。」

好感度：★☆☆ ┃ 反感度：★★☆

在日本的昭和時代，女性將「身高高、學歷高、收入高」設定為擇偶條件。符合這些條件的男性也就是所謂的「3高男」。

但不管是昭和時代、平成時代，還是現今的令和時代，這樣的條件在女性之間應該還是維持著一定的價值。不過，就像陽光必然伴隨著影子，條件好的男性固然具有魅力，卻也是別人眼中的搶手貨。**這樣有身價的男人肯定會受到許多女性的愛戴，其中變成花花公子的人也絕對不在少數。**就算自己贏了跟情敵之間的激烈競爭，也許之後又會因為男朋友或丈夫愛拈花惹草的個性而徹夜難眠。

●調酒師、髮型設計師、樂團成員

發覺自己沒辦法開心地跟別人說「我的男友是3高男」的女性，後來就想出了各式各樣的「3～男」來自我警惕或寬慰自己。例如：「3B男」，指的就是深受女性歡迎、卻不適合當成交往對象的3種職業的男性。所謂的「3B」就是**「調酒師（Bartender）、髮型設計師（日文的第一個羅馬拼音為「bi」）、樂團成員（Band）」**，這三個職業都是靠著廣大的女性支持才能賺錢，而且他們的生活節奏也與上班族女性或學生合不來。特別是樂團成員，由於經濟方面的收入不穩定等因素，就算撇除深受女性歡迎的這一點，一樣還是個高風險的交往對象。

●不追求理想而考量現實的女性

現今的社會處於經濟不景氣之中，不論是誰在結婚對象的選擇上都轉攻為守，於是「4低男」漸漸成為新寵兒。4低指的是**「姿態低、風險低、依賴性低、開銷低」**，代表不會對女性頤指氣使、有穩定的收入、獨立自主、不過度浪費的男性。

4低男的出現可以視為女性在擇偶時傾向現實條件，而不再是追求理想。不同於泡沫經濟的時代，愈來愈多的女性對於將來感到不安，而希望能夠有穩定的生活。「身高高、學歷高、收入高」的男性並不是打造穩定生活的必要條件。另一半具備好的生活能力，能夠分攤家事、彼此談得來等等，對於女性來說才是關鍵。

> 如同女性的擇偶標準從所謂的「3高男」變成了「4低男」，時代不同，女性的理想擇偶條件也在改變。但不管到了哪個時代，「3B男」依舊深受女性歡迎，卻也同樣具備高風險。

自我意識過剩

釋 義	過度在意旁人的眼光
相似詞	自戀者／自戀狂／會錯意
場 面	覺得其他人都在談論有關自己的八卦時

好感度：☆☆☆ ｜ 反感度：★★☆

自我意識過剩的人會異常地在意他人的眼光或臉色，而最大的問題，**就在於他們總是一廂情願地以為這些視線或表現都是針對他們的。**

對於別人投以的目光感覺自我良好的人，都是自我意識過剩加上自信過剩的人。實際上根本就沒有人在關注他們，但他們卻自以為「我就是個大帥哥，所以總是會有人盯著我看」，老是覺得自己很受歡迎，結果就容易眼高手低，只想找條件好的對象。這種類型的人，特徵就是愛對別人挑三揀四、品頭論足。

明明就不受歡迎，卻擺出一副萬人迷的樣子，有時會讓其他人覺得「這個人真是夠了」、「丟不丟臉啊」。

●真的有自信的話，就不會去在意其他人的眼光

另一方面，有的人則是因為自我意識過剩而認為「每個人都討厭我」、「我長得一點也不好看」，但以客觀的角度來看的話，其實根本就沒有這回事。這樣的人是因為對自己毫無自信心，而形成了負面的自我意識過剩。他們只相信自己的感覺，所以就算有人跟他們說：「其實根本就沒有人在關注你啊。你該不會是自我意識過剩吧？」他們也沒辦法去相信。

此外，對於異性有著極端的自我意識過剩，則很有可能對戀愛關係形成阻礙。不論是由於莫名的自信而變成自我意識過剩的人，還是對自己毫無自信的人，**最重要就是讓自己先擁有真正的自信（自己肯定感→P101）。** 如此一來，便能具備身為人的魅力，自然而然吸引周遭的人靠近，想必就沒有必要去在意本來就不存在的他人目光。

> 不論是極度自戀還是過度謙虛，都是因為太過在意別人的目光。捨棄自己胡思亂想地塑造出來的理想形象，勇敢地去面對現實中的自己吧。

戀愛小專欄

重度自戀

在重度自戀的人當中，有一種人屬於「自戀性人格障礙」。這樣的人會特別重視自己，一直想要得到別人的讚美，結果對社會生活造成障礙。

自戀性人格障礙的人有時也會乾脆放棄努力，怪罪社會害自己得不到認可。他們的問題就在於理想過高，無法接納最真實的自己。

舉手投足

釋　義	做某件事情時的身體動作
相似詞	舉止／身段／舉動
例　句	「她梳起頭髮時的舉手投足實在太美了」

好感度：★☆☆ ｜ 反感度：★☆☆

所謂的舉手投足，指的是身體不經意地表現出的動作，通常都是不自覺地出現。心理學的非語言交際（NVC）的研究也清楚地指出，**一個人的舉手投足能夠將自己的情緒或真正的心聲傳達給其他人知道。**

俗話說：「眉目傳情勝於口。」當某個人目不轉睛地盯著對方看時，可以推測此人對於對方感到興趣或抱持著好感；如果是微微地抬著頭，盯著對方看的話，那就是一種想要跟對方撒嬌的表現；視線一直到處飄移，代表這個人感到不安、沒有自信；雙眼眨個不停，則表示內心緊張。所以，當某個人不疾不徐地眨眼時，就可以知道他可能是產生了負面情緒，或是心裡頭正打算要反駁對方。

其次要注意的是注意腳的動作。人通常都是不自覺地出現某些腿部動作，所以我們能在不經意間得知對方真正的心思。例如：坐著的時候雙腳交疊，這代表對對方有所警戒，下意識地採取防禦的動作。另外，若是頻頻地交換翹腳的方向，則代表這個人正處於心情亢奮的狀態。除此之外，用手托腮、頻繁地撥弄頭髮則是一種感到無趣的表現、手心朝上則代表放鬆警戒的心等等，**人的一舉一動都透露出大量的訊息。**不過，有時可能是因為其他的理由才會出現這樣的動作，未必完全是上面所提到的原因。所以也不需要過於深信不疑，當成參考即可。

●甜甜蜜蜜的情侶會做出一樣的動作

關於人的舉手投足，還有一點是更重要的，那就是可以觀察情侶在一起的時候會不會出現一樣的動作。像是托腮這個動作，乍看之下是一種感到無趣的肢體表現，但情侶一起做出這個動作，**那就是一種稱為「同步」的交流模式。**

心理學認為，兩人的肢體動作不自覺地產生連動，是一種互有好感的表現，或是一種想與對方維持關係的欲求表現，稱為「同步效應」。這是不自覺產生的現象，而非刻意為之。

交往中的情侶如果出現了各種不一致的動作時，有可能是即將分手的前兆。相反地，如果有人一直做出跟你一樣的動作，代表這個人很有可能對你有好感。

> 人的心情、當下的感受等等，都會不自覺地表現在身體的動作上。只要觀察一下情侶之間的動作，就能夠知道他們的感情好不好。

抱歉～
我來晚了～

自我表現欲

釋　義	渴望表現出自身存在的一種需求
相似詞	愛出風頭的人／氣勢強盛的人
例　句	「那個人的自我表現欲有夠強。」

好感度：★☆☆　　反感度：★★☆

想一下「自我表現欲」跟「自我認可需求」的差別，就會發現「自我表現欲」的意思更好懂。

首先，自我表現欲是一種希望自己受到注目的需求，講白一點，這樣的人其實根本不在意其他人怎麼看待自己，只要能成為鎂光燈的焦點便心滿意足。相反地，自我認可需求則是一種希望獲得他人認同的需求。**自我認可需求明顯地偏向於依賴他人，而自我表現欲則明顯偏向於自我本位。**

通常希望大出風頭的人，也會認為出風頭能讓他們變得更有魅力。所以，許多有著強烈自我表現欲的人都會將「大出風頭，成為眾人焦點」與「大受歡迎」畫上等號。

●憑實力成為眾人焦點，自然就會受歡迎

不過，「引人注目」未必與「受歡迎」畫上等號。愈是引人注目，的確就愈容易讓其他人注意到自己的存在，讓更多人喜歡自己。但有時候一個人之所以引人注目，也可能只是因為他受到眾人的討厭。

當這種想被人關注的需求一直都是以自己的想法為中心時，就會變成一個不聽他人意見又我行我素的自我中心者，而招惹其他人的厭惡。

自我表現欲強而且又真的受歡迎的人，**通常都會磨練自己，覺得靠實力得來的關注才值得高興。**不管是希望自己變漂亮，成為眾人注目的焦點也好，還是希望激發工作上的潛能，讓別人覺得自己是個工作幹練的男人也好，唯有具備實力才能讓「引人注目」＝「受歡迎」的等式成立。

> 只想要出風頭的自我表現欲不可能讓人變得受歡迎。只要具備某些實力，一定可以成為一個萬眾注目又受歡迎的人。

連續了天都沒有遲到，我真是厲害！

自我肯定感

釋 義	認為自己的存在無可取代的一種心情
相似詞	自信／自我認同／自戀
相似詞	「害怕談戀愛是因為自我肯定感不足。」

好感度：★★☆　反感度：★★☆

自我肯定感不足的人，特徵是對於自己沒有信心。他們無法做到自己認同自己，所以會透過自誇、批評對方等行為，讓自己看起來比較強勢，想讓周圍的人認同他們是很有價值的。當一個人的自我肯定感不足，就會給周圍的人帶來負面影響。

自我肯定感不足的人，談戀愛也總是容易碰上爛桃花。如果老是遇到渣男或渣女，有可能是因為本身的自我肯定感不足。這樣的人即使跟戀人待在一起，也總是感到忐忑不安，所以不管對方提出什麼要求，都會盡力去滿足。如果有這樣的傾向，那就非常有可能就是戀愛依存症。

有時候，自我肯定感不足的人還可能害怕跟人談戀愛，認為「像我這種程度的人，肯定不會有人真正地愛我」。**由於他們做不到自我認可，所以就會極度渴望受到另一半的大力認可。**

●談戀愛之前先充實自己

害怕談戀愛的人也是打從心裡認為不會有任何人愛他們、認同他們，所以一旦跟人談戀愛，就會極度地害怕被對方討厭，而勉強自己去配合對方，陷入跟戀愛依存症一樣的行為模式。

不管是哪一種情況，自我肯定感不足的人通常都難以維持長久的戀情。如果想要打破這樣的僵局，**第一步就是面對自己極端的「不被他人所愛」的心情，並了解這是由於自我肯定感不足所致。**

戀愛本來就是建立起一段愛與被愛的關係。要是把自己的地位擺得比對方低，那就不會形成愛情。最要緊的是了解自己，並且也要接受不完美的那個自己，這樣一來也會有助於加強自我肯定感。若是自己本身的負面情緒已經阻礙了一段健全的戀愛，反而應該把這個問題暫時擱在一旁，**把時間與心力用來充實自己才對**。只要加強了自我肯定感，就不會再有害怕談戀愛或是陷入重度依賴的情況發生。

> 在愛情當中，自我肯定感的高低是關鍵所在。就從面對自己的心情，認可自己開始做起吧。

工作

釋　　義	為了獲得收入而進行的活動
相似詞	職務／生計／勞動／行當／做生意
例　　句	「我喜歡工作能力好的人。」

好感度：★☆☆　　反感度：★★☆

成年人的愛情總是伴隨著工作問題，讓人進退兩難。特別是交往對象如果工作忙碌的話，可能好幾個月才能見到一面，傳LINE也不回覆、不能一起慶祝各種節日等等，沒辦法像普通的情侶一樣做這些事情的時候，往往就會讓人覺得寂寞。

但因為覺得寂寞而滿腦子都想著對方，就會因為不安的心情而一直連絡對方、責怪對方不重視自己等等，一點都沒考慮到對方的狀況，結果最後惹得對方不開心。若要和一個工作忙碌的人順利交往，最重要的是別把時間都用來思念對方，**要好好地享受屬於自己的一人時光**。若能做個在見面時也能保持溫柔穩重的態度的戀人，那麼對方就算工作再忙碌，也會排出時間與自己見面。不過，要是對方一直以工作忙碌為由拒絕見面，最好重新考慮一下彼此之間的關係。

> 彼此都能體諒對方，就更能兼顧愛情與工作。倘若毫不考慮對方忙碌的狀況，很有可能因此讓對方感到厭煩。

心懷不軌

釋　　義	藏在內心深處的壞主意
相似詞	動機不單純／邪念／偽善／企圖
例　　句	「他會這麼熱情是因為心懷不軌。」

好感度：☆☆☆　　反感度：★★☆

心懷不軌，指的是內心裡藏著不好的意圖。以戀愛來說，通常都會用「這個人心懷不軌」來表示「這個人就是想要跟你上床」的意思。假如一個人心懷不軌，就算偽裝的再好，還是會在不經意之間流露出來。例如：只邀你去喝酒、肢體接觸（→P177）的次數過於頻繁等等。

假如對方的行為讓你難以判斷他是不是心懷不軌，那就試著向這個人提出白天的**約會行程**。如果這個人真的喜歡你的話，能夠跟你約會便是他的希望，所以應該會欣然答應邀請。相反地，如果這個人只是想跟你上床的話，那麼他就很有可能拒絕白天的約會行程，並且想辦法把約會的時間改到晚上。不過，若是你也喜歡這個人，利用對方的不軌之心多來幾次約會，也是不錯的辦法。

> 心懷不軌的人再怎麼掩飾，還是會在一言一行之間暴露。難以判斷對方是否不懷好意時，就試著提出白天的約會邀請，看看對方會如何反應。

嫉妒

釋　義	喜歡的人對其他異性好，而產生懷恨的心情
相似詞	吃醋
場　面	情人跟其他的異性相處融洽時

好感度：☆☆☆　　反感度：★★★☆

看見自己正在交往的對象跟其他的異性開開心心地走在一起時，想必任何人的內心都無法保持平靜。如果看見了這樣的場景，內心卻毫無波瀾，可能就要懷疑一下自己對於戀人的感覺究竟為何。不論男女，**嫉妒都是感情的指標**。不過，過於強烈的嫉妒恐怕會束縛住對方，最後傷了彼此的感情，一定要多加注意。

　　相反地，如果自己的行為讓對方出現了嫉妒的心情，那最重要的是接下來的應對。當對方覺得你的行為很可疑，問你這是怎麼一回事，你卻顧左右而言他，或是惱羞成怒的話，就會使局面變得不可收拾。若能不避諱地回應對方：「很抱歉做了讓你誤解的事，但真的沒有這回事。」想必能加深彼此的羈絆。

　　情侶或夫婦之間偶爾吃點小醋，能為彼此帶來良好的刺激，但太過火的話，反而是一種束縛，所以一定要小心。

失戀

釋　義	被喜歡的人甩掉
相似詞	破局／背叛／傷心
例　句	「因為失戀而一蹶不振。」

好感度：★☆☆　　反感度：★★★

失戀的人為了擺脫難受的心情，都會做點其他的事，讓自己不要再去回想這段戀情。「暴飲暴食」可以說是失戀的人最常做的事情。

　　若要迅速又有效地舒緩難受的情緒，大概沒有任何一個方式能比得過暴飲暴食。難過的人總是想要暴飲暴食，是因為進食能夠滿足人類最表層的需求，**進而填滿內心的空虛**。暴飲暴食其實就跟衝動購物、借酒澆愁一樣。

　　但就算滿足了表層的需求，也不能解決內心的不安或悲傷。大概只有新的一段戀情才能讓人發現「這樣做根本就不能治好悲傷！」而把目光轉移到外面的世界。

　　想藉由大吃大喝等行為忘卻失戀的悲傷，也只能得到短暫的幸福。還是慢慢地把注意力轉移到外面的世界吧。

辦公室戀情

釋　義	在同個職場內與同事或主管談戀愛
相似詞	辦公室戀愛／職場戀情
例　句	「談辦公室戀情要留意身旁的人。」

好感度：★★☆　反感度：★★☆

有些人想談戀愛卻無法如願以償，若問問他們為什麼，他們可能會告訴你：「公司裡面都沒好的對象啊。」的確，上班族幾乎一整天都泡在公司裡，少了很多認識其他人的機會。如果運氣好跟公司裡的人談戀愛，就能在工作時觀察對方好的一面、壞的一面，了解這個人的為人，兩個人溝通起來就會比較容易。**同在公司內的時間愈長，「單純曝光效應」（→ P125）或「交互作用效應」就會愈大，也就容易產生好感。**

若兩人同處於一個工作忙碌、工作量大、身心皆得承受龐大壓力的職場，那就更好了。在相同的境遇之下，共同有過艱苦而嚴峻的經驗，兩人之間便能形成連帶感。互相扶持，一起克服重重困苦的經驗，想必會更加深兩人之間的羈絆。而且，承受的壓力愈多，這樣的心情就會愈加強烈。

●擁有兩個人專屬的祕密，是使感情升溫的催化劑

有時候讓其他人知道交往的事情，反而會造成一些麻煩，或是公司本來就禁止職場戀情，所以應該會有不少人即使在一起了，還是會對公司的其他人隱瞞兩個人的交往關係。要假裝兩個人沒有交往是一件挺不容易的事，但這也會是使這份戀情升溫的催化劑（羅密歐與茱麗葉效應→ P196）。

「沒辦法跟辦公室裡的任何人提起」的戀情，其實就是專屬於兩人的祕密。這樣的關係能夠讓彼此將對方當作命運共同體，產生同舟共濟的感受。

而且，因為有「不可以跟任何人提起」的這種拘束，才讓兩個人的關係更加緊密。人本來就是這樣，愈是被禁止，就愈會出現想要打破禁令的心理作用（卡里古拉效應）。所以每當自己想要說出祕密的時候，都會深深地意識到對方。這樣的時間愈長，對於伴侶的感情就會愈深。

要是真的忍不住想跟人分享這段關係，那就要找個信得過的人，只跟這個人坦承自己正在談一段辦公室戀情。知道的人愈多，紙包不住火的機率就會愈高，所以一定要慎選分享對象。

與職場上的主管或同事日久生情是很自然的一件事。隱瞞著兩個人的交往關係，想必能讓感情變得更加熾熱。

來囉！
還有5次！

興趣

釋　義	不計利害、得失所熱衷的事情
相似詞	樂趣／喜好／嗜好／趣味
例　句	「我跟他的興趣怎樣就是合不來。」

好感度：★☆☆ ｜ 反感度：☆☆☆

談到交往對象或結婚對象的條件時，許多人都會提到「擁有一樣的興趣」。許多情侶都是因為參加同樣有興趣的社團，或是學同樣的課程而在一起，從**「單純曝光效應」**（→P125）、「交互作用效應」、「社會交換」等等的觀點來看，似乎也是頗為合情合理。若有共同的興趣，就能拉長兩個人相處的時間，更密切地交流。相反地，有時也會因為這樣讓自己的時間變少，反而不利於拓展人際關係或視野。話雖如此，倘若自己喜歡的對象剛好也跟自己擁有相同的興趣，那當然是最好的，想必能一鼓作氣地拉近彼此的關係。而在這樣的情況下，**只要事先做好一些約定**，在共同興趣以外的其他部分**尊重彼此的隱私**等等，就不會有太大的問題。

有些人可能因為沉迷在自己的興趣，而撥不出時間分給另一半，最後導致兩人分手。而當彼此沒有共通興趣時，能得到對方的理解才是最重要的。

從以前到現在你都是最帥的…

純愛

釋　義	不求回報的愛
相似詞	無償的愛／單相思
場　面	死心塌地愛著某一個人時

好感度：★★★ ｜ 反感度：★☆☆

所謂的純愛，是不管對方有沒有回應，都要奉獻自己一切的愛。這裡指的「回應」包含「對方也愛著自己」，因此單戀應該也可以說是一種純愛。有些人認為，愛與被愛的關係才叫做戀愛。對於他們而言，完全不能理解這樣的純愛，但是追求純愛的人同樣也有正當理由。他們認為**沒必要對自己的態度感到困惑，不管對方真正的意思如何，都不必去懷疑自己的這份心情**。就某種意義而言，是一種非常平靜的心靈狀態。希望自己的態度與行為保持一致，是人類會有的心理，我們稱之為「一致性原則」。

但要是對方只把自己看成是個揮之即來、呼之即去的人，那就很難維持這樣的純愛。說到底，純愛就是一種理想，實際上想要貫徹純愛，一定得吃不少苦頭。

所謂的純愛，是不管對方怎麼想，都要奉獻自己一切的愛。純愛符合一致性原則，所以雖然會有許多的艱辛，卻也會讓人感到開心。

介紹

釋　義	讓家人或朋友知道自己有了交往對象
相似詞	公開／見面
例　句	「下次介紹我女朋友給你們認識。」

好感度：★★☆　反感度：★☆☆

向其他人介紹自己的交往對象，是因為想宣布「我正和這個人交往」，或覺得讓其他人知道也無所謂。不過，跟哪些人介紹交往對象，代表的意義也不一樣。

如果是向父母或家人介紹的話，通常很少人會隨隨便便地安排雙方見面，多數人都覺得把交往對象介紹給父母或家人知道，就代表著考慮跟這個人結婚。當然，每個人在介紹自己的戀人時遇到的障礙都不同，但「想讓我家的人見我的交往對象」的想法是不論任何人都一樣的，想必父母或家人也會覺得你們是認真地在交往。

其次是跟朋友介紹自己的交往對象。雖然多半的人會向自己的朋友介紹這個人就是自己的真命天子（女），但並不代表對方也是這麼想。有些人可能只是想要跟朋友炫耀「我跟一個這麼正（帥）的人在交往」，有些人則可能只是因為朋友們吵著想看看交往對象，才介紹給他的朋友認識。

雖然能夠理解那種想要大聲跟周圍的人宣布「我們正在交往」的心情，但只因對方將自己介紹給朋友知道，就認為自己是對方的真命天子（女）而感到沾沾自喜，也許有點言之過早。

●為何戀人不肯介紹朋友給自己認識

經常聽到有人說，自己交往了好一陣子的對象，都不肯介紹他的朋友給自己認識。像這種情況，對方究竟是怎麼想的呢？

其中一個原因，可能單純是因為對方是個容易害羞，覺得要跟朋友介紹戀人實在很難為情。另外，有的人雖然跟人交往了很久，也有了感情，但卻沒有想結婚的念頭，覺得這段交往關係不會發展到結婚的地步。**這樣的人或許就不會跟旁人大肆宣揚，只想低調地保持這樣的交往關係，所以總是逃避介紹自己的戀人給朋友認識。**

另外，有人是對另一半的外表沒信心，而猶豫要不要介紹交往對象給朋友知道。

> 戀人願意把自己介紹給他的朋友，並不代表他就認為你是他的真命天子／女。好好觀察對方在介紹自己給朋友認識時的態度跟方式再來判斷。

戀愛小專欄

男人的嫉妒心

　　根據某個「對於情敵的嫉妒程度」的調查，就算情敵的外貌勝過自己，男性也幾乎不會感到嫉妒。比起外表，當對方的學歷或收入贏過他們的時候，才更讓他們感到嫉妒。

　　因為這些是女性在擇偶時所重視的條件，關乎男性的自尊心。

可愛的好，還是性感的好⋯⋯畢竟是第一次約會啊

決勝內衣

釋　義	幫自己加油打氣的內衣
相似詞	決勝內褲／開運內衣／必勝內衣
場　面	想要引起意中人的注意時

好感度：★★☆　反感度：☆☆☆

廣義來說，決勝內衣指的是在面臨重要場合時，為了給自己加油打氣而穿的內衣。許多人都會在重大考試、求職面試、重要的工作簡報等情況下，穿上決勝內衣幫自己加油打氣。就戀愛方面而言，女性在第一次約會或跟約會的對象過夜時，也會想要「**為自己加油打氣**」，這一點跟前述的狀況都是一樣的。女生穿上決勝內衣最主要的目的，是想要讓自己看起來更性感，也想讓對方看見自己性感的模樣而性致高昂。

因此，提到「決勝內衣」的時候，最先讓人聯想到的都會是布料少、樣式華麗的內衣。而根據年齡或體型的差異，能稍微增加胸部的豐滿程度、強調腰部的曲線等機能，有時也是女性挑選決勝內衣的考量。

●「展現性感」對男人很有用

不過，這些只不過是一般對於決勝內衣的印象，並非不符合上述條件的，就不能被稱為決勝內衣。**有的人反而覺得花色、樣式簡單的內衣更有情慾的感覺**，也有人覺得只要換個新的款式能夠切換成戀愛模式，展現出性感的氛圍。因此，其實從平常模式切換成情慾模式才是關鍵，要符合哪些條件才是所謂的決勝內衣，全看個人的感受或是情侶之間的默契。

但不管是怎樣的決勝內衣，只有一點是無庸置疑的，那就是「能讓人更有性慾的內衣」。特別是對於男性而言，讓人產生性欲的內衣與他們「想跟女性做愛」的衝動有著密切的關連性，所以即使是簡單的內衣，決勝內衣所帶來的效果也會出乎意料地好。

像是第一次約會、第一次過夜等等，想要為自己加油打氣時，穿上決勝內衣會是個滿有效的方式。先從形式下手，自然就會讓人提起幹勁。

戀愛小專欄

以性感為餌

以性感為餌，指的是藉由賣弄性感勾引異性的行為。具體來說，方式就是暗示對方能夠發生性行為，勾起對方的興趣。一旦男人覺得有機會發生肉體關係，就比較容易對這個女人產生興趣，所以通常都是女性使用以性感為餌的手段勾引男性。

但是說穿了，這個方法就只是讓人觀覦自己的肉體，而不是真的讓對方喜歡上自己，一旦發生了肉體關係，對方就非常有可能失去興趣。所以最好不要太過依賴這樣的方式，當成是能夠吸引對方注意力的小技巧就好。

應該在哪個時機點講出來比較好呢

先講的話對方可能會覺得有負擔…

話說妳有男友嗎？

處女

釋　義	沒有性經驗的女性
相似詞	零經驗／黃花閨女／深閨女子／在室
例　句	「都30歲了還是處女，不覺得很丟臉嗎？」

好感度：★☆☆ ｜ 反感度：★☆☆

男生對於女性是不是處女的在意程度，其實比女性想像中的還要更加誇張。不過，同樣都是在意是否為處女，卻有兩種截然不同的情況，一種是「希望交往的對象是處女」，另一種則是「不希望交往的對象是處女」。

男性會「希望交往的對象是處女」，是一種想要阻止女性與其他男性發生性交的心理作用所致。在進化心理學的領域當中，認為這是一種「擇偶保衛」。

簡單來說，由於男性想要獲得確切的證據，證明這個女性生下的孩子「真的是我的孩子」，因此他們才會如此在意對方是不是處女。除此之外，「今後想要自己來教她」、「想把對方變成自己的」等等的占有欲，或因為本身經驗不足以致於沒有自信，不想被拿來跟其他男人比較等等的因素，也與他們偏好處女的心理有關。

●覺得「處女＝負擔」的原因

相反地，「不希望女朋友是處女」的男性，不是抱持著「20、30歲還是處女，就代表這個人沒有魅力」的想法，就是擔心「要是成為她的第一個男人，會讓她覺得我是她的重要存在」。因為不想讓對方覺得自己是重要的存在，也許就會因此止步於肉體關係。

問題是，男性覺得處女沒有魅力的這種意見，在心理學上也不是完全沒有根據。男性認為的戀愛感受，與他們「想要做愛」的心情，有很大一部分是重疊在一起的。所以，對心儀的男性使用帶有性慾的吸引手段其實很有效果。但對於沒有性經驗的女性來說，叫她們做出這樣的吸引方式，本身就是一件很有難度的事。**但發展成戀愛關係的契機，本來就不是只有性愛方面的魅力而已。**要選擇一個會把自己放在心上的男人，而不是一個只在意女朋友是不是處女的人。

> 希望對方是處女的人也好，覺得處女讓人負擔沉重的人也好，不論哪一種想法，在心理學上都是有根據的。不過，能讓戀愛有所進展的，本來就不是只有性愛的魅力。

女子力

釋　義	具有女性特質／有女人味／像個女人
相似詞	女性魅力
例　句	「我最近女子力有沒有變高？」

好感度：★★☆ ｜ 反感度：★☆☆

若要得到男人的愛，**擁有愈多男人心目中的女性魅力，就會愈有利**，這就是「女子力」的基本概念。像是廚藝好、溫柔體貼等等，都是讓人可以馬上聯想到的女子力特質，而有的人則認為清秀的打扮、強調身體曲線的剪裁、艷麗的妝容、盤髮時露出頸部線條等外在魅力，才是女子力的表現。

但不論是哪一種，肆無忌憚地展現自己的女子力，都會讓其他女性產生「我喜歡的男人可能會被這個女人搶走」的危機感，而引起她們的反感。如果不想引起女性的反感，又希望得到異性的青睞，那就要有收放自如的功力，視情況調整自己的女子力，別總是毫無掩飾地展現。

> 理想的「女子力」是能讓異性與同性都覺得有好感的魅力，過多過少都不恰當。強勢地展現自己的女子力，有可能會引起其他女性的反感。

初次見面

釋　義	第一次的相遇
相似詞	邂逅／第一次碰面／第一印象
場　面	參加聯誼的時候

好感度：★☆☆ ｜ 反感度：★☆☆

「戀愛的第一印象很重要」，這個說法來自於心理學的**「初始效應」**。假設我們將某個人的特點分為好的一面與不好的一面，並且分成兩種情況討論，一種是先知道這個人好的一面以後，才知道不好的一面；另一種是先知道不好的一面以後，才知道好的一面。而在這兩種情況中，前一種比較容易對這個人產生好的印象。這是因為**人的第一印象也會影響後面才出現的特點。**

更極端一點地說，有些人還會把後面才看到的不好的一面，強行解釋為正面的特點。由此來看，就能知道第一印象在愛情裡占有舉足輕重的地位，所以在聯誼等場合裡，盡快讓初次見面的人看見自己的優點才是上策。

> 第一印象能夠決定一個人的整體印象，稱為「初始效應」。對於初次見面的對象，就是要盡量地運用這樣的效應。

地雷

釋　義	一旦扯上關係就會麻煩不斷的人
相似詞	情緒不穩定／性情暴躁／愛嫉妒／高需求
例　句	「原來她是個令人不敢恭維的地雷女。」

好感度：☆☆☆　　反感度：★★★

「地雷」一詞是現在常見的網路用語之一，源自於用來比喻一旦扯上關係就會被捲入麻煩的「踩到地雷」。

現在，「地雷」是用來形容內心陰鬱而且扯上關係就會很麻煩的人，而且就像「地雷女、地雷男」這樣的說法，不論男女都有符合「地雷」形象的人。

●個性表裡不一且不易分辨

地雷男和地雷女有個共通點，那就是情緒不穩定、情感起伏激烈。這樣的人可能上一秒還笑咪咪的，下一秒就突然開始發飆，女生可能是說哭就哭，男生則可能會出現暴力的舉動。

另外，這樣的人更在意自己，不太關心別人，所以如果話題不是繞著他們打轉，就會讓他們覺得很不爽。自己的戀人跟其他異性在一起時表現得稍微開心一點，他們就會開始懷疑對方是不是出軌；不管有沒有根據，就若無其事地說著別人的壞話……這些表現都是「地雷」人的特徵。這樣的人跟朋友很少交流，不擅長與人溝通，而且異常地執著於與戀人之間的關係。一旦跟這樣的人交往，大概會很難好聚好散，只會把自己搞得很累。

表裡不一的地雷男、地雷女乍看之下都很和藹可親，所以很多人沒發現他們性格上的問題，都在交往以後才感到後悔。如果對於這個人抱持著一絲懷疑，最好還是找個跟這個人比較親近的人打聽一下。

●男人、女人的嫉妒有別

擁有強烈的嫉妒心是「地雷男」與「地雷女」的共同特徵，但男人嫉妒的事跟女人嫉妒的事其實並不一樣，美國心理學家巴斯所進行的調查「男人與女人的嫉妒心有差別嗎？」也證實了這一點。這項調查是請受訪者回答「當你得知另一半跟其他人有關係時，下面哪一個情況會讓你比較激動？」選項①：得知戀人的心思都跑到別人的身上，相信那個人、跟那個人共享祕密；選項②：得知戀人跟其他人享受著熱情似火的性愛。

針對這個問題，大多數的男性回答選項②，而多數的女性則回答選項①。如此看來，就知道男人跟女性所嫉妒的重點並不一樣。

別陷入自己狹隘的價值觀和戀愛關係中，用廣闊的視野讓自己擺脫地雷男／女。

說來說去，我還是最喜歡吃生雞蛋拌飯

我懂

喜歡

釋　義	心生愛慕
相似詞	傾心／想與對方交往／覺得可愛
例　句	「你說的『喜歡』是什麼意思？」

好感度：★★★　｜　反感度：☆☆☆

如果突然有個人對自己說：「我喜歡你。」有時我們會疑惑這到底是「一般的喜歡」還是指「愛情的喜歡」。有些情況是不知不覺地從「一般的喜歡」變成了「愛情的喜歡」，但就心理學來說，這兩種感情之間的差異其實非常清楚。

構成愛情的「喜歡」，也就是所謂的「愛」，必須包含以下3種要素：**①親近與依賴需求、②犧牲奉獻的想法、③獨占性的情感**。①是渴望跟喜歡的人在一起的需求，②是為了喜歡的人犧牲、奉獻也在所不惜的心情，③是一種想要獨占對方的情感。

●兼具「愛」與「喜歡」的關係最理想

「喜歡」一般來說是好感的意思，而上述的3個要素都明顯地與構成「喜歡」的要素不同。倘若自己沒辦法清楚定義對某人的感覺是「喜歡」還是「愛」，那就看一下自己有沒有符合以上3個要素當中的任一個。舉例來說，要是覺得不能跟對方在一起就會難過得不得了，那就是屬於愛情裡的「喜歡」，跟單純地喜歡這個人是不一樣的感覺。

另外，構成一般意義上的「喜歡」的3個要素則是**好感評價、尊敬與信任、共通點**。不過對於同一個人的「喜歡」，是可以同時存在愛情的「喜歡」，以及源於尊敬或共通點等要素而形成友情等等的「喜歡」。有些情侶就是這樣，**即使長久相處下來早已失去戀愛時的怦然心動感，但因為彼此之間還保有這種人與人之間的聯繫，所以還是很有機會白頭偕老。**

若把友情跟愛情混為一談，或許之後連朋友都做不成。行動之前一定要先想清楚對於對方的感覺是不是符合「愛情」的3個要素。

戀愛小專欄

愈相似，愈喜歡？

心理學家紐科姆以17名剛搬進宿舍的大學新生為對象，做了一項擇友情況的調查。根據調查結果發現，大部分的人在入住1個星期裡，都會跟房間離得比較近的室友當朋友，也就是根據物理距離的遠近，選擇他們的交友對象。但這些受訪者入住14個星期以後，則會選擇跟生活態度或價值觀比較接近的人成為朋友。

從這項調查的結果可知，當我們在尋找能夠長期相處的對象時，通常都會選擇與自己的想法或價值觀接近的人。

肢體接觸

釋 義	透過肌膚的接觸進行心靈交流
相似詞	肢體接觸／非語言溝通
例 句	「人之所以焦躁不安，是因為沒有獲得足夠的肢體接觸。」

好感度：★★★ 反感度：★☆☆

肌膚之親不單是肌膚的接觸，更指透過肌膚接觸醞釀出的一體感，提升至彼此共享的一種狀態。對於人類而言，肢體接觸的重要性不分男女老少，特別是在愛情裡，**牽手、擁抱等肢體接觸都能夠提高精神層面的親密度**。這是因為肢體接觸能夠促進身體分泌愛情荷爾蒙「催產素」，而催產素所帶來的幸福感也會對人際關係產生良好的影響。有些人**對於戀愛對象已經感受不到戀愛初期的那種澎拜、興奮，可能是因為沒有得到足夠的肢體接觸**。持續的幸福感能讓人感到安心，所以如果今後還想和戀人繼續長長久久地走下去，哪怕程度再輕微、時間再短都好，一定要每天要與對方有肢體接觸。

> 若要和戀人走得長久，就絕對不能少了肢體接觸。哪怕只是牽手、擁抱的程度也好，一定別忘了要這麼做。

跟蹤狂

釋 義	單方面執意糾纏的人物
相似詞	可疑人物／尾隨／強迫復合
場 面	外出中／網路上／住家附近／職場、學校附近

好感度：☆☆☆ 反感度：★★★

許多跟蹤狂都是以自我中心的人，他們的個性相當地自戀，而且極度地一廂情願，做任何事情都只為滿足自己的需求，根本沒考慮對方的立場。他們有時候盲目地相信對方就是自己心中的理想對象，有時又會反過來憎恨對方是不肯回應自己心意的背叛者。不論是哪種狀態，都是「**執著心**」與「**被害者意識**」使他們形成這樣的心理狀態。

除此之外，**網路跟蹤狂**的存在也成了近來的一大問題。這些人會寫下誹謗他人的文字，或是肉搜他人個資等等，在SNS等網路平台針對特定人物做出各種糾纏的行為。因此，最重要的就是事先採取降低風險的對策，別在網路上隨意公開自己的個人資料，封鎖糾纏不清的人。

> 跟蹤狂本身不會意識到這種行為的嚴重性，只會變得愈來愈誇張。別以為親近的人就不會變成跟蹤狂，還是及早因應才好。

初次見面
我們結婚吧！
好！

閃電結婚

釋　　義	才交往沒多久，就立刻決定結婚
相 似 詞	閃婚／閃電式結婚／交往0天婚姻
例　　句	「聽說閃電結婚的離婚率很高，是真的嗎？」

好感度：★★☆|反感度：★☆☆

開始交往短短一段時間就結婚，這種情況稱為「閃電結婚」。大多時候指兩個人一見鍾情後墜入愛河，最後決定結婚，但一般只交往數個月便結婚的話，就會被稱作閃電結婚。

有的人或許會擔心閃電結婚以後，必須在不甚了解對方的情況下一同生活，而對此感到不安。有這樣的擔憂的確也是合理，**但也不能保證交往時間愈長，婚後的生活就會幸福美滿**。實際上，有些人從學生時代就開始與對方交往了10年之久，但等到真的結婚以後，才出現「沒想到他竟然是這樣的人」等情況。

這樣的例子告訴我們一件事實，那就是能不能弄清楚對方的本性，跟交往時間的長短未必有所關聯。

●在熱戀期裡磨合雙方的價值觀

最重要的不是結婚前交往的時間長短，而是有沒有好好面對彼此的心意。**也就是對於兩個人的關係要抱著有所覺悟的態度**。在交往沒多久的熱戀期裡決定結婚，有時反而更能讓人有豁出去的決心。

若要讓閃電婚姻天長地久，就要趁著愛得最熱烈的時候，盡量磨合彼此的價值觀。並不是說「外表好」、「有經濟能力」等等的條件就不重要，但光看這些條件就認定對方是「命定之人」的話，實在有些輕率。比起這一點，雙方在日常生活裡能夠產生多少的共鳴，才是婚姻長久的關鍵。

> 閃電婚姻要走得長久順利，也必須先搞定經濟方面的問題、與家人親戚之間的關係。若有層層關卡得突破，切勿過度心急才是上策。

判斷力與評價

為什麼只要一談戀愛，人的判斷力就會變得遲鈍呢？這是因為我們的內心會有意識地使我們與戀人維持長久的關係。人類有個特質，那就是覺得自己所擁有的東西比實際更有價值。

這樣的特質稱為「稟賦效應」，隨著持有的時間愈長，價值就會慢慢地增加。所以，我們在不知不覺之間就會提高對於戀人的評價，變得愈來愈不想放開這個人。

誤解

釋　義	彼此的心意不相通
相似詞	話不投機／沒有得到理解
場　面	無法理解伴侶的想法時

造成情侶誤解的原因，分為物理層面與心理層面兩種。物理層面是由於遠距離戀愛等因素，導致雙方之間的交流不足。這種情況比較單純一點，只要增加彼此碰面的次數，花點時間傳訊息或打電話聊天，活絡彼此之間的交流的話，就能夠解決問題。

而在心理層面上，造成兩人誤解的因素不單只是彼此溝通不足而已。有時可能是因為其中一方覺得害臊而不對另一半說「我愛你」，結果對方就開始自顧自地臆測：「他該不會是不愛我了？」這些原因都會讓彼此之間有所誤解。不過，問題並不在於不說出「我愛你」這三個字的那個人身上，沒聽到對方說「我愛你」三個字就覺得對方根本不愛自己的這種臆測，才會導致彼此的感情漸行漸遠。

> 不希望兩人產生誤解的話，最重要的就是站在對方的立場多想想，不要侷限在自己固執的想法裡。

個性不合

釋　義	彼此的個性合不來
相似詞	不合／感情不好／感情失和
例　句	「我們分手是因為個性不合。」

誤解與個性不合有點相似，卻又不全然相同。前者指的是因為溝通不足造成彼此的想法無法契合，後者則是彼此已經經過相當充足的溝通，但想法還是有所分歧。**如果溝通得愈多次，就愈覺得看到的都是對方討厭的一面時，那就很有可能是彼此個性不和。**再怎麼試著去修復，還是覺得兩個人的關係回不到從前時，那就可以確定了。如果對方也開始這麼想的話，那麼分手只是遲早的事。另外，若是還沒這麼確定彼此個性不合的話，可別急著下結論，看是要繼續跟對方溝通，還是稍微拉開距離，再觀察一下。如果兩個人真的個性不合，自然就會得出結論。

> 個性不合與感情變淡未必能畫上等號。有些人是因為感情淡了，才會無法再忍受彼此的個性不合。

提不起性慾

釋　義	在伴侶的身上感受不到性方面的魅力
相似詞	無性生活／萎靡不振／生理上無法接受
例　句	「我想要孩子，卻提不起性慾。」

好感度：☆☆☆ ┤├ 反感度：★★★

不是只有中年夫婦才會對伴侶「提不起性慾」，年輕情侶或夫妻之間也會有這樣的情況。有的人可能與對方長久相處下來，感覺彼此的關係更像手足或親子，便不再將對方當成性愛對象。

有些女性可能因為每天生活疲倦，或是體內激素失調等緣故，而不想與另一半親熱；而男性除了工作疲累或壓力造成精力下降，求歡一再遭到另一半拒絕時，也可能讓他們提不起性慾。

互相慰勞對方、保持能讓對方感受到性感魅力的適當距離，可說是讓伴侶擁有美滿性生活的祕訣。

> 來個不同以往的約會，或來點展現出愛意的行動，彼此都努力做點能讓對方感受到性感魅力的事，也能順便改變一成不變的戀愛關係。

性感

釋　義	擁有性方面的魅力
相似詞	嫵媚／豔情／勾引
例　句	「那個人的舉手投足都透漏著性感。」

好感度：★☆☆ ┤├ 反感度：★☆☆

性感指的是擁有性方面的魅力，不論男女皆可適用性感一詞。有的人覺得渾身肌肉看起來很性感，也有人覺得優雅的舉手投足流露性感氣息。每個人所感覺到的性感都不一樣，並沒有明確的基準。

性感是吸引異性目光的要素之一。在某個實驗裡，分別邀請一個穿著性感的女性，以及一個穿著保守的女性，參加一個組隊進行的遊戲。然後在遊戲過程中，分別讓兩位女性受到「排擠」，分析受試者看到這個悲慘的景象時，會對哪一位女性產生「心痛」的感受。實驗結果發現，**受試者對於穿著性感的女性產生「心痛」的大腦活動明顯減少，不覺得穿著性感的女性比穿著保守的女性可憐**。從這個結果可知，當男性覺得某位女性很性感時，就會將這個人當成是「性愛的對象」看待。

> 性感是吸引異性目光的要素之一，但因為每個人覺得性感的地方不同，所以並沒有明確的衡量基準。

抱歉，我還是沒有那種心情…

做愛

釋　義	性行為
相似詞	性交／性愛／上床／魚水之歡
場　面	對戀人的愛達到最高潮的時候

好感度：★★☆　反感度：★☆☆

性愛是一種傳宗接代的生殖行為，也是一種為了跟伴侶建立起更加良好關係的溝通手段，更是一種追求單純快樂的行為。這三者之間有著錯綜複雜的關係，並非毫無關聯性。不管從哪一方面來看，**性愛對於人類而言，可說是絕對不可或缺的一件事**。

●男、女對於性愛的傾向差異

美國心理學家克拉克・郝爾做了一項關於男性與女性對於性愛容許範圍的實驗。實驗內容是當一個素未謀面的異性提出邀請時，哪種程度的邀約是可以接受的。在這個實驗裡，男性與女性對於約會的邀情，大約都是一半左右的人回答可以接受，但對於到對方家裡、開房間上床的邀約，則沒有任何一位女性回答可以接受，而男性約有7成回答可以接受。從結果可知，男生對於性愛的容許範圍比女性更大。

一般認為，這是男性基於動物的本能而有的傾向，這樣的本能會讓他們盡量留下愈多後代。容易在同一時間與多位異性涉及性愛關係的人通常也是男性。相對地，女性則較注重性愛的品質，因為一旦懷孕，就必須辛辛苦苦地生下這個孩子，並扶養孩子長大。由於將來還有生養孩子的重要時期在等待著她們，因此從性愛到懷孕的這個過程，**並不是隨便一個人都可以成為她們的對象**。自然地，女性除了享受快樂的性愛以外，也重視與伴侶的肢體接觸或心靈的交流，以及遺傳基因等要素。

●性愛觀念的差異導致無性生活

若彼此對於性愛的觀念有所差異，卻置之不理，雙方的關係就會變得愈來愈差。就這層意義而言，性愛觀念有無差異可說是個極為重要的問題。造成無性生活的原因有很多種，工作太忙而沒心情做愛、變胖或卸妝等因素使對方的容貌或身材走樣、關係變得一成不變而失去了情趣等等，都是情侶之間經常發生的事。

若希望跟另一伴的關係變得更好，就要先改善造成無性生活的氣氛、忙碌、體態等因素，然後再試著去面對你的另一半。

> 性別上的差異，也讓男女對於性愛的傾向有所差別。但不論男女，性愛都是伴侶之間的溝通方式之一。

心思細膩

釋　義	感情較為敏感
相似詞	為人著想／容易受傷／敏感
例　句	「她因為心思細膩而害怕談戀愛。」

好感度：☆☆☆ ｜ 反感度：★☆☆

心思細膩的人通常都會在意別人喜不喜歡自己，或是擁有強烈的「想幫助對方」的想法。這類型的人很會察言觀色，所以在愛情裡容易犧牲自己，事事以對方為優先。

●心思細膩的人別為了愛情筋疲力盡

看著戀人正在煩惱的模樣，心思細膩的人怎麼可能置之不理。於是他們會去配合對方，猜想對方希望自己怎麼做、怎麼做才能讓對方開心等等。這樣的能力對於人際關係而言很重要，能夠讓人際關係更加圓滑，但在愛情方面，**卻會因為過度地配合對方，而把自己一點一滴地消磨殆盡**。如果對方也是個正經的人，看見戀人為了自己犧牲付出的樣子，想必也會產生罪惡感。

像這種情況，就可以利用阿德勒心理學當中的「課題分離」的理論。也就是「分清楚自己的課題與對方的課題」。如此，應該就能讓問題更好理解，也更能好好地整理自己的心情。為了彼此好，首先要做的就是了解自己已經為對方付出太多，並且要曉得對方的問題應該讓對方去面對，別忘記讓彼此之間保持一點點的距離。

●害怕談戀愛的人有哪些特徵

有些人平時大而化之，只有在戀愛時才會出現細膩的一面。如果兩個人都是這種類型的話，看似會交往順利，**卻因為沒有人肯踏出一步，而常常無法發展成戀愛關係**。那麼，像這種對戀愛敏感又害怕的人，都是怎樣的心理呢？

第一種是擁有「失戀創傷」的情況。人一旦失戀就會出現難以形容的失落感。想到一直在自己身旁的那個人再也不在了，就失去了談下一段戀愛的勇氣。除此之外，有些人則是「對於談戀愛沒有自信」。這種情況大多是因為從小到大都跟同性相處、本身就不擅長跟異性交談等等而導致戀愛經驗不足，或因為個性就比較內向害羞，才會對於談戀愛沒有自信。

心思細膩的人容易對他人所期望的事過度反應，而把自己弄得筋疲力盡。因此，要訓練自己分清楚什麼是對方的問題，什麼是自己的問題。

陪睡友

釋　義	彼此只是一起睡覺的關係
相似詞	蓋棉被純聊天的朋友／睡友
場　面	想要排遣寂寞時

好感度：★☆☆　反感度：★★☆

所謂的「陪睡友」是「陪睡的朋友」的簡稱，也稱為「睡友」。

如同字面上的意思，「睡」就是指睡覺，並不是指做愛（→P116）。許多人都是到朋友家聊天以後，朋友提議留下來過夜，兩人同睡在一張床上，才開始陪睡友的關係。陪睡友之間不包含性愛關係，是因為彼此都心知肚明這只是友情。

其中，互為陪睡友的兩人可能本身都有男朋友或女朋友，**找陪睡友只是為了排遣見不到戀人的寂寞感**。所以，有些嚴格的陪睡主義者甚至不會允許自己跟陪睡友牽手。就是有這樣嚴格的堅持，才能讓這些有「陪睡友」的人不會感到罪惡。但是，另一半會不會接受又是另一回事了，所以大部分的人都會消滅自己找過陪睡友的證據，不讓這件事情曝光。

有些人還會在陪睡的過程中逐漸萌發愛情，但這段陪睡友的關係也就到此為止了。只想止步於陪睡關係的人，就只好再去尋找新的陪睡友。

草食系

釋　義	在戀愛方面處於被動的人
相似詞	淡泊／我行我素／少女心男子
例　句	「我男朋友是草食系。」

好感度：★★☆　反感度：★☆☆

「草食系」一詞特別常用於男性。成為草食系男子的主要原因有兩個，第一個是**本來就覺得談戀愛太麻煩**，另一個則是**個性謹慎，害怕談戀愛會受傷，所以能閃多遠就閃多遠**。

泡沫經濟瓦解後進入青少年時期的這一世代，對將來感到相當不安，不管是消費還是戀愛都變得消極。他們不愛與人競爭，就算有機會認識異性，也因為害怕失敗或受傷而不敢主動告白。**但對於沒辦法接受肉食系男子強勢作風的女性而言，有不少人覺得草食系男子不爭不搶的個性相處起來很舒服**。草食系男子在戀愛方面比較晚熟、遲鈍，想和草食系男子交往的話，大概得由女方積極地去拉近彼此的關係。

草食系男子不愛與人競爭，對於戀愛也不積極。他們不同於對目標虎視眈眈的肉食系男子，對戀愛不怎麼感興趣，所以可以很放心地與他們交往，不太需要擔心出軌等問題。

束縛

釋　義	不希望另一半跟其他人有任何關係
相似詞	干涉／支配／獨占／排除
例　句	「我太愛他了，結果對他造成了束縛。」

好感度：☆☆☆　　反感度：★★★

絕大多數的人對於戀愛的對象，多少都會抱持著「想把喜歡的人占為己有」的獨占欲（→P141）。就算有人覺得對方也必須跟自己有同樣的想法，才有戀愛的真實感，似乎也沒什麼好奇怪的。

如果只是「我不想要你跟其他的異性出去玩」，這種程度的要求並不算太過無理取鬧；對於任何事情都會告知對方的情侶而言，想知道對方不在自己身邊時去了哪裡、做了哪些事，也還在可以接受的範圍以內。但是，這樣的獨占欲一旦失去了控制，就會形成「束縛」。

●失控的束縛行為

像個網路跟蹤狂一樣在SNS調查戀人的交友關係，就是一種失控的束縛行為。會這樣的人就算對方說是跟朋友去喝酒，也會懷疑對方說謊，而吵著要一起去。

再誇張一點，可能還會要求對方每一小時就要打電話回來，或是利用手機定位隨時掌握對方的行蹤；還會跟對方要手機的解鎖密碼，要求檢查對方LINE的訊息、簡訊、通話紀錄，非得如此才會覺得心滿意足、感到放心。

●因為沒自信，才想把對方綁在身邊

對於想把戀人綁在身邊的人來說，他們只是「是因為太愛對方才會這麼做」，但對於被束縛住的一方而言，肯定會覺得壓力很大。會有這麼極端的表現，有時是因為被甩或被劈腿等等慘痛的戀愛經驗，導致他們對戀愛失去自信心。

這樣的人害怕對方總有一天會從自己的身邊離去，而無法全心信賴自己的戀人。但如果一直這麼束縛著對方，就會讓對方感覺喘不過氣，最後真的讓對方從自己的身邊離去。這麼一來，又會讓自己變得更沒自信，形成惡性循環。

> 會束縛住對方的人，通常都是因為對自己沒有自信心。所以，一定要在出現束縛對方的行為之前，增加自己的自我肯定感（→P101）。

我一定要在聖誕前之前變瘦

減肥

釋　義	為了變瘦而限制飲食
相似詞	減重／燃燒脂肪
例　句	「我想要減肥到像模特兒一樣。」

好感度：★★☆　反感度：★☆☆

喜歡上一個人的時候，任何人都會渴望喜歡的人回頭看看自己。不少人為了得到理想對象的青睞，成為能夠與對方匹配的對象，而下定決心要好好地鍛鍊身材，讓自己變得更加苗條。實際上，減肥讓自己變漂亮以後不僅有助於談戀愛，還能看到瘦身以後帶來的其他效果，像是可以穿上好看的衣服，或是讓周圍的人刮目相看，大幅增加自己的自信心等等。

　　不過，**要是減肥的念頭過於激烈，被「不瘦下來就不會有人愛」的想法困住**，就要小心了。在這種情況下，就算其實根本不胖，有些人還是會一味地覺得自己很胖，因而進行極端的節食減重，嚴重的話還可能演變成厭食症。

> 想為對方變瘦的想法並沒有錯，但要小心別對自己過於嚴苛，而把自己逼入絕境，搞壞身體。

她居然自己來吃牛丼！

高嶺之花

釋　義	令人心生仰慕卻遙不可及的存在
相似詞	雲上之人／偶像／英雄
例　句	「那個人是高嶺之花，難以接近。」

好感度：☆☆☆　反感度：★★☆

被稱為高嶺之花的人，想必都是長得漂亮、身段優美，又擁有與外表相襯的教養以及工作能力的人。不過，太過完美的人有時也會給旁人難以親近的印象。如果對方說你是「高嶺之花」，那應該是指「你給人的感覺太遙遠了，我不會把你當成戀愛對象」的負面意思。

　　自恃為高嶺之花雖然也不壞，但如果覺得有些孤單的話，還是試著表現出自己平凡的一面吧。人都禁不住形象的反差，**至今為止都以為對方難以親近，但在得知對方其實親切又好相處以後，就會莫名地覺得安心**。所以，在對方還沒出現「去接近這個人根本是自不量力」的想法而退縮之前，努力地擺脫自己高嶺之花的形象吧。

> 面對跟自己類似的人，通常都會讓人覺得比較安心。倘若別人都覺得自己是「高嶺之花」，那就想辦法創造出形象的反差吧。

妥協

釋　義	對於意見跟自己不合的人讓步
相似詞	讓步／退讓／遷就／顧慮
場　面	認為自己讓步才能圓滿收場時

好感度：★☆☆　反感度：☆☆☆

當雙方的意見起衝突時，其中一方選擇退讓，或雙方各退一步，就叫做妥協。妥協兩個字是不太好聽，但如果將妥協想成是避免雙方關係惡化的方式，應該就比較能夠正面地看待這兩個字了吧。要讓愛情或婚姻生活走得更長久，最重要的就別隨隨便便地忽略必要的事情，兩個人好好地談一談，找到妥協的平衡點。要是對方堅持己見，根本就不想交談的話，那這段關係應該從一開始就注定不會長久。

另外，只有其中一方持續地妥協，也稱不上是健全的關係。因為無法與對方溝通或是立場本來就比對方弱勢等理由，**就一再地讓步，放棄自己的意見，這不是妥協，而是「犧牲」**。要分得清楚妥協與犧牲，才能建立起對等的關係。

> 在人際關係裡，凡事皆以自我為中心的關係並不會長久。與對方交談、妥協，有時也是必要的。

嫁入豪門

釋　義	找到有錢的伴侶，自己也成為有錢人
相似詞	金玉良緣／政策婚姻／高攀
例　句	「我想嫁入豪門，所以打算去接近他。」

好感度：★☆☆　反感度：★☆☆

詢問女性理想的結婚對象時，是不是也曾經聽過類似「要結婚的話，年收千萬日圓的人比300萬日圓的人更好」的話呢？有些女性的確會希望理想的結婚對象是個年收高的人。女性可能要為了結婚、生子等因素而暫時中斷事業生涯，比起男性多了更多不穩定的經濟因素，所以如果結婚對象是個有錢人的話，確實就能穩定生活，好好地過日子。不過，就算嫁入豪門，也未必從此就能過著幸福快樂的日子。在這個社會裡，男性若要擁有高收入，必須付出相當大的努力。所以，如果女性在結婚以後要維持這樣的生活，**不僅要放棄出社會工作的機會，還很有可能被要求當個強大的賢內助**。而且，男性的條件這麼好的話，一定也有很多女性覺得他們很有魅力，所以與其他女性之間的競爭也會很激烈。

> 許多女性都會考慮到將來的生活，希望結婚對象有不錯的經濟能力。但想跟高收入的男性結婚，也是一件競爭激烈的事。

沉默

釋　義	不進行言語交談
相似詞	緘口不言／不理不睬／不搭理／無視
例　句	「你別一直沉默，好歹說點什麼吧？」

據心理學家約翰・高特曼的實驗，只要讓夫婦進行15分鐘的交談，就有85%的機率可以確定這對夫妻會不會在4年以內離婚。他從這些夫妻身上觀察出4個共通的言行。第一個是抱怨對方缺點的「批評」，第二個是藐視配偶、露出不屑態度的「侮辱」，第三個是主張責任不在自己身上的「辯解」，最後一點是交談時沉默不語，選擇離開現場的「逃避」。實驗結果發現，重複這些言行的夫妻會有較高的離婚率。

「逃避」的舉動比較常出現在男性的身上。當爭執愈演愈烈時，男性的脈搏速度也跟著加快，進而失去理性的判斷能力，**他們為了不傷害女性，才選擇「逃避」的舉動。**

大多數的人一旦看見對方躲避，都會覺得溝通遭到拒絕，反而把對方逼得更緊。

渣男

釋　義	品行不良的男性
相似詞	爛人／廢物／沒用的男人
例　句	「妳怎麼老是愛上渣男呢？」

對方擁有某個好的特點時，我們會受到這個特點的影響，同樣正面地看待這個人的其他特點，心理學稱之為「輪暈效應（→P70）」。渣男會這麼受歡迎，就是因為「輪暈效應」的作用，只要他們的外表長得好看一點、在兩人獨處時溫柔體貼一點，就會讓女性覺得這個人怎麼看都順眼。另外，**會愛上渣男的女性還可能是藉由幫對方收拾爛攤子，來滿足自己的母性（→P176）本能或自尊心。**這樣的女性深陷在「沒有我的話，他就活不下去」的想法之中，對於渣男目中無人的態度給予愛與包容，會讓她們獲得自我信賴感。如果是沒有自信心的人或是戀愛觀偏差的人，就會一再重複著同樣的戀愛模式。

會情不自禁地愛上渣男的女性，是因為被渣男的正面特點給影響，使她們出現了正面看待其他缺點的心理。

試探

釋　義	探究這個人的真心程度或是跟自己的速配程度
相似詞	確認／刺探心意
場　面	想確認對方是不是抱持認真的態度時

好感度：☆☆☆　反感度：★☆☆

「試探行為」指的是因為無法全心信賴對方，而刻意做出一些舉動使對方困擾，確認對方能夠接受自己到哪種程度。在愛情的世界裡，有些人想要確認對方的心意時，也會出現這樣的試探行為。交往前可以將試探行動作為一種戀愛戰略使用，判斷對方是否對自己有這個意思。不過，有時可能對方本來也對自己有意思，卻因為自己想讓對方吃醋，故意擺出冷淡的態度，或只跟其他的異性交談，結果反而讓對方覺得掃興。因此，在試探時一定要抓好分寸。

會出現試探對方的行為，**就代表他們在面對這個人時會出現不安的情緒**。所以就算覺得很麻煩，還是要回應一下來自戀人的測試。如此一來，他們應該就會收斂這樣的試探行為了。

試探行為是一個人感到不安或沒有自信的表現。消除對方的不安，才是解決這個問題的捷徑。

猶豫不決

釋　義	無法下定決心
相似詞	彷徨／優柔寡斷／磨磨蹭蹭
場　面	害怕在愛情裡受傷時

好感度：☆☆☆　反感度：★☆☆

許多人在愛情的世界裡都會猶豫不決，這通常是因為**害怕在愛情裡受傷害，而遲遲下不了決心，拿不定主意**。只要一出現「我真的很喜歡他，可是如果告白被拒絕的話……」、「他（她）那麼受歡迎，我們交往以後，他（她）會不會劈腿……」、「或許我自己會移情別戀，愛上別人……」的想法，就愈來愈擺脫不了這種負面的愛情印象，而無法有所積極的行動。

迴避受傷害不失為一個好的處世之道，但之後再怎麼後悔地想著「要是我當時那麼做的話就好了……」也已經於事無補。既然真的在意對方，那就不要欺騙自己的心，想一想該怎麼把自己對於愛情謹慎的態度發揮在實際的作為。

再怎麼感嘆「要是當時我有所行動的話就好了」，也回不到過去了。態度謹慎固然是件好事，但要有所行動，而不是一直猶豫不決。

真的非常謝謝你！
這邊要請你多多照顧了

嗯…不用客氣

依靠

釋　義	請求他人的幫忙
相似詞	拜託／依賴／倚靠
例　句	「我不想讓他感到負擔，所以不能凡事都依靠他。」

好感度：★☆☆　　反感度：★☆☆

為什麼許多男人都會覺得被女人依靠是一件很開心的事呢？第一個原因，**受女性依賴能讓他們感覺自己擁有身為男人的自信**，被人依賴能使他們再次確認自己的存在價值，還能向周圍的人炫耀自己是個能讓女人依靠的男人。第二個原因，他們**純粹只是希望自己對於喜歡的人而言是有用的人**。他們希望能讓女性依靠這一點可以成為自己的魅力，接近自己喜歡的女性時，可以讓對方看見他們值得依靠的樣子。

有些女性可能會覺得對男人撒嬌很過意不去，或是不知道該怎麼跟男人撒嬌才好，不過試著依賴一下對自己有好感的對象，還是挺有效果的。

例如：跟對方討論自己的煩惱等等，先從一些小事情開始練習，習慣以後再讓對方決定約會地點等等，試著慢慢增加依賴男性的事情。

●顧此失彼是大忌

不少人一談起戀愛，就只在意兩人世界，而疏忽了跟其他人之間的聯繫。這對於兩人之間的甜蜜生活當然不會有什麼問題，**但遇到煩惱的問題時，除了戀人之外就沒有人可以諮詢、討論，這樣的狀態可能不利於融入社會生活**。萬一讓自己煩惱的對象就是戀人或丈夫，卻找不到任何人可以談心，最後便只能自己不斷地糾結與煩惱，所以一定要考慮清楚是否真的要過度依賴同一個人。

若以為能夠依賴或被依賴的人只有戀人，這樣的世界未免也太狹小了。希望各位也要珍惜愛情以外的各種人際關係。

讓朋你知道
怎麼去這裡嗎…

唔？
你是…

單純曝光效應

釋　義	對於經常見面的人有所掛念
相似詞	重複曝光效應
場　面	偶然地多次遇見同一個人時

好感度：★★☆　反感度：☆☆☆

不曉得各位有沒有這樣的經驗呢？發現自己突然對於某個人的事情在意得不得了，而這個人可能是上下班的電車中經常遇見的某人，也可能在公司裡擔任相同職務的同事。

這樣的情況其實是有心理學的根據，叫做「**單純曝光效應**」。**因為人類的心理作用，隨著見面的次數愈多，就愈容易提高對這個人的好感度，對此人的印象也會愈加深刻。**電視廣告也是同樣的原理，電視上重複撥放同樣一支商品廣告時，原本完全不感興趣的人便會在重複看見這支廣告的過程中，不知不覺地開始對這個商品感到興趣。

「單純曝光效應」是心理學家羅伯‧查瓊克在其發表的論文中提出的理論，又被稱為「**重複曝光效應**」。

按照這項理論來看，如果有個人對於某人的第一印象很差，卻在經常碰面的過程中不知不覺地喜歡上了這個人，聽起來好像也不是那麼不可思議。畢竟一開始就給人深刻的印象，再加上單純曝光效應，讓原本的負面印象逐漸變成了良好的印象。而遠距離戀愛的條件則跟形成單純曝光效應的條件完全相反，這麼一想就比較能夠理解為什麼遠距離戀愛都不容易成功。由此可知，跟近在身旁的異性交往或結婚並不是將就之下的選擇，單純是一種人類自然心理所產生的結果。

●一次又一次的偶然，就能讓對方也覺得是命運的安排

若是想要追到自己心儀對象，**盡量增加接觸機會才是上上之策**。不管怎樣的方式都可以嘗試看看，可以假裝自己也是偶然才到對方經常光顧的店裡，或是在搭乘同一班電梯時跟對方打招呼，讓對方知道自己的存在等等。

要是能讓對方說出：「我們經常碰到面呢！」那就十拿九穩了。想必當你微笑地回應對方：「真的耶！」對方的心中也會慢慢地有了你的存在。另外，找出兩個人之間的某些共通點，例如：興趣、喜歡的食物、對於物品或衣著的喜好等等，然後不經意地表示：「哇！真的好巧呢！」讓對方留下印象，也會有很不錯的效果。一次又一次的偶然，就會讓人出現「或許這就是命運」的想法。

> 透過「單純接觸效應」，彼此碰面的次數愈多，在對方眼中的形象就會變得愈來愈好。此外，找到與對方的共通點，讓對方留下印象也很重要。

生日

釋　義	每一年都要紀念出生之日的日子
相似詞	誕生日／紀念日
例　句	「竟然忘記我的生日，真是爛透了。」

好感度：★★☆　反感度：★☆☆

對於情侶而言，「生日」是與情人節、聖誕節並列的三大重要紀念日。接近聖誕節等節日時，街上熱鬧的氣氛或旁人熱烈的討論都會讓人比較容易記得。但是生日跟這些節日又不一樣，只不過是個人的紀念日，所以也是有可能發生直到對方提起，才發現自己忘了對方的生日等情況。

當對方期待能在生日當天收到驚喜，但自己卻直到當天才想起，忘得一乾二淨時，就會失去對方的信任。因此，有些人認為**這個日子可以用來測試交往對象對自己的態度**。

●記不記得對方生日，在於「長期記憶」的不同

希望戀人為自己慶生是一種很自然的心情。要是對方忘記了自己的生日，應該都會覺得對方不重視自己。不過，我們也不能夠因為某人忘記生日，就斷定這個人對戀人毫不在意。

根據美國心理學家的理論，人的記憶可以分為3種，分別是**「感覺記憶」**、**「短期記憶」**與**「長期記憶」**，而能不能記得別人的生日，則歸類於「長期記憶」。

在長期記憶當中，**透過直接體驗所形成的記憶稱為「情節記憶」**，由於男性形成「情節記憶」的能力比女性差，所以就會忘記時、事、地等具體訊息。另一方面，女性通常都比較容易記得紀念日、約會地點、告白的台詞、吵架內容等等的舊記憶。

除了這個原因，人有時候也會因為工作或煩惱等外部的壓力，導致集中力只專注在這些事情上，而沒有心力去思考其他事情。原本應該會記得戀人生日等等重要的日子，卻不小心忘得一乾二淨。如果自己的戀人正處於水深火熱的狀態之中，那就提前幾天提醒對方：「今年的生日打算怎麼過呢？」別再苛責對方為何忘記自己的生日。

忘記對方生日，是因為長期記憶的不同或外部壓力等環境所造成。所以就算對方不小心忘記，還是要心平氣和地提醒，別只是責怪對方。

發誓

釋　義	堅決地做出約定
相似詞	誓約／下定決心／宣誓
例　句	「我發誓會永遠地愛你。」

好感度：★★☆ ／ 反感度：☆☆☆

若是在教會或神社舉行的婚禮，「發誓」指的是向神祇許下婚姻的承諾；如果婚禮是無關宗教信仰的一般宴客形式，「發誓」指的便是向出席婚宴的來賓宣示自己對於婚姻的承諾。不僅要向自己的結婚對象許下誓言，還要邀請第三人作為證人聆聽這段誓言，不論以哪種形式舉辦婚禮，這都是新人們不變的立場與態度。

　　像這樣動員身旁的人一起聆聽誓詞，是一種有效使人遵守諾言的手段。這是**因為當眾立下誓言以後便會形成社會約束力**。除此之外，人們對於困難的事情都有一種孤掌難鳴、眾志成城的心理，所以像這樣動員家人、親友並當著他們的面說出誓詞，就會是一種很有效的作法。讓新人當眾許下誓言的結婚典禮，就是一種讓自己更好地對說出口的話負起責任以及堅定決心的活動。

> 一般而言，當眾發誓會比私下許諾更容易遵守諾言。這是因為當眾發誓會讓我們對自己的諾言更有責任心，以及堅定自己的決心。

差不多該起床化妝了

還得換衣服

約會好麻煩啊

遲到

釋　義	比說好的時間晚到
相似詞	沒有時間觀念／賴床
例　句	「我化妝花了點時間，所以遲到了。」

好感度：☆☆☆ ／ 反感度：★☆☆

約會的人都有各種不同的理由。有些人是早上總愛賴床，有的人則是花太多時間在打扮等等，除了這些守時觀念薄弱等理由，有些時候也可能是因為對那天的行程不怎麼感興趣。約會總是遲到可能會讓對方覺得「這個人不OK」，實際上卻是遲到的人**並沒有把約會對象特別放在心上**。

　　每個人對於遲到的定義不同，所以對於遲到的容忍範圍也不一樣。一個就算對方遲到30分鐘也不會生氣的人，跟一個連對方遲到10分鐘都不能接受的人在一起時，這兩個人再怎麼樣都容易發生問題。

　　基本上最好還是要注意別在約會時遲到，但無論如何都還是趕不及的話，務必要提前跟對方聯絡，並且誠心誠意地道歉。

> 一般來說，每次約會都會遲到的人其實就是對約會或對象沒興趣，覺得跟這個人約會就算遲到也沒關係。

127

看回我訊息喔

你都不愛我

我覺得累了

唉…

厭倦

釋　義	感情或體力消耗殆盡
相似詞	疲憊／討厭／倦怠
例　句	「維持這段關係已經讓我覺得好厭倦。」

好感度：☆☆☆　　反感度：★★☆

若是在愛情裡對彼此的關係感到厭倦，主因都是其中一方對於另一方的情感過於強烈。

例如：當女生太愛男朋友時，有時會為了討好對方而做牛做馬。但如果男朋友沒有表達出相對程度的感謝之意，或是沒有像她一樣盡心盡力付出的話，這時身為女朋友的她就不會得到滿足，對男朋友的感情也變得愈來愈執著。一旦這種做牛做馬的行為愈演愈烈，對方卻還是沒有給予回應，最後自然就會厭倦這段關係。

女方可能還會生氣地覺得為什麼男朋友都不回應自己的心意，但實際上對方有可能也很感謝她的盡心盡力，說到底**只是她自己的期望過高**。隨意解讀對方的反應，還自顧自地覺得厭倦，跟她交往的人反而才會厭倦這種令人喘不過氣的關係。畢竟看著對方心累、厭倦的模樣，會更讓人覺得心累。

●覺得厭倦時，就要保持適當的距離

不想在愛情裡覺得厭倦的話，**那就別再自顧自地胡思亂想，要把自己真正的感覺傳達給對方知道**。如果能了解對方的感受，就能知道該如何拿捏彼此的相處方式，也就不會常常出現這樣強人所難的事情了。不管什麼時候，最重要的都是好好地與對方溝通。假如這樣還是覺得厭倦的話，那就是這段關係本來就有些勉強。如果是這樣，最好還是暫時分開一下。

說來說去，**保持適當的距離就是讓愛情長長久久最有效的方式**。能夠白頭偕老的夫妻都很了解該怎麼掌握適當的距離。

> 當其中一方的情意過於強烈，就會讓人對這段關係感到厭倦。因此，還是要跟對方好好地溝通，同時也要保持適當地距離。

戀愛小專欄

感到厭倦時該怎麼做

跟戀人在一起卻覺得倦怠，是由於這段關係還不穩定。因為彼此才剛交往不久，或因為對方是個人緣好的人，都會讓人去想一些根本就還沒發生的事情，而覺得有些倦怠。對方對自己的心意依舊不變的話，也許並不會因為自己這樣就覺得厭煩，但是要知道對方也是常人，他們的心情自然會受到一些影響。若要讓彼此都不會對這段關係感到倦怠，那就應該改變一下自己的想法。只要養成「我要接受我們的關係有變化，要樂於接受這樣的狀況」的思考習慣，想必就會輕鬆許多。

交往

釋　義	彼此都認可對方是自己談戀愛的對象
相似詞	在一起
例　句	「他們倆在交往嗎？」

好感度：★★☆ ｜ 反感度：★☆☆

「交往」指的是兩個人相互認可對方是自己的戀愛對象。只是，交往並不像結婚一樣具有法律上的依據或約束力，所以**交往與否的基準全看個人而定**。一般來說，只要其中一方說出「請你跟我交往」，另一方回答「OK」的話，那就形成了交往關係。不過，有人則覺得就算沒有明講也無妨，只要已經約會就算是交往，也有人認為沒有發生性關係就不能算交往。

不管是哪一種想法都無所謂，最重要的是對方也必須有同樣的想法。否則就會發生「他已經認定我們交往了，可是我並不覺得是這樣」的誤解。

●沒有告白就直接交往的人都是怎麼想的呢？

沒有經過告白就直接交往，會讓不少人覺得很不安，不曉得這究竟算不算真正的交往。在某項調查當中，詢問受訪者「是否有過『對方未跟自己告白，但他的存在就像男朋友一樣』的經驗」，約有一半的女性受訪者都回答「YES」。換句話說，許多人都是沒有告白就直接交往。為什麼他們要維持這樣曖昧的關係呢？

第一個理由可能是他們覺得就算沒有明講，對方也應該知道自己的心意。對於害怕袒露自己心思的人而言，他們希望就算自己沒有開口，對方也能從態度了解到自己的心意。除此之外，有時候則可能是對方也在煩惱這段關係，但因為不想被對方甩掉，所以就繼續保持原狀。但他們很有可能**只想維持情侶般的關係，卻不想負責任**，因此有必要搞清楚對方究竟是怎麼想的。

只要一提起現在的關係，對方就會顧左右而言他的話，那就試試看暫時保持一點距離。因為人的心理就是這樣，看到對方跑掉就會想追過去。當對方突然發現彼此之間出現距離而心慌時，或許就會重新看待這一段關係。

戀愛小專欄
上鉤的魚就不再給飼料

都說男人在交往之前會不厭其煩地噓寒問暖，態度溫柔又體貼，但等到真正交往以後，態度卻突然一百八十度大轉變。這樣的男人通常都只是為了引起女生的興趣，所以才比平時更努力。對於他們來說，「交往」才是他們的目標，在達成目標以前都會全力以赴，成功地跟對方交往後，目標就達成了，所以也不必再這麼認真努力了。但就女方而言，她們看的是對方在交往以後有沒有認真地經營這段關係，於是雙方就會出現認知上的落差。

祐樹同學…

糾纏不休

釋　義	跟在身旁不肯離去
相似詞	死纏爛打／窮追不捨／埋伏／跟蹤
例　句	「有些人因為被糾纏不休而覺得很煩惱。」

好感度：☆☆☆　｜　反感度：★★★

正常來說，被不喜歡的人求愛都會讓人覺得很困擾，並不會感到開心。如果對方是朋友，或許還比較容易拒絕，但如果是公司裡的同事、上司，或是工作來往的客戶等等，都不太方便直接拒絕，想要在不惹惱對方的情況下拒絕對方，可說是難如登天。只是，有時不說清楚講明白，也會讓對方的言行愈加肆無忌憚，變成糾纏不休的狀況。

　　要制止對方糾纏不休的行為，最有效的方式就是「無視」。對於糾纏的一方而言，哪怕是討厭的反應也好，只要對方有所反應，都會讓他們感到開心。因此，如果要讓對方放棄這種糾纏不清的行為，就是不要做出任何有好感的回應，用無視的態度明確地表達出自己的意思。

制止糾纏行為的最好方式就是「無視」。就算是不好拒絕的對象，也要用態度表現出自己的意思。

欸，
我肚子餓了

等一下煮飯
給妳吃喔

做牛做馬

釋　義	為了喜歡的人付出最大程度的努力
相似詞	奉獻／捨身奉獻
例　句	「我應該就是那種會做牛做馬的人吧。」

好感度：☆☆☆　｜　反感度：★★☆

認為「為了我喜歡的人，要我做什麼都可以」的人，就是屬於會為他人做牛做馬的類型。不管是戀愛或結婚，原本都應該是相互扶持的一段關係，但從「做牛做馬」一詞來看，卻讓人有一種其中一方單方面地全力支持另一方的感覺。別人對自己做牛做馬，美其名是「被照顧得無微不至」，但在愛情裡，這種單方面對另一方犧牲奉獻的現象並不是一件好事。

　　要讓一段感情走得長久，**最重要的是維持兩人公平的立場**。為對方做牛做馬的人會期待自己也能得到同樣程度的支持，當他們得不到回應時，也會有種受背叛的感覺；而受盡照顧的一方，也會覺得自己必須要有所回應跟支持，對這份好意感到很有負擔。

一直想著「我要為他付出」，反而會讓另一半覺得倦怠。不用什麼事都搶著幫對方做好，不過問、不干涉對方的事情，也是一種很有效的扶持。

方便的女人

釋　義	只要對方想要見面，不論何時都會答應赴約的女性
相似詞	玩玩的女人／呼之即來、揮之即去的女人／床伴
例　句	「我想擺脫『方便的女人』身分，變成他的真命天女。」

好感度：☆☆☆　　反感度：★★★

就算平常也會約會、上床，但是對方就是不肯提交往。即使問：「我們這樣算是在交往嗎？」對方也會想盡辦法糊弄過去。如果是這樣的話，那麼妳對這個人來說可能只是個「方便的女人」。

像這種時候，對方極有可能是腳踏兩條船，甚至是腳踏三條船，但就算他們沒有跟其他女生交往，也不會將現在跟他們發生關係的人當成戀愛對象的後備人選。對於性衝動的男人而言，只要能夠上床做愛不管是誰都好，但對於女性來說，這樣的關係也許會讓她們覺得遺憾。

●「方便的女人」得不到長久的愛情

有時候男人可能說不上喜歡對方，但有魅力的女人對自己有好感而且還主動接近自己，他們就會把握這個能夠滿足自己慾望的好機會。而女性被自己欣賞的男性看上時，或許會因為這份喜悅而有所回應，但要這樣的男人給予她們所期望的穩定、長久關係，實在是很困難。即使對這一切都心知肚明，但只要對方一開口，那怕是在天涯海角都會飛奔至對方身邊，這樣的人就是所謂的「方便的女人」。

「方便的女人」的自我肯定感（→P101）通常比較低。她們並不認可自己，所以就算有人能夠完全地接納真實面貌的她，她們也不會愛上這樣的人，反而會心甘情願地當個「方便的女人」。不僅如此，當她們見不到現在的對象時，就會讓她們感到莫名的不安，覺得好像再也不會有人來愛她們了。但是，沒有一個男人會把真正喜歡的女人當成方便的女人。光是這一點，就有充分的理由離開這種男人。

> 跟對方碰面時總是在晚上，對方也不會在紀念日安排任何約會或慶祝的行程，這樣的妳確實是個「方便的女人」。把目光擺在全新的戀情，忘掉這段單箭頭的關係吧。

戀愛小專欄

感覺良好效應

心理學家葛瑞菲特透過實驗證明「良好的環境會使人產生更多好感」。實驗的內容是請受試者根據某人填好的意見調查表，判斷這個人的性格。一半的受試者被安排在高溫潮濕裡的房間裡進行實驗，另一半的受試者則被安排在溫溼度適中的房間裡。結果發現，即使受試者都是根據同一張意見調查表進行性格判斷，但環境惡劣的那一組受試者，對於意見與自己相左的人都會表現出厭惡的情感。另一方面，環境良好的那一組，對於意見與自己相左的人並沒有厭惡感，維持著中立的看法。

吊橋效應

釋　義	認為怦然心動的感覺會產生愛情的一種假說
相似詞	吊橋理論／吊橋效應實驗
場　面	彼此在鬼屋試膽等狀況下都出現心跳加速的反應時

好感度：★★☆　反感度：☆☆☆

看 恐怖電影或是運動時，大部分的人都會心跳加速。這時有個異性靠近的話，我們就會對這個人產生戀愛的情愫，你相信這樣的說法嗎？加拿大的心理學家達頓、亞倫透過實驗證明了這項假說。

二人在1974年發表的「關於生理信號錯誤歸因的吊橋實證實驗」概要如下：溪谷上分別有兩座橋，一座橋是離地高度約70公尺高的搖晃吊橋，另一座則是離地高度約3公尺的穩固木橋。

實驗請來18～35歲的未婚男性擔任受試者，並請他們分別走過這兩座橋。另外，也請一位漂亮的女學生擔任實驗助手，這位女性會出現在這兩座橋上，向受試者進行問卷調查，並且告訴他們若想知道調查結果就來電詢問，把自己的聯絡方式交給受試者。

從實驗結果得知，比起心平氣和地走過穩定木橋的人，**心跳加速地走過搖晃吊橋的人打電話聯絡女性助手的比例較高。**因為這些受訪者都將恐懼造成的心跳加速，誤以為是覺得這位女性有魅力而怦然心動。**他們並不是因為戀愛才出現心跳加速的反應，是因為心跳加速的感覺而深信自己墜入了愛河。**心理學認為這樣的錯覺就是一種「情感的錯誤歸因」，指的是人在推論自己為何出現這樣的生理反應時，把其他不相關的原因誤以為是判斷的線索，而做出錯誤的判斷。

●尖叫刺激的遊樂設施最適合戀人未滿的兩人

不管是誰應該都會從上述的實驗結果想到：「在有尖叫刺激的遊樂設施或鬼屋的遊樂園裡約會，不就更容易墜入愛河？」人在心跳加速時確實比較容易墜入愛河，所以如果是與關係還不是那麼親密的對象約會，確實很適合去遊樂園。不過，**這種會讓人產生錯覺的心跳加速只是一時，特徵是來得快、去得也快。**使用這一招的確能夠有效地讓兩個人感情升溫，但如果沒有接著出招，這段關係也很難維持長久。

其實有很多約會行程都能讓人體會到心跳加速的感覺，像是看動作片、運動比賽等等。如果希望讓兩人的關係有更進一步的發展，那就試試看「吊橋效應」吧。

傲嬌

釋　　義	從厭惡的態度、舉止，轉變成和善的態度、舉止
相 似 詞	雙面人／不坦率
例　　句	「她是個有點心機又傲嬌的人。」

好感度：★★☆　反感度：☆☆☆

傲嬌指的是由於個人的氣勢較強，而對於有好感的對象展現冷言冷語的態度，或者是指擁有這樣個性的人。在日常生活當中，這樣的人通常讓人覺得麻煩又難搞，不想跟他們扯上關係，但在愛情裡卻又另當別論。傲嬌的人看似不受歡迎，實際上卻特別有異性緣。

這是因為人類與生俱來的特質，**我們在同時接收到互相矛盾的兩種訊息時，內心會產生衝擊或動搖**。心理學上稱這樣的效應為**「雙重束縛」**。如果把這樣的效應套用在傲嬌的話，就是「一手拿鞭子，一手拿胡蘿蔔」的狀態，例如：一個總是態度高冷的人突然變得和藹可親等等。所以當別人看到這樣的反差時，就會知不覺地離不開他們的目光，並對這個人產生好感。

> 在日常生活裡，「雙重束縛」的言行舉止容易讓人誤以為自己是個「難搞的人」，但這樣的反差在愛情的世界裡卻頗有幫助。

邂逅

釋　　義	與異性相識相遇的機會
相 似 詞	相逢／機緣巧合／命運的安排
例　　句	「在公司裡都沒有好的邂逅機會。」

好感度：★★☆　反感度：☆☆☆

最容易也最常遇到的邂逅對象，就是跟自己同屬於一個生活圈的人，例如：職場上的同事、學校裡的同學等等。即使如此，如果與對方只是一面之緣、點頭之交的話，是無法成為情侶的。想要拉近心靈距離的有效方式，就是彼此展示出自己私底下的一面，這樣的方式就稱為**「自我揭露」**（→P14）。

若要從一般的朋友關係發展為戀愛關係，**就一定要建立起一段能夠互相自我揭露的關係**。可以先從自己的家鄉、家人、興趣或工作等話題開始聊起，談一談關於自己的大小事。這時有個重點，那就是由自己先開啟自我揭露的話題。這樣就會讓對方出現**「好感的互惠性」**的心理作用，能夠比較放心地暢談關於他們的事情。

> 若要從一般的同事或同學關係發展成更親密的關係，就絕對不能缺少「自我揭露」的過程。主動且積極地開啟這個話題，縮短彼此之間的距離吧。

會變成這樣
全部都是妳
害的

家暴

釋　義	遭到戀人或配偶等親近的人暴力相向
相似詞	精神暴力／單方主導的關係／家庭暴力
場　面	對於另一方的情感或不安的情緒大爆發的時候

好感度：☆☆☆ ｜ 反感度：★★★

家庭暴力（domestic violence）指的是對於另一半做出身體上、精神上、經濟方面、性方面的暴力舉動。

根據美國心理學家萊諾爾‧沃克的觀點，家庭暴力的特徵是**具有3階段的反覆循環，這3個階段分別為「緊張期」、「爆發期」與「蜜月期」**。

「緊張期」是處於憤怒或不安等精神上的緊繃狀態，但並不會直接傷害對方。「爆發期」是緊張的情緒達到最高點而出現暴力行為的狀態。「蜜月期」是施暴者向對方賠罪，展現出反省的態度。

被家暴者看見對方在「蜜月期」表現出的溫柔態度，都會難以斬斷這段關係，而不停地陷入這樣的循環。

> 施暴者在暴力行為之後會表現出溫柔的態度，所以這段關係並不容易說斷就斷。遭到家暴時，應及早找個信得過的人商量，別獨自一人面對問題。

大男人主義

釋　義	丈夫在家裡擁有極大的權力
相似詞	專制者／封建觀念／家父長主義
例　句	「我沒想到他是個這麼大男人主義的人……」

好感度：☆☆☆ ｜ 反感度：★★☆

大男人主義者通常都是觀念相當保守的人。他們認為，**家裡的大小事都應該以他為中心，也就是握有決定一切事情的權力**。這樣的觀念不僅反映在男女的角色分配，有時候他們還會認為出外賺錢比料理家務、照顧小孩更偉大。儘管如此，這些大男人主義的人通常都有戀母情結。會變成大男人主義的人，大多都是受父母親的相處模式影響，覺得女人服侍男人是一件天經地義的事。

但是現在已有愈來愈多的女性外出工作，雙薪夫妻成為現今的常態，「男主外、女主內」早已是過時的觀念。大男人主義的男性變少了，愈來愈多的夫婦對於丈夫與妻子共同分擔家事與育兒責任，都抱持著同樣的價值觀。

> 在現代社會裡，在家耀武揚威的大男人主義者已經不常見了，愈來愈多的夫婦都各有自己的工作，不論家事還是育兒責任，也都會一同承擔。

約會

釋　義	跟有好感的對象約定私底下碰面或一起做某些事
相似詞	幽會／密會／情事／碰面
場　所	電影院／遊樂園／兜風的行程／餐廳、餐館

好感度：★★★　｜　反感度：☆☆☆

在兩人正式成為情侶之前，一定都會先有第一次的約會（→P159）。初次約會是一場非常重要的活動，成功與否決定了兩人今後的關係。

最初接收到的資訊會決定對於這個人的印象，心理學上將這樣的現象稱為**「初始效應」**（→P82）。第一次約會時給對方的印象會遠遠地影響到自己日後在對方心中的印象，因此若是希望給對方留下好印象，那麼最重要的一件事就是讓第一次約會圓滿成功。

●最適合的約會地點是？

首先最重要的就是決定約會地點，欣賞夜景就是個相當不錯的約會行程。因為人處於幽暗的環境下會更容易吐露自己真正的想法，也會出現想要愛人與被愛的心情，**心理學稱之為「黑暗效應」**。當對方出現想愛與被愛的心情以後，就能拉近兩人之間的物理距離，心理的距離也會變得更靠近。

除此之外，由於人的視覺在昏暗的地方會受到限制，這時聽覺或觸覺會變得更為敏感，更容易接受別人所說的話。遊樂園也是個相當適合約會的地點，兩個人一起搭乘雲霄飛車或摩天輪等高處的遊樂設施，或是一同體驗可怕又刺激的鬼屋，製造出讓心跳加速的機會，還可以期待發揮出**「吊橋效應」**（→P132）。

●告白的最佳時機點？

對於要告白的人而言，最大的問題就是「應該要在第幾次的約會跟對方告白」。提到告白的最佳時機點，一般人都認為「第3次的約會最適合」。若是二人已經約會了好幾次，就應該要開始意識到告白這件事。針對111位22～34歲的女性進行關於「您希望在第幾次約會時被告白」的問卷調查，結果發現有50％以上的人回答「第3次」、約25％的人回答「第2次」（由mynaviwoma進行的問卷調查）。有超過半數的人都回答第2～3次，可知**第一次約會與正式告白的時間點最好不要差得太遠**。

約會了很多次才跟對方告白的話，被告白的一方會覺得「這個人是不是不太想跟我在一起」。千萬別只是一直約會，而錯過了告白的最佳時機。

●交往後的約會

過了曖昧期以後開始正式交往，也就表示即將進入下個更親密的約會階段。要說能讓兩人長時間獨處的約會行程，最具代表性的就是開車兜風了。開車兜風最大的好處，就是不用擔心被其他人聽見專屬於二人之間的對話，**而且聽見對方聊自己個人的祕密時，會有種被對方信任的感覺，進而滿足個人的認可需求，增進彼此的親密度。**

到獨居的男朋友、女朋友家裡的「在家約會」，或是因為旅行等等而到飯店過夜的約會，雖然有一定的風險，但相對地也能讓交往關係有更進一步的發展。此類型約會的最大好處，就是兩人在肢體接觸（→P112）的時候不用顧慮到任何人。

> 約會是決定了兩人今後關係的重大活動。好好挑選約會地點以及告白時機，讓約會圓滿成功吧。

戀愛小專欄

提出約會的小技巧

提出約會的邀請時，任何人都會有「不要被拒絕當然是最好」的想法。這時就要利用心理學當中的「自動化作用（Automaticity）」。「自動化作用」指的是如果在要求的事情前加上一些理由，對方就會在條件反射之下，不加思索地有所行動的一種心理。

「自動化作用」也可以應用在戀愛，比起直截了當地跟對方提出：「你要跟我一起去○○嗎？」加上一點原因，改說：「我想感謝你之前的幫忙，我們要不要一起去吃個飯呢？」這種說法的成功率更高。

我愛…

討厭！我說不出來啦！

嗯咻～怎麼這麼可愛

害臊

釋　義	覺得有些丟臉、難為情
相似詞	感到難為情／靦腆／害羞
場　面	他人對自己釋出好意時

好感度：★★☆　反感度：☆☆☆

「**害**臊」是伴隨著羞澀的一種情感，與羞恥心有所關聯，但是與「丟臉」卻有頗大的差異。通常，「丟臉」包含著某種程度的罪惡意識或內疚的心情。相反地，害臊則是因為得到預期之外的良好評價或反應，而湧現出**欣喜等正面情感**的一種狀態。當自己有好感的對象因為自己說出的話、做出的舉動而露出害臊的反應時，那就可以推測對方的心情其實應該還不錯。不過，有些人則會為了掩飾自己的害臊而故作冷淡，或是不願與對方有眼神接觸。所以如果想知道對方這麼做是因為本身的個性使然，還是因為害臊才會有這樣的舉動，最好的方式就是觀察這個人對自己以外的其他人反應如何。

害臊是因為覺得有點害羞又覺得有些開心。所以，當眼前的人露出害臊的反應時，有可能是因為對你有好感。

在這麼多人面前牽手很丟臉啊

什麼嘛我是你的女友耶

牽手

釋　義	手拉著手不分離
相似詞	手拉手／手牽手／十指緊扣
場　面	想要實際感受親密的關係時

好感度：★★★　反感度：☆☆☆

戀人之間的牽手舉動有各種不同的涵義，可能是想要保護對方、霸占對方，也可能是想看看對方在牽手時的反應等等。牽手可以說是一種**想與戀人發生肢體接觸（→P112）的需求表現**。肢體接觸能夠促使體內分泌催產素，具有加深信賴關係或依戀、增加抗壓性、獲得幸福感等效果。情侶會不經意地手牽著手，便是為了使催產素發揮其效果，而下意識地產生肢體接觸。

除此之外，與戀人手牽著手走在一起，有時是為了向周圍展現兩人之間的特殊關係，想要感受這種優越感。會有這樣的心理則是因為人們具有**自我展現需求與認可需求**，想向全世界炫耀「這麼出色的人是我的戀人」。

與戀人牽手是為了更加明確地表現出雙方對於彼此都是特別的存在。牽手的舉動也可以將其他的異性排除在外，安心地沉浸在兩人世界裡。

電話

釋　義	能與分隔異地的人直接交談的道具
相似詞	通話／呼叫
場　面	突然想聽見對方的聲音時

好感度：★☆☆　反感度：☆☆☆

近來，不論是與好友還是家人連絡，人們都理所當然地使用簡訊或LINE，打電話與他人聯絡的機會大幅驟減，甚至有許多人連跟戀人談情說愛都是靠著簡訊或LINE等通訊軟體。不過也是因為這樣，才更凸顯出透過電話聯絡是多麼有價值的一件事。假如用簡訊或LINE就搞定跟任何人的聯絡，那麼這個能讓自己特意透過直接對話來聯繫的人，就僅限於特別的對象了。

若有心儀的對象時，不妨試著問問對方：「我下次能打電話給你嗎？」儘管不是直接面對面地交談，**但比起只有文字的訊息，打電話交談的方式還是能讓彼此的距離靠得更近**。如果對方答應的話，那麼這段關係就有更進一步發展的機會了。

> 聲音比文字更能傳達出一個人的心情。想清楚知道對方聽見告白或約會邀請的反應時，也很適合使用這樣的方式。

同居

釋　義	與戀人同住一處
相似詞	合住／共同生活
例　句	「結婚之前最好先和對方同居。」

好感度：★★☆　反感度：★☆☆

在法律上並不構成婚姻關係的情侶選擇同居的理由都各不相同。一般來說，大多數的人是以結婚為前提與戀人同居，但也有許多人是由於年齡或經濟方面的考量，覺得結婚這件事尚且言之過早，於是最後決定先同居就好。另外，有些人則是**把同居當成是結婚前的「試用期」，與戀愛對象同居的好處是能夠更清楚地了解對方的日常生活習慣，甚至是一些更細微的價值觀**，這些都是單純交往時沒辦法了解到的事情。

不過，千萬別一廂情願地認為「同居＝結婚」。若其中一個人覺得同居等於結婚的「試用期」，但另一方並沒有認真地考慮關於結婚的事，只是單純地覺得「兩個人住在一起的生活也許會很開心」，那麼雙方會因為同居這件事而產生摩擦、爭吵。

> 同居之前最好先確認彼此對於未來的規劃，搞清楚雙方對於同居的態度，這樣會比較保險。

她變得真多啊…

他禿頭了啊…

同學會

釋　義	同校校友的聯歡會
相似詞	同窗會／OB·OG會
例　句	「由同學會展開的戀情。」

好感度：★★☆☆　　反感度：★★★☆

有些人或許是抱持著「假如我學生時代的朋友變成了一個很出色的人……」等等的期待而出席同學會，也時常聽聞有人在同學會上與老同學情投意合，然後發展出戀情。有各式各樣的原因讓人與同學會上再次相遇的往日同窗墜入愛河，例如：看見當初暗戀的對象後，心中再度燃起當時的情意；或是看見對方跟以前的樣子完全不一樣，變成了一個出色又亮眼的人時，不禁怦然心動；或者兩人對於從前的趣事相談甚歡，而想與對方聊聊更多往事，結果因此互相產生好感等等。

●為什麼同學會容易使人墜入愛河

這些理由都有個共通點，那就是由於老同學不同於在聯誼等活動上第一次碰面的人，**雙方在心理上的距離會更加地靠近，而且彼此早就知道對方的性情，因此都可以直接做到自我揭露**（→ P104）。另外，人長大了以後就會多了社會人士的身分，並且帶著這個身分過日子，但在同學會上就能拋開這層枷鎖，感覺一下子又回到了青春時代。當一個人在職場上總是聽著別人用姓氏加職位來稱呼自己，但與往日的同學再見面時，則會聽見他們叫著自己的名字或綽號，這樣的落差能有效地拉近心理上的距離。

●中年人士的邂逅機會

步入中年以後，舉辦同學會的機會就變多了。或許是因為有孩子的已婚者不用再照顧孩子，育兒任務告了一個段落，而未婚的人或是離婚以後再度單身的人，到了這個年紀也會想要與懷念的好友熱烈地聊聊往事。一起度過學生時代的好友在心裡的距離上也會比較接近，所以同學會自然地就成了**「男女邂逅的機會」**。

如果兩人都是單身的話，倒是沒什麼問題，卻也有許多人因為同學會的關係，而陷入婚外情之中，並且把自己或對方的家人都拖下水。或許是因為他們在回憶往事的過程中，不知不覺地變得愈來愈親密，並在對方身上感覺到自己的配偶所沒有的那股魅力。

> 學生時代可能並不覺得對方有什麼異性魅力，但是長大後再次相遇的那一瞬間，有時我們竟覺得對方看起來很有魅力。這是因為反差（→ P70）在愛情裡發揮出相當不錯的效果。

嗯～你該不會是…

對我是處男又怎樣

處男

釋　義	沒有性經驗的男性
相似詞	櫻桃男孩／在室
例　句	「我要脫離處男的身分。」

好感度：★☆☆ ｜ 反感度：★☆☆

處男指的是「沒有性經驗的男性」。在父權社會之下，「要有性經驗才能證明是真男人」的老舊觀念至今仍然根深蒂固。這樣的壓力導致男性不自覺地把**「還是處男就代表自己不成熟，應該覺得羞恥」**的看法牢牢地刻在心中。

●「自我揭露」是戀愛的第一步

在交往的過程中，若要與對方變得更加親密，那麼就一定要先讓對方知道自己的心情以及內在的一面，因此最重要的就是做到「自我揭露」（→P104）。但是當戀愛方面的經驗不足時，就會讓人變得沒有自信心，還沒戀愛就先出現「如果被拒絕的話該怎麼辦」的心情，最後還是沒能對自己喜歡的人坦露真正心意以及需求。許多異性緣好的男性都能得心應手地「自我揭露」，**當對方知道了這個人較為隱私的一面以後，就會因為「好感的互惠性」（→P81）的作用，也願意將自己內在的一面展現出來。**

●有些人是因為對於談戀愛沒有興趣

當我們聽到某某人還是處男的時候，都容易形成某些印象，覺得這個人不擅長與人互動又不懂得女生的心思，但實際上並非所有處男都是如此。

舉例來說，對沒興趣談戀愛的人來說，他們心中的優先順位先是朋友或興趣，再來才是戀愛，所以他們會把時間跟金錢花在自己喜歡的事情上，而不是用來談戀愛。

另外，有些人是因為有潔癖。有些男性沒辦法接受性行為之前還得先跟女性接吻、牽手，像在這種情況之下，有時他們可能有正在交往的對象，卻是完全沒有性行為等接觸的柏拉圖式戀愛。

還有一些男性則是因為工作忙碌，根本就沒有時間交女朋友。每天都被工作追著跑，回到家裡就是倒頭大睡，得來不易的休假也只想用來好好休息，這樣的人應該沒有其他多餘的時間可以再劃分給女友。

> 有些人是因為沒有自信心，不曉得該如何好好地「自我揭露」，有的人則是因為更想做自己有興趣的事，倒不是那麼想談戀愛。

140

單身萬歲

未婚

釋　義	尚未結婚的人或該狀態
相似詞	不婚／單身
例　句	「我這一輩子都打算保持未婚狀態。」

好感度：★☆☆ ｜ 反感度：★☆☆

日本第一波戰後嬰兒潮的人在1970～1974年的這段期間大約已經是25歲左右，而根據日本內閣府的數據顯示，日本這段期間內有超過100萬對的配偶，但到了2016年時只剩下一半左右，約為62萬對，不論是男性還是女性，未婚比率都在上升。**「結婚是天經地義的事」的社會共識或價值觀已經慢慢地在消失。**從前的人認為生活的單位是「一個家」而非「一個人」，傳宗接代被視為人生中最重要的大事。然而現今則有愈來愈多人認為，結不結婚只是個人的選擇問題，形成了想結婚的人就結婚、不想結婚的人就繼續保持未婚狀態的風潮。

也有許多人覺得「不想改變現在的生活」、「想更有意義地使用自己的時間」，享受著未婚的美好。另一方面，也有許多未婚的人是礙於經濟因素才無法結婚，而這樣的情況也成為社會問題之一。

> 「結婚是天經地義的事」在現代已經是過時的觀念，「一定要結婚才行」的心理壓力也已經減輕了許多。

我還是坐活讓好了

占有欲

釋　義	想要獨占戀愛對象的一種需求
相似詞	愛吃醋／執著的心／束縛
場　面	對方跟自己以外的某人狀似親密時

好感度：☆☆☆ ｜ 反感度：★★☆

想要獨占戀人的這種需求，是任何人或多或少都擁有的一種情感。只是，當這種占有欲過於強烈時，就容易使兩人的關係出現一些問題。太過強烈的占有欲通常都有一些原因，例如：想滿足自己空虛的內心而把戀人強留在身邊，或是有嚴重的控制欲，想讓對方照著自己的想法行動等等。

但不管哪個理由都有個共通點，就是**「自我肯定感」（→P101）不足，卻同時具有明顯的自戀傾向**，這兩個問題才是造成占有欲過強的原因。別說是對方，如果連自己的成長與發展機會也都剝奪掉的話，那這段關係就不能說是真正的愛情了。

> 擁有強烈占有欲的人都是自我肯定感較低的人。所以若想要與占有欲強的人順利交往，時常用態度或言語表達出「我很喜歡這樣的你」的感受，安撫他們的心。

姊姊型女友

釋　義	視為戀愛對象且年紀大於自己的女性
相似詞	弟弟型男友／前輩型女友
例　句	「沒想到有這麼多男生都是喜歡姊姊型女友。」

好感度：★☆☆　反感度：★☆☆

對於男性而言，年紀大的女性最大的魅力，就是那股能讓他們「跟人撒嬌、耍賴」的包容力。如果男性追求的是穩定而平靜的戀愛，那麼比起只會一味要求男朋友的同齡女性，能讓身心都放鬆的姊姊型女友才更令他們著迷。

　　但姊姊型女友若因對方的年紀比自己小，就把對方當成孩子一樣照顧的話，可就犯了大忌。他們再怎麼跟另一半撒嬌、耍賴，還是有著身為男人的自尊心，**所以要若無其事地帶領著他們，千萬別傷了他們的自尊心**。此外，男人看到年紀比自己大、總是堅強獨立的女性只在自己的面前露出脆弱或天真無邪的一面時，會覺得很心動。男人本來就喜歡女性依賴他們，所以就算不太知道怎麼對年紀比自己小的男性撒嬌，還是要抓準時機點，慢慢展現小鳥依人的一面。

> 當女性露出糊塗的一面，會讓年紀比她們小的男性覺得很萌。不過，這只有在平時精明能幹的女性為了製造形象的反差（→P70）時才看得到。

老少婚

釋　義	指年紀差距懸殊的兩人共結連理
相似詞	老少配／姊弟戀
例　句	「你可以接受的老少婚的年齡差距是幾歲？」

好感度：★☆☆　反感度：★☆☆

老少配的情侶或夫婦如今再也不算稀奇，尤其是「男大女小」的組合，由於男性還是比較在意另一半不年輕，女性相較之下對於年齡的接受範圍比較大，所以這樣的老少配組合自然比較多。有些老少配的女性可能只是剛好喜歡的對象比自己大了一些，**但如果總是喜歡上跟父母親差不多歲數的男性時，就很可能是因為具有深受慈父型男性吸引的「戀父情結」。**

　　跟年紀相仿的男性相比，年長的男性擁有更豐富的經驗而受人尊敬，這一點是他們的魅力。只是，這樣的關係通常都不是對等的。年紀大的一方對年紀小的一方抱持著指使的強勢態度，或是年紀小的一方對年紀大的一方過於任勞任怨時，都容易形成上下關係。但如果彼此都喜歡這樣的模式，那麼也是有可能相處得融洽。

> 如果女方的年紀小，但擁有跟年長男性一樣的成熟思考，則更有可能相處順利。

臨時放鴿子

釋　義	最後關頭才取消預定的行程
相似詞	取消約好的事情／意外中止／破局
例　句	「被人臨時放鴿子以後就沒有了下文。」

好感度：☆☆☆　｜　反感度：★★☆

早就約定好的行程卻到了當天才突然說要取消，這就叫做「臨時放鴿子」。被通知取消行程的一方大概會滿腹牢騷，心想著：「怎麼不早一點講，這樣我才可以把時間空出來啊……」而且現代的通訊如此發達，「沒辦法跟你聯絡」等等的藉口早就行不通了。

除了因為有急事、單純忘記約好的行程等等的理由，有時可能是臨時放鴿子的一方**本來就對這個行程沒興趣，或是不覺得這個約會對象有魅力**。倘若真的是令人期待的預定行程，其實根本不太可能會忘記。

被喜歡的人臨時放了好幾次鴿子時，應該就要知道這是對方的間接「拒絕」。遇到像這樣的情況時，乾脆俐落地放棄，不再窮追不捨，也是一種選擇。

> 對方突然有急事的話，臨時取消行程也是無可奈何，但最要緊的是之後的態度。要是對方的反應一點都沒有誠意的話，就應該重新檢視這段關係。

遲鈍

釋　義	欠缺細膩的體貼心思
相似詞	粗神經／沒眼色／我行我素
例　句	「那個人真的對別人的好意很遲鈍耶。」

好感度：★☆☆　｜　反感度：★☆☆

「心思細膩」（→P117）的相反性格就是「遲鈍」。感覺遲鈍的人通常都給人缺乏同理心、不機靈的印象。而且，有時候也可能會不小心說出一些無意卻傷害他人的話。

但另一方面，也因為他們的神經大條，就算被人批評或是嘲諷也不會有什麼反應，而這一點正是他們的強大之處。他們不害怕受傷，所以對戀愛總是積極主動。他們就算跟人吵架也不會吵個沒完了，另一半應該會為此感到慶幸吧。

跟感覺遲鈍的人交往的祕訣，就是任何事情都要講清楚、說明白。若是客客氣氣、拐彎抹角地講話，他們通常也聽不懂，直截了當地告訴他們「我希望你改掉這個缺點」，他們反而會好好地聽進去。

> 感覺不到別人對他們的「喜歡」，也是感覺遲鈍的人的特徵。所以別再繞圈子，直接告白就對了，而且告白以後最好也是由自己擔任主導的一方。

那時候好好道歉的話，明明ㄅ分鐘就可以結束爭吵⋯

和好

釋　義	兩人原本因為吵架等因素而感情失和，現在又恢復以往的感情
相似詞	和解／修復關係／解開誤會
例　句	「我們就算吵架了也會馬上和好。」

好感度：★★☆　反感度：★☆☆

情侶之間若希望能更理解彼此的想法與感受，偶爾吵吵架還是有其必要的。雙方在吵架以後若是都能夠反省自己，並好好地與對方道歉，那一切都沒問題。不過，有些人就算知道自己有錯，吵架以後也絕不肯低頭道歉。這樣的人明明在工作上還是會跟別人道歉，但在戀愛裡卻是死都不肯認錯。像這樣不肯好好道歉的人，通常都是以男性居多。女性常常會想不通，疑惑著：「明明只要說句道歉的話就沒事了，為什麼他就要這樣呢？」

男性之所以不肯道歉，通常都是因為**自尊心太高、不想被人抓住弱點、不想負起責任等理由**。除此之外，也有可能是**他們在跟對方耍賴**，覺得：「反正就算道歉了，應該也不會原諒我。」

> 跟人吵架卻不肯道歉，通常是因為不想被人抓住弱點、不想負起責任等等的心理因素。

喂

喂什麼喂，你以為你在叫誰

抱歉

姓名

釋　義	一個人的姓氏與名字
相似詞	名字／稱呼／叫法／綽號
例　句	「互相稱呼對方的姓名。」

好感度：★☆☆　反感度：☆☆☆

就算同時有許多人都在聊天講話，但如果有人提到關於自己的名字等等感興趣的事物時，我們自然就會聽到對方在講什麼。這樣的反應其實是我們的大腦所具有的特質之一，心理學稱之為**「雞尾酒會效應」**。所以當我們想要拉近自己與喜歡的人之間的距離時，只要盡量在交談的過程中多提及對方的名字，就能讓對方不自覺地將注意力集中到自己身上。

此外，根據心理學家查爾斯・金的實驗，發現不習慣互喚對方姓名的情侶通常都無法長相廝守。在55對情侶當中，不互喚姓名的情侶組約有八成以上在接受訪問以後的5個月內都走上分手一途。**只稱呼姓氏或用「喂」、「你啊」的方式喊對方，都會提高分手的機率**，務必要多加注意。

> 剛開始交往就要換個方式稱呼對方的話，也許會讓有些人覺得害羞、難為情。但如果不想跟對方分手的話，就鼓起勇氣試著用名字來稱呼對方吧。

煩惱

釋　義	內心有掛念的事，精神上飽受折磨
相似詞	憂慮／有煩心事
例　句	「大概只有○○才能使我的煩惱消散。」

好感度：☆☆☆ ┃ 反感度：★☆☆

每個人或多或少都會為了戀愛而煩惱。戀愛中的人總是因為不曉得對方的想法，而把自己的心情弄得忐忑不安，有時還會出現自我意識過剩（→P98）的反應，動不動就覺得「他都不看我一眼，一定是因為他討厭我」。但就算找朋友商量，也很難得到什麼有用的建議。一般來說，找人商量都是為了整理自己的思緒或狀況，找出解決煩惱之道。

但在愛情方面，**對方的心情只有本人才會知道，去接近對方才是唯一的解決辦法**。尤其是男性覺得自己受到對方依賴時，會容易產生「想要保護這個人」的情感。有些女性就會利用他們的這種心理，把煩惱諮商當成是一種戰略手段，擄獲對方的心。

> 找喜歡的人商量煩惱能夠有效地讓對方覺得受人依賴，但如果表現得太過誇張，也可能暴露出自己的企圖。

自戀狂

釋　義	無比喜歡自己的人／試圖讓自己看起來比實際上還厲害的人
相似詞	自我陶醉者／自大狂
場　所	健身俱樂部／鏡子前／社群平台／飲酒會

好感度：☆☆☆ ┃ 反感度：★★☆

自戀的人、愛吹牛的人、老是愛照鏡子的人都稱為「自戀狂」、「自戀男」。

就像許多人都會上傳許多自拍照到自己的社群平台一樣，不管是誰多少都有自戀的一面。但是這種個性極度自戀、傷害到別人也毫不在意的人，通常都患有「自戀性人格障礙」。

自戀狂的男人看起來都很有自信，領導能力又好，所以女性第一眼都會覺得他們很有魅力。不過，他們只關心自己受不受歡迎，缺乏愛人的能力跟體貼他人的能力。所以，**與他們談戀愛很有可能止步於被單方利用的關係，而使自己的內心大受打擊**。

> 自戀狂的自尊心低迷，又經不起精神上的打擊。母性的本能會讓女性迷上他們不經意露出的脆弱，全心全意地愛著他們，但結果通常是都得不到他們的回應。

搭訕

釋義	在街上隨意找不認識的女性攀談
相似詞	泡妞／痞子、混混／吃軟飯的男人
場所	街頭／聯誼／酒吧

好感度：☆☆☆ ┃ 反感度：★★☆

相對於堅持某些原則與立場的「硬派」之人，沒有任何原則或立場、容易見風轉舵的人在日本則被稱為「軟派」。從前，人們沒辦法高調地與其他異性有所來往，所以當時那些明目張膽地接近女性的男人就被稱為軟派男。現在，「軟派」一詞指「搭訕」，也就是在街頭隨機找不認識的女性攀談，而女性主動搭訕的情況則稱為「逆搭訕」。

搭訕能在短時間內吸引到異性芳心，而這樣的行為其實利用了許多種的心理學技巧。像是一開始先提出無理要求，接著才一步步地退讓的**「以退為進法」**、提出無法讓人直接回答YES或NO的問題，拖延對方回答的時間，伺機與對方開始交談的**「開放式提問法」**等等，街頭獵豔就是使用這些技巧搭訕女性，讓她們點頭答應。

平淡無奇的搭訕方式通常不容易讓女性覺得「或許答應這個人的邀約也不賴」，於是，這種街頭獵豔的行為才會運用各種心理學的小技巧。

猶豫不決

釋義	態度或立場不堅定
相似詞	優柔寡斷／黑白不分／模稜兩可
場面	婆媳問題／告白／求婚

好感度：☆☆☆ ┃ 反感度：★☆☆

像是日本關西的章魚燒、炙燒明太子等料理，有時帶點半生不熟的狀態，才能產生絕佳的口感。在社會上打滾也是同樣的道理，日本人覺得「好漢不吃眼前虧」，通常也都認為話不要說死、事不要做絕，這樣到最後才會更有利。

但在愛情方面，曖昧不明的態度反而會讓對方不耐煩，有時也會讓別人覺得這樣的人很懦弱。拿不定主意，猶豫不決時，**即使沒有惡意，也可能會不小心傷害了對方**。比如說：有人對他們表示好感時，他們卻不給對方一個清楚的回應；或者不是喜歡的人約他們出去時，卻不清楚明白地拒絕對方等等。假如真的為對方著想的話，就應該明白地讓對方知道自己沒有這個意思，這樣才是溫柔的表現。

每個人態度曖昧不明的理由有很多種，可能是拿不定主意、不希望傷害對方，或是避而不談等等。

應付不來

釋　義	不太會應對、不知道怎麼相處、自己搞不定的人
相似詞	弱點／不拿手／罩門／天敵／本能上的拒絕
例　句	「像○○那種類型的人，我雖然說上討厭，卻應付不來。」

好感度：☆☆☆　｜　反感度：★☆☆

一個人說「討厭」的時候，是明確地表達出負面的意思，而「應付不來」則比較委婉。所謂的應付不來，指的是自己有一些無能為力的理由，就算再怎麼努力也無法喜歡某件事或某個人。也就是**撇清自己的責任，表達「我會逃避這個人是出自本能的反應，責任不在於我」**。除此之外，有些面面俱到的人則會顧及當下的氣氛，當他們不想直接明講「討厭」的時候，也會用「應付不來」來代替。

有時我們覺得應付不來某人，是因為這個人做到了我們內心想要實現的願望，或擁有我們想要的情感表現，因此我們才下意識地羨慕、嫉妒對方。像這樣把自己的情感強行加諸在對方身上的行為，心理學稱為「投射」。例如：一個打扮跟行為都不討異性喜歡的人，跟一個人緣很好的人，都會覺得對方是自己應付不來的人。

> 當我們毫無理由地覺得自己應付不來某人時，除了羨慕或嫉妒對方等原因之外，也有可能是我們將自己本身投射在這個人的身上。

肉食系

釋　義	在戀愛關係當中「發起攻勢」的一方，或指這樣的性格
相似詞	積極／有行動力／擅於社交
場　所	飲酒會或聯誼的場合／立飲居酒屋、酒吧

好感度：★★☆　｜　反感度：☆☆☆

「肉食系」是用動物來比喻人的性格或在愛情方面的行為，這種類型的人就像獵食草食性動物的肉食性動物一樣，積極又具有攻擊力。「肉」也會讓人聯想到肉體，所以「肉食系」也代表對於肉體關係抱持積極、正面的態度。在傳統上，女生都要被動地等待男生的主動邀約，所以通常人們都覺得「肉食系」是屬於男人的角色。不過現在戀愛的模式愈來愈多元，所以**出現了愈來愈多主動積極的「肉食系女子」，或是處於被動的「草食系（→P118）男子」**。

肉食系的特徵是能夠坦率面對自己的心情，並對自己的容貌或能力擁有自信心。他們會主動地對喜歡的人發動攻勢，不害怕被對方甩掉，也不怕在愛情裡受傷。而且他們通常都有不錯的社交能力，是頗有魅力的戀愛對象。

> 看見對方逃跑就忍不住想追過去，是肉食系的人與生俱來的特質。想要勾起肉食系者的注意力時，最理想的方式就是稍微透露出自己的心意。

小三

釋 義	與早有家室或有女朋友的人交往的女性／做不了正宮的女性
相似詞	地下情人／備胎／方便的女人／床伴
例 句	「我這才發現妳一直都是別人的小三耶。」

好感度：☆☆☆ ┃ 反感度：★★☆

應該沒有多少人甘心當別人的第三者，不論是誰都希望自己在對方的心中是第一順位。而且成為第三者時，不僅無法公開兩個人的關係，什麼事情都是對方說了算，也不能兩個人一起度過屬於情侶的節日。

即使如此，還是有些女性甘願當別人的第三者，而這樣的人通常分為兩種類型，一種是一直抱持著「總有一天我一定會扶正」的期待，另一種人則是很明顯地只是跟對方玩玩而已。屬於後者的人通常都能從容地選擇自己想做的事，她們可能本身也是腳踏兩條船，或是交到真正的男朋友以後就會斷絕這段關係。但前者在將決定權交到對方手中的那一刻，就已經失去自己作主的權利了。

●想討好對方，結果為他做牛做馬

小三大多都是**自尊需求較低的人**，她們過於渴求愛情，而變成了一個「方便的女人」（→P131），即使再勉強自己也要迎合對方，為對方耗盡一切心力。另外，有時她們也可能還沒與對方談戀愛，就先發生肉體關係。雖然這樣的表現是出自於她們想讓對方喜歡上自己、想讓對方幸福的心情，但就是因為她們這樣做，才讓男人覺得「這樣的人當地下情人就好」。對於本能地追求獵物的男性而言，「追不到」的人才更吸引人。除此之外，男人對於「正宮」與「備胎」分得很清楚，**小三想要升格為正宮可沒那麼容易**。

●愈是遭受阻擋，就愛得愈加熱烈

不過，在甘願當小三的女性之中，有人則是**因為覺得「跟有老婆或女友的男人談戀愛」很刺激**，沉醉在這種驚險刺激的狀態，所以才會一再地與人發生不倫戀。這樣的關係具有愈受阻擋就愈覺得有趣的「卡里古拉效應」（→P63），或是阻礙愈大就愛得愈熾熱的「羅密歐與茱麗葉效應」（→P196），一旦嘗過了這樣的滋味，就無法再滿足於普通的戀愛。

刺激緊張的戀愛確實很吸引人，但最重要的還是好好地掌握自己的人生，別過度沉溺於這樣的關係。

148

破破爛爛的，有點可怕…

因為小P是我最重要的朋友～

絨毛娃娃療癒效應

釋 義	絨毛娃娃療癒人心的效果
相似詞	奈勒斯的毛毯／肢體接觸
場 所	寢室／包包裡

好感度：★☆☆　｜　反感度：☆☆☆

在嬰幼兒學習脫離父母的時期，絨毛娃娃是一種用來代替父母親，給予他們安慰的存在。心理學上將這樣的物品稱為**「過渡性客體」**。對於小孩子而言，絨毛娃娃也是他們的替身，當他們感到寂寞時，就會抱一抱、摸一摸他們的絨毛娃娃，自己滿足沒能從父母身上得到的情感。除了「絨毛娃娃的療癒效應」之外，「過渡性客體」的物品有時也被稱為「奈勒斯的毛毯」。卡通「史奴比」當中的角色奈勒斯總是隨身帶著一條毛毯，跟撫摸絨毛娃娃具有一樣的效果。

長大以後，人們對於絨毛娃娃的依賴心就不像小時候那麼地重，但通常絨毛娃娃還是會以某些形式給予人們心靈上的支持。只是把絨毛娃娃放在家裡倒是無所謂，但如果連旅行的時候都要帶著，或是平常也要放進包包帶出門的話，就會給人「幼稚」的印象，還是要注意一下才好。

●絨毛娃娃能滿足人們的親密需求

摸到軟呼呼、軟綿綿的東西時，不知為何地都會覺得內心很平靜，有種被療癒的感覺。**擁有「希望有人陪伴在身邊」的親密需求，是出自於人類的本能**，而透過觸摸便能確認他人的存在，使自己感到安心。因此，擁有強烈親密需求的人在與他人接觸時，通常都會自然地觸碰對方的手或身體，而當他們感到不安時，則會出現撫摸自己身體的舉動等等。

大人珍惜地撫摸絨毛娃娃，親暱地對著娃娃說話，也是為了滿足親密需求，想要獲得安心感。近年來已經有許多關於絨毛娃娃療癒效果的研究，有些人也採用絨毛娃娃的療癒效果作為憂鬱症的療法之一。

利用絨毛娃娃將自己的心聲傳達給親近之人，也跟絨毛娃娃的療癒效應有關。當戀人在自己的面前對著娃娃說：「你被放在這裡一定很無聊吧，乖乖喔～」或是「你也好想要一直在一起，對吧～」等等時，也可以將他們這樣的舉動當成是在向自己表達無法當面說出口的心聲。

看到有人親暱地抱著絨毛娃娃時，或許會覺得：「都這麼大的人了，怎麼還不知道害羞。」但其實這只是一種填補內心空虛的心理表現，只要溫柔地在一旁看著他們就好。

裝乖

釋 義	假裝乖巧聽話
相似詞	裝可愛／假貨／知人知面不知心
場 所	異性的面前／長官或老師的面前／男朋友的老家

好感度：★☆☆　反感度：★☆☆

家貓的起源可以追溯至古埃及。貓咪長久以來與人親近，卻未完全受到馴化，還保留著野性的部分，這一點正是貓咪神祕的魅力所在。就跟按壓貓咪腳上軟綿綿的肉球時，牠們會亮出尖銳的爪子一樣，在貓咪可愛討喜的外表之下，藏著恣意妄為、天不怕地不怕的一面。日文會用「裝貓」表示「裝乖」，「用貓的聲音講話」表示「嗲聲嗲氣」，再再展現出了**貓咪的雙重面貌**。

女人在跟男人撒嬌時會拉高音調，用「嗲聲嗲氣」的口氣說話。這是一種對他人展現出撒嬌模樣，顯示自己並無敵意、希望得到對方垂愛的行為。而「裝乖」的人則很清楚什麼時候要說場面話，什麼時候能說真心話，就算本意不是如此也說得煞有其事。這樣的人可以說很會勾引男人，又非常擅長包裝自己。

> 不過，對於男人來說，他們卻覺得這種很會哄男人的「貓一樣的女人」相當吸引人。也許這種爾虞我詐正是男女之間相互較勁的樂趣所在。

網路戀愛

釋 義	透過網際網路與人談戀愛
相似詞	虛擬戀愛／交友網站
例 句	「就說了是網路戀愛，不是那種交友網站啦！」

好感度：★☆☆　反感度：★☆☆

透過電玩遊戲、社群平台等等的網際網路世界與他人交流，已經愈來愈普遍。許多人與網路上認識的人互有好感，發展成戀愛關係。這種不受時間與地點限制，就能與對方交流的方式，也許比現實世界的交友方式，更容易邁向戀愛關係。

有一點值得特別注意，那就是**網路世界裡的人想怎麼吹牛都行**。所以即使有人在網路上捏造自己的長相、年齡、性別、興趣、職業等一切的個人資訊，也沒什麼好大驚小怪的。只在網路上談戀愛倒是無所謂，但實際上要見面的話就不是這麼一回事了。有可能一直以來都覺得對方是個還不錯的人，結果實際上卻完全相反。而且，若是花太多時間在網路上與人聊天，或是對方沒有回覆就會覺得很在意，也有可能一不小心就變成網路成癮。

> 好好利用的話，網路其實是個相當不錯的交友管道。要是想與對方有真正的發展，那麼最重要的還是回歸現實生活中的相處。

記恨

釋　義	清清楚楚地記得過去發生的不好經驗
相似詞	記仇／銘刻於心
例　句	「妳還記恨被她搶走男朋友的事嗎？」

好感度：☆☆☆　反感度：★★☆

「記恨」指的是某人造成的不愉快經驗深植在內心深處，但還是照常地過日子。一直帶著負面的情緒對於我們來說就是一種壓力，所以通常我們都會在當下就對著惹怒自己的人發洩情緒，或透過別的方式抒發。

只是，記恨型的人因為沒有好好地把情緒發洩出來，把過多的情緒累積在心底，所以會一直心存芥蒂，進而演變成恨意。最後，他們的內心深處就會一直懷著這股錯縱複雜的情感。也許他們看起來是和和氣氣地對待他們懷恨的人，實際上卻是伺機尋找報復的時機。

> 不說出內心的想法並壓抑自己情緒的人才是最容易記仇的類型。找個人發牢騷，發洩一下自己的情緒，對於心理健康而言也是相當重要的。

飲酒會

釋　義	透過喝酒聊天加深情誼的聚會
相似詞	餐會／派對／酒聚
例　句	「○○，你這次會去飲酒會吧？那我也要去！」

好感度：★☆☆　反感度：☆☆☆

最近的年輕人似乎已經不是那麼地愛喝酒，不過酒能夠消除緊張感，讓談話變得順暢，是與他人溝通交流的最佳良伴。而且，酒對於增進男女關係的發展也是一大功臣。

其中一個原因是酒精帶來的放鬆效果。聽見一個平常總是矜持端重的人喝酒之後突然冒出一句「我喜歡你」時，讓人不由得心跳漏了一拍；彼此喝酒之後都更輕鬆自在地向對方自我揭露（→P14），結果發現彼此擁有共同的興趣……這通常都會是展開一段戀情的契機。而且，少量的酒精也會使人的性慾高漲，麻痺人們的理智，有時順著當下的氣氛跟對方上床以後，也許就有可能發展成為戀愛關係。無論如何，想要和心儀的對象有更進一步的關係時，飲酒會是個非常好的機會。

> 酒精的放鬆效果偶爾也是有好處的。假裝喝醉並趁機告訴對方「我喜歡你」是挺不錯的一招，但切記別讓自己醉得不省人事。

換對象

釋　義	跟現在的對象分手，與其他人交往
相似詞	新戀情／新對象／換戀人
例　句	「她好像又換對象了。」

日本人偶爾會用「換車」來表示某人「換對象」的意思，也就是跟某人不再來往，變成與其他人有交際往來。特別是在愛情方面，「換車」指的就是與正在交往的人終止現在的關係，然後與其他人交往，也就是中文說的「換對象」。

其中，有些人在換對象時是屬於「無縫接軌」的類型，也就是分手之後立刻找到新的對象。**有戀愛成癮症（→P43）的人覺得自己不被需要時，就會感到莫名不安，所以他們會換過一個又一個的交往對象。**除此之外，有「灰姑娘情結」的人也常常換對象，她們相信「總有一天一定會出現適合我的王子」，因此不停地在追求心目中的理想對象。戀愛初期的怦然心動總有一天會消逝，在那之前建立起一段相處愉快的關係，兩人互相慰藉、彼此信任，才能使愛情走得長久。

> 也許不停地換對象能夠隨時帶來新的刺激，但我們卻不可能永遠都一直這麼做。畢竟總有一天還是會想要找到一段穩定的感情。

詛咒

釋　義	祈禱某人發生不幸或有災難臨頭
相似詞	怨恨／憎恨／洩恨
場　面	被分手的時候／不幸福的時候

這樣一來，她就是我的了…

我們到寺廟神社參拜時，都會祈求神明保佑。通常都是請神明保佑身體健康、萬事如意、早日遇見良緣等等，祈求神明讓自己或別人的狀態變得比現在更好，也就是所謂的「祈禱」。而「詛咒」則與祈禱相反，指的是內心懷抱著負面的情感，想讓別人的狀態變差。日本有個著名的詛咒，叫做「丑時參拜」，也就是在丑時三刻時，用釘子將稻草人偶釘在神社的御神木上，藉此詛咒他人。

人在遭到他人的傷害時，心中就容易充滿怨恨、悲傷、憎恨等負能量，比如說：被戀人甩掉、遭人陷害等等。這時人們就會以詛咒的形式，間接地將這些負能量轉嫁給傷害他們的人（或是上天、命運等），希望藉此回復自己失衡的精神狀態。

> 詛咒這種行為，是間接地將積累在內心裡的負能量發洩出來，希望能夠回復失衡的精神狀態。

秀恩愛

釋　義	向他人吹捧自己的配偶或戀愛對象的優點
相似詞	放閃／炫耀自己的戀人／賣弄
場　面	才剛有交往對象時／女生的聚會

好感度：★★☆ ｜ 反感度：★☆☆

一般而言，我們聽到別人秀恩愛時，都會覺得「這關我什麼事」。如果對方一直講個不停，通常也會不耐煩地覺得對方「真的很囉唆」、「能不能適可而止啊」。

但如果換成自己在跟別人秀恩愛的時候，有時我們也會不小心就忘了別人的感受，一個勁地拼命地吹捧自己的戀人。

人的優越感會讓人想要跟**別人炫耀自己是受人疼愛的**，而且秀恩愛的行為也可以說是一種**自我認可需求與自我表現欲的表現**。另外，如果秀恩愛的對象是自己的朋友，有時則會帶點耍賴的心理，覺得：「每次都是我在聽你秀恩愛，這次總該換我來放閃了吧。」

客觀而言，秀恩愛很有可能讓人覺得是一種不得體、「愛炫耀」的行為。牢牢記住「以人為鏡，可以明得失」這句話，讓自己保持著理性的言行舉止吧。

個人空間

釋　義	自己周圍的空間，一旦有人踏入這個領域，就會感覺到不愉快
相似詞	對人距離／個人領域／個人地盤
場　面	電梯裡／飲酒會／想縮短與意中人的距離時

好感度：★☆☆ ｜ 反感度：★☆☆

不論是誰都會有個「不希望別人更靠近」的距離。這樣**劃分出自己與他人界線的空間，就稱為個人空間**。由於文化背景、性別等因素，每個人與他人的距離感都不一樣，但基本上大致可分為以下4種：①公眾距離，指看得到對方的樣子或聽得到對方聲音的距離；②社交距離，可以清楚知道對方表情或聲音，但兩人接觸不到的距離；③他人距離，指伸手即可觸碰到對方的距離；④親密距離，彼此可互相碰觸的距離。親密距離是只有家人、戀人或摯友才可進入的領域，不熟的人踏入這個領域時，我們就會產生警戒或是心生厭惡。在擠滿乘客的電車等等的擁擠空間裡，通常都沒辦法堅守自己的個人空間，這時人們會採取一些迴避的行動，像是避免眼神交會、變換姿勢等等。

想知道喜歡的人是怎麼想的話，也許可以試試看不經意地縮短兩人之間的距離。如果對方沒有採取迴避的行動，也許是因為對方也有好感。

生日快樂～阿朗

你會一直陪著我對吧

虛擬戀愛

釋　義	在現實以外的空間裡談戀愛／與現實中無法相會的對象談戀愛
相似詞	想像式戀愛／妄想戀愛／模擬戀愛
例　句	「我們這個叫做虛擬戀愛，才不是外遇。」

好感度：★★☆　反感度：☆☆☆

虛擬戀愛與網路戀愛（→P150）有點相似，但戀愛對象的範圍更大，不是只有網路上認識的人而已。比如：經常有人因為迷戀電影角色或動漫人物，妄想與這些二次元裡的人談戀愛，所以虛擬戀愛的對象可能是沒辦法有實際互動的人，或者根本就只是個虛構人物。

●與存在於架空與現實之間的2.5次元的人物談戀愛

最近也出現了「2.5次元」的戀愛，而所謂「2.5次元」，就是**存在於現實與架空之間的人物**，例如：動漫配音員。對於與動漫配音員談妄想戀愛的人而言，對方只有聲音的部分是真實人聲，長相與性格還是動漫角色的樣子。這樣的戀愛對象並不會以一個真正的血肉之軀，陪伴在自己的身旁。

此外，虛擬歌手等網路偶像、戀愛虛擬遊戲等等也都大受歡迎，加上近年來的AI技術一直在進步，也讓人覺得與虛擬世界裡的人物談戀愛更有真實感。

●虛擬戀愛是滿足自己的戀愛

各式各樣的虛擬戀愛能讓人簡單地就能滿足戀愛需求。而且也有人認為，虛擬戀愛跟真實的戀愛一樣，能讓人分泌幸福荷爾蒙，具有放鬆身心及養顏美容的效果。

虛擬戀愛的好處之一，是自己愛怎麼做就怎麼做，可以隨心所欲地享受著開心甜蜜的戀愛。但真實戀愛就不可能如此，畢竟是跟一個有血有肉的真人在談戀愛，基本上不可能一切都只按照自己的想法，有時對方會鬧情緒，有時會覺得對方沒那麼愛自己，想要見面的時候還可能挪不出時間……有許多不方便、不自由的情況。而虛擬戀愛則不同於這種麻煩又累人的真實戀愛，既不會讓自己跟戀愛對象在愛情裡受傷，也不會像婚外情一樣擾亂社會秩序。

真實的戀愛能帶給人無比的幸福感，同時也會讓人充分體會到不安、焦急、嫉妒等等的負面情感。但正因為與對方有這樣的情感交流，才讓一個人有所成長。

若是過度沉迷於滿足自己的虛擬戀愛，可能讓人再也沒辦法談真實的戀愛。換句話說，與虛擬對象之間的戀愛其實就是自己與自己在談戀愛。

在大公司上班，
年收破千萬，
長相也還不錯…

為什麼會來參加
婚活…反而覺得
怪怪的…

高規格

釋　義	具有多項成為戀愛、結婚對象的理想條件
相似詞	高富帥／3高男
場　面	聯誼／女生在洗手間裡的對話／女生聚會

好感度：★★☆　反感度：★☆☆

「**高**規格」本來指的是家電或電腦的品質好、功能豐富、操作方便，後來日本人也用來形容**長得好看、能力又好、收入高的異性**。

許多人談戀愛都是先看感覺，像是跟對方有沒有話題、個性合不合的來、相處起來是否愉快等等，但是高規格一詞卻有種只以條件判斷是否要交往的冷酷感，跟這些有溫度的感覺完全扯不上關係。在追求理想的戀愛或結婚對象時，雖然有判斷的基準會比較方便，卻也容易對對方塑造成自己理想的模樣，等到真的交往以後，才後悔著：「沒想到他會是這樣的人。」

一致的價值觀是支持一段愛情或婚姻重要要素。若一味地追求理想，交往以後可能就會後悔：「不應該是這樣才對……」

擁抱

釋　義	歐美的打招呼方式，懷著親近之意抱緊對方
相似詞	相擁／摟抱／抱緊
例　句	「我可以跟你擁抱一下嗎？」

好感度：★★★　反感度：☆☆☆

在歐美國家，親子或朋友等關係較親密的人，都會用擁抱的方式與對方打招呼。如果提出要擁抱的人是外國人時，我們也會順應對方的要求來個擁抱式的打招呼。此外，像是在觀看運動比賽時支持的選手或隊伍得分、跨年夜的倒數計時等氣氛特別嗨的時候，即使不是夫妻或是情侶的日本人，也會有相互擁抱的舉動出現。

與親近的對象有牽手、擁抱、按摩等肢體接觸（→P112）時，人的大腦就會分泌一種愛情荷爾蒙「催產素」，而且一般認為催產素能帶來**放鬆身心、加深感情的功效**。除此之外，失落的時候若有人牽著我們的手或搓搓我們的肩膀，也會讓內心感覺暖暖的。當自己的戀人一語不發地就緊緊地抱住自己時更是如此，覺得悲傷的心情都被治好了，被一股安心感緊緊包圍住。

找個好時機與自己的意中人來個擁抱，也是很不錯的一招。這樣或許能讓對方注意到自己，也讓對方產生好感。

顧左右而言他

釋　義	含糊地帶過不想講的事情
相似詞	支支吾吾／支吾其詞／含糊其辭
場　面	被人窺探私事／說謊時

好感度：★★☆　　反感度：★★☆

講話時總是顧左右而言他的人，基本上都屬於神祕主義者，同時也有很強的防備心。神祕主義者願意向他人自我揭露的範圍比一般人小，所以旁人會覺得他們就連一點小事也都不肯跟人講。由於他們講話時總是顧左右而言他，有時也會給人「難以捉摸」、「難以信任」等印象。

●當對方顧左右而言他時，會讓人更想一探究竟

換個角度想，這種神祕的面貌有時也是一種魅力。就像半開的門總會讓人想一窺門後的樣子，比起毫不掩飾的人，帶點神祕的人本來就更會讓旁人產生「想要了解這個人」的欲望。所以，想讓喜歡的人對自己更有興趣的話，就應該在聊到重點內容時顧左右而言他，要是把關於自己的任何事都告訴對方，會造成反效果。這種**「想要了解這個人」的好奇心，也許最後就會轉變成好感。**

不過，這樣的手段僅限於剛開始的時候使用。心理學上認為**彼此都要擴大自己的自我揭露範圍，兩人的互動才會變得順利，關係才會變得更親密，**在人際關係中，只想要知道關於對方的事，卻含糊帶過自己的事情，並不是一種公平的行為。

●如何應付愛挖掘他人隱私的人

在這世上還存在另一種人，他們會自顧自地拼命地說著自己的私事，一副「我都說成這樣了，你也要比照辦理」的樣子，挖掘他人的隱私。對於這種人就算再怎麼含糊其辭，他們還是會像甩不掉的牛皮糖一樣一直黏過來。

對於這種愛挖掘他人隱私的人，或許可以用以下的方式應付。第一個方法就是當對方提出問題時，用一樣的問題反問回去。如果對方不想回答，就會主動地切換話題，應該不會再繼續追問方才的問題。另外，斬釘截鐵地拒絕回答也是個很有效的方式。下次遇到這樣的人時，就明白地讓對方知道「我不想要談這個話題」。

> 讓對方了解關於自己的事，是一種信任對方的證明。假如不想對某人透露太多關於自己的事情，就要善用「顧左右而言他」的技巧；如果要好好地建立起彼此的信賴關係，那麼回答時就直言不諱地滿足對方的好奇心吧。

鼓勵

釋　　義	希望透過言語、態度讓他人打起精神或鼓起勇氣
相似詞	打氣／提振精神／鼓舞
場　　面	面對失戀、失敗的人時

好感度：★★☆　反感度：★☆☆

看見自己重視的人煩惱、痛苦的樣子時，應該有許多人都希望能給他們一些鼓勵。只是，鼓勵的話能不能起到作用，就要看對方的狀態或情況。如果對方還沒整理好自己的思緒，就不明就裡地出聲鼓勵他們要積極往前邁進，反而會讓對方有種被強迫的感覺，覺得：「我一定要積極地向前看才行嗎？」感受到沉重的壓力。

　　鼓勵他人時要盡量做到尊重對方的心情，站在對方的立場，用「我懂你的感受」、「你一定很難受」等等的話，讓對方知道自己也感同身受，這樣才更能打動對方的心。無論如何，難過的時候若有人為自己加油打氣，都會令人覺得開心。有不少人也是因為受到鼓勵，才與鼓勵自己的人展開戀情。

> 心情低落的時候，若有人為自己打氣、帶給自己勇氣，都會讓人相當感激。希望對方對自己有好感的話，就要站在對方的立場，真心實意地鼓勵對方。

害羞

釋　　義	因為失敗或被人稱讚等等，而不想出現在大家面前的一種心情
相似詞	難為情／羞人／面紅耳赤
例　　句	「我今天沒有化妝，覺得很害羞！不想讓你看到啦！」

好感度：★★☆　反感度：★★☆

就像有些害羞的人會說：「好想挖個洞把自己埋起來。」害羞其實就是一種自責、不想讓人看見自己的心情。不過，有時候當事者覺得害羞到沒辦法抬起頭的事情，其實在別人眼中根本沒這麼誇張，反而還讓人覺得有些親近。

　　有時看見別人的弱點，就會讓人感同身受「其實我也是這樣」，或是湧現出「他看起來很煩惱，我想幫助他」的保護欲，而這樣的反應也可以說是與**「落水狗效應」**有所關連。落水狗效應原本是政治方面的心理用語，後來衍伸為**想要為處於下風、情況不利的人加油打氣的一種效應**。一般人都不希望遇到害羞的事，但害羞的反應有時更會激發對方產生這種正面情感，因此落水狗效應在戀愛方面也有很不錯的效果。

> 不論是誰都會害怕失敗，但偶爾露出害羞的反應，或許就能讓戀愛的種子萌芽。

我好像不適合結婚…

離婚一次

釋　義	有過一次離婚經驗
相似詞	恢復單身／婚姻失敗／二次離婚
例　句	「其實我離過一次婚……」

好感度：★☆☆　　反感度：★☆☆

從前不論是社會觀感還是個人心理，都對「離婚」非常地排斥與抗拒，在聽到某人離過婚時，也會對這個人產生不好的印象。但在現代社會裡，離過一次婚的人，甚至是離過兩次婚的人都愈來愈常見。而且，現在想結婚卻結不了婚的人也愈來愈多，所以有人認為，離過一次婚的人代表他們在個性與收入方面「都具備能與他人結婚的能力」，**也許會是個相當不錯的交往對象或結婚對象。**

　　但要跟有過一段婚姻的人結婚之前，一定要先確認對方離婚的原因。有時對方可能不會坦白，所以也可以問問看彼此的共同朋友。另外，如果對方有孩子的話，也要確認好關於「與孩子見面」的頻率、「孩子的教養費用」等等。

●離過一次婚的人，都體會過婚姻當中酸甜苦辣的滋味

　　只因為對方曾經離過婚，就在挑選交往對象時將對方排除在外，實在是有些可惜。雖說對方有離婚的經驗，但不代表就不能跟其他人好好交往、相處。他們不僅有婚姻經驗，也有與他人共同生活的相關經驗，所以就這層意義而言，或許他們也有相當可靠的一面。

●若是愛吹噓自己離婚經驗的人，那就要格外注意

　　有一點一定要多加注意，那就是對方是不是一個**不會從失敗中記取教訓的人**。有些人會把一切的過錯都推給別人，也不覺得離婚是他們的錯。即使是因為自己外遇而導致婚姻破滅，這樣的人也會推卸責任，認為「我會外遇都是因為另一半不能體諒我、理解我」、「我在這個家裡得不到安慰」等等。

　　這樣的人通常不會覺得有罪惡感，所以總愛到處吹噓自己離婚的事。如果有個人明明沒有人問他們，卻主動地把自己的離婚經驗講給其他人知道，同時又把責任全部推給前配偶的話，那就要多加小心。

　　有過婚姻經驗的人通常都會變得更有魅力，人生歷練也會比較豐富。大多數的人都會從失敗中學習，努力讓下一次的行動圓滿成功，這些離過婚的人也許就會在第二段婚姻中得到美滿幸福的生活。

初戀

釋　義	出生以後的第一次戀愛
相似詞	初春的第一道南風／早春之戀
場　所	國語課本／文學作品、電影／戀愛歌曲

好感度：★★☆　反感度：☆☆☆

本詩人島崎藤村的作品中，有一首詩就叫做《初戀》。除了這首詩，世界各地也都有以初戀為主題的作品。只不過，當我們在思考「什麼是初戀？」時，都覺得「初戀」的定義既曖昧又模糊。喜歡上一個人的心情，每個人都不一樣，感受程度也各不同。有些人也會好奇在過去的這些感情當中，到底哪一段才算得上是自己的初戀？

但就算初戀沒有明確的形式，**「初戀」一詞給人的印象一樣鮮明而強烈，芬芳又甘甜。**不是也有許多人都將自己的理想戀愛寄託於初戀嗎？初戀有時會經過美化，有著許多青春的閃亮回憶，讓許多人久久難以忘懷（柴嘉尼效應）。

> 有些人會將初戀當成是理想的愛情模樣，無法忘懷。尤其是無疾而終的初戀，更容易留在心中，不易褪去。

初次約會

釋　義	與某個人的第一次約會／人生中的第一次約會
相似詞	First date
場　所	主題樂園／電影院／風景勝地

好感度：★★★　反感度：☆☆☆

次約會指的是兩人第一次單獨外出，**是為了與在意的對象更親近而進行的一項**活動。只要兩人在這之後有更進一步的交往，那這場約會對於兩人而言便是第一次的約會。不過，有的人可能只是以朋友的立場提出邀約，所以有時受邀的人興沖沖地赴約，卻只是聽對方發發牢騷就回家了。

此外，就算跟對方約過一次會，也不代表有機會交往。因為有些人就算沒有想跟對方交往的意思，也會答應對方提出的約會。

話雖如此，約會過程中對方的態度、動作，多少**還是能看出對方有沒有好感。**交談時四目相接，或彼此離得更近，都是有好感的表現。雖然自己提起下一次約會，會讓人很緊張，但若對方也積極地答應，就代表對方也想加強兩人日後的關係。

> 第一次約會對於兩人而言都是重要的一步。若要來場成功的第一次約會，那麼不僅要好好地展現出自己，還要準確地掌握住對方的反應。

我覺得
圓嘟嘟的人
很可愛，
我喜歡！

肌肉好有
男子氣概，
好帥！

八面玲瓏

釋　義	不論對誰都是一副客氣、親切的樣子
相似詞	乖巧伶俐／面面俱到／資優生／裝乖
例　句	「○○是個八面玲瓏的人，所以才那麼有男人緣。」

好感度：★☆☆　　反感度：★★☆

八面玲瓏的人不論對誰都是和顏悅色的樣子，「八面玲瓏」乍看之下是個用來稱讚他人的形容詞，實際上卻帶有「明明就是個陰險、壞心眼的人，卻把自己偽裝得這麼好」的意思。不過，在現實生活中，多數的人都會笑瞇瞇地對待別人，即使自己內心的想法不是如此，也會應和對方。

因為太過主張自己的意見，或常常板著一張臉不說話，就容易被人說是「固執己見」、「無趣又呆版」。所以一般人表面上都會帶著一張笑臉，只有在信任的人面前才會吐露出自己的真心話。而八面玲瓏的人則是一種**自我防備意識非常強烈的人，就算在朋友面前也不會敞開心扉**。

●在愛情裡容易成為問題的起源

八面玲瓏的人實際上並沒有自信，而且擁有**「不想被任何人討厭」的執念**，所以他們經常不自覺地出現討好他人的言行舉止。

但他們在談戀愛時，也容易做出讓其他人產生好感的舉動，所以常常造成一些問題。他們不想被自己喜歡的人討厭，也不想要被其他人討厭，所以會跟其他人保持著恰如其分的來往，卻可能因此讓別人覺得是「腳踏兩條船」；或是對某人完全沒有感覺，卻因為自己的舉動而不小心讓對方誤解「這個人或許喜歡我」。最後有可能傷害了對方，使對方懷恨在心。

●八面玲瓏的個性看似賺到，實際上卻是吃虧

另外，習慣了八面玲瓏的作風，壞處就是不容易表達出自己的想法與意見。畢竟堅持自己的想法，就無可避免跟旁人有所衝突，肯定會有人面露不悅。但只要不表達出自己的想法，就不會被任何人討厭嗎？其實也並非如此。有時也可能因此讓旁人覺得自己是個沒有主見的人，而離自己遠去。

> 喜不喜歡、討不討厭，都是個人的感受，我們並不能去控制對方的這些想法與感受。與其想著「不想被對方討厭」，還不如找到一個能讓我們坦率地面對自己的人。

煙火

釋　義	引爆火藥後欣賞火花綻放時的顏色與聲音
相似詞	煙花／爆竹
場　面	約會／河岸、海邊／夜晚／露營

好感度：★☆☆　　反感度：☆☆☆

近幾年來也有許多煙火大會在冬天舉辦，但論起煙火，果然還是專屬夏天的風景。夏天同時也是一個讓人更放得開的季節，在夏季的夜空中綻放出絢爛火花的浪漫煙火，是促進戀情發展的最佳舞台。

我們都知道，煙火之所以要選在晚上施放，是因為就心理學的角度而言，同處於黑暗的環境之中會比身在明亮的環境裡，**更容易縮短人與人之間的距離**。此外，火焰還具有**療癒人心、使人興奮、增進親密度等效果**。亦有人說，看著煙火在點燃後轉瞬即逝的樣子，**有時會讓人想找個人說話、做個伴，或讓人感到人生如白駒過隙**。另外，與另一半一起去看煙火時，也可以換上浴衣等等，趁機讓對方瞧瞧不同於平時的自己。

> 煙火充滿了加速戀情升溫的要素。當兩人的關係沒什麼進展時，也許邀請對方一起去看煙火，就會有不錯的發展。

你也收到太多了吧

情人節

釋　義	基督教紀念某位殉道者的日子／向戀人、親近的人傳達愛與感謝的日子
相似詞	2月14日
場　所	鞋櫃／校園裡

好感度：★★☆　　反感度：☆☆☆

情人節在日本被認為是一個「女性贈送本命巧克力給喜歡的人，向對方告白的日子」，但其實這是巧克力商家炒作出來的噱頭。在歐美國家，情人節原本是一個與戀人、朋友或家人互贈卡片、花束的日子，只是在日本有了獨樹一格的發展。現在，女生在情人節當天送巧克力的對象也愈來愈廣泛，除了本命巧克力之外，還多了「友情巧克力」、「獎勵巧克力」等等，送巧克力不等於就是「向對方告白」。

但對於收巧克力的男性而言，能不能在情人節當天收到巧克力卻是個重要至極的問題。因為**巧克力數量多寡，是他們向周圍炫耀自身魅力的一種指標**。比其他的男性朋友或是同班同學收到更多的巧克力，就會讓男性覺得更有自信。

> 有的人哪怕只是多收到一個也好，只要能在情人節當天比其他人收到更多的巧克力，就會讓他們覺得有優越感。

遭到反對

釋 義	他人以言語或態度表達出與自己的想法完全相反的意見
相似詞	遭到否決／有異議／不被認可
場 面	跟已婚、有家庭的人或已有訂婚對象的人談戀愛時

好感度：★☆☆ ┃ 反感度：★★☆

根據某本女性雜誌的調查，針對「是否有過遭人反對交往的經驗」的問題，約有半數的女性受訪者回答「是」。回答「是」的受訪者大多是因為金錢方面的問題，或是對方與女性的關係問題，而遭到家人或朋友反對。進一步詢問她們「妳真的有接受旁人的勸告嗎」，大約有7成的人回答「沒有」。可見就算遭到反對，要放棄喜歡一個人也不容易。再說了，與某人的戀情受到阻擋時，本來就更容易愛得愈來愈熾熱，這個效果稱為「羅密歐與茱麗葉效應」（→P196）。

另外，人類有一種心理現象就叫做「心理抗拒」，**意思是當我們覺得快要失去某些事物時，就更覺得這個人很有魅力**。所以當周遭的人都反對自己跟這個人在一起時，等於是火上澆油。

> 周遭的人愈是反對，有時會讓人愛得愈加熱烈。但還是要冷靜地思考一下旁人反對這段戀情的原因。

停損點

釋 義	結束某件事情的最佳時機點
相似詞	機會／節骨眼／時機
例 句	「妳說他老婆懷孕了？……也該是時候幫自己設定停損點了。」

好感度：★☆☆ ┃ 反感度：★★☆

情侶在剛開始交往時，彼此都會感到新鮮，覺得與對方在一起的時光很開心，但有時隨著時間的流逝，也會慢慢地發現對方不好的一面。一旦覺得「跟這個人交往很開心，卻不是我想要結婚的那個人」，自然地就會開始考慮該在什麼時候結束這一段戀情。戀愛要**拿得起、放得下**，但感情的停損點究竟要設在哪裡才是對的呢？

其實，重要的是弄清楚**對方究竟對自己還有沒有意思**。如果對方傳訊息或打電話聯絡的頻率減少，或是約會中頻頻盯著手機看，那就可以百分之百確定對方已經對自己沒興趣了。別逃避兩人目前的關係，與對方討論關於未來的規劃，設定好停損點才是最重要的。

> 當其中一方已經沒有那個心思了，那就是該放手的時機。重要的是想清楚自己的人生是否非他不可。

美人

釋　義	外表漂亮的女性
相似詞	美女／佳人／玉人
例　句	「她真是世界第一美人。」

好感度：★★☆　反感度：☆☆☆

美人指的是擁有姣好容顏的女性，且其美貌受到眾人公認。舉世無雙的美人被稱為「絕世美人」，美貌足以傾覆邦國的美人則稱為「傾國美人」，她們的美貌不只具備個人影響力，更是影響到整個國家，乃至世界。

日本公認的「世界三大美人」分別是日本和歌詩人小野小町、中國的楊貴妃，以及魅惑羅馬將軍的埃及豔后。這些美女都象徵著讓身負國家重責的男性為之傾倒、將他們玩弄於股掌之間的**紅顏禍水**。楊貴妃正是歷史上著名的「傾國美人」，據說皇帝過度寵愛楊貴妃，因而引起叛亂。

●「美女與野獸」──超越外表的魅力

提到美女，都會讓人想到著名的迪士尼動畫以及音樂劇《美女與野獸》。故事的主角叫做貝兒，她是一名聰明又漂亮的女孩，卻與民風封閉的村子格格不入，後來貝兒與一名遭魔女詛咒而變成野獸的王子墜入愛河。而這則故事其實還隱含著另一個意思，告訴人們：「不要被外表蒙騙，要看見對方內在的美。」

但就心理方面而言，一般都認為容貌差距過大的兩個人不可能在一起，「美女與野獸」的組合（或是男女對調）基本上非常難以成立。因為，雙方合意的「市場原則」會先在俊男美女之間運作。

形成「美女與野獸」組合的唯一一例外，就是野獸的一方**具備勝過外表的附加魅力**。以《美女與野獸》的貝兒為例，貝兒一直都受到村民的孤立，只愛看書的她完全沒有跟男人聊天的經驗，而野獸則是第一個與貝兒交談的男人。貝兒在與野獸一起生活的過程中，慢慢地被野獸內在的溫柔所吸引。對於貝兒來說，野獸的知性以及溫柔有著超越其外表的魅力。

由此可知，透過其他的附加價值，例如：真心誠意、金錢等等，也能讓外表有落差的兩人成為一對情侶。

通常人在談戀愛的時候都會選擇跟自己相同程度的人。長得漂亮的美人通常都容易跟長得好看的人在一起，或是跟擁有其他勝過相貌價值的人成為伴侶。

一見鍾情

釋　義	瞬間喜歡上第一次見面的人
相似詞	閃電般的戀情／墜入愛河／一見傾心
場　面	新學期、轉學生／電車上／派對上

好感度：★★☆ ｜ 反感度：☆☆☆

每個人喜歡的類型或理想的類型都不一樣，有的人喜歡會運動、個性爽朗的類型，有的人則喜歡一頭烏黑長髮的清純型。當某個出現在自己面前的人具備自己喜好的戀人特徵時，就會發生一見鍾情。

人類有個特性，那就是一看到對方具備自己喜好的特徵時，會誤以為對方是個完美無缺的人（輪暈效應）。一旦形成這樣的想法，就算對方後來暴露出其他的缺點，也已經無法做出正確的判斷，因為自己早已經美化了對方的形象。這就是一見鍾情的形成機制。另外，有時則是因為「不想這個人被別人搶走」的本能反應，才會出現這種火速展開的一見鍾情。尤其是男性還會受到競爭意識的影響，而出現「我要比任何人都早一步搶下這麼有魅力的人！」的心理。

始於一見鍾情的情侶，都是彼此天生就喜歡的類型，因此大部分都能維持較長久的關係。

我現在一個人來泰國快閃旅行

下週去摩洛哥，再下週雪也……

獨行俠

釋　義	想獨處、獨自行動的一種特質
相似詞	孤獨一匹狼／喜歡獨處／法外之徒／我行我素
場　所	酒吧／青年旅館／美術館

好感度：★★☆ ｜ 反感度：★☆☆

若在從前，一般人都會以「孤獨、寂寞」的印象去看待獨自行動的人，但現在則另當別論，一個人想做什麼就做什麼，反而給人獨立自主、生氣蓬勃的正面印象。不過，如果是想要談戀愛卻找不到對象，就又是另一回事了。有些人就像《伊索寓言》的故事「狐狸與葡萄」裡面吃不到葡萄的狐狸一樣，讓周遭的人覺得：「還說什麼喜歡自己一個人，分明就是嘴硬。」

不過，也有不少人是因為討厭受到束縛、不想要失去自己的時間，而決定不談戀愛、不結婚。實際上的確如此，即使只是約會，也要配合雙方的時間，還要決定約會的地點等等，要耗費許多時間與精力來準備。尤其是早就已經習慣獨自生活的人，更會覺得配合別人是一件很麻煩的事。

其實也有許多人沒有真的要單身一輩子的心理準備。這是因為他們的內心感到矛盾，雖然喜歡自己一個人的生活，卻不喜歡孤獨與寂寞。

夫婦

釋　義	締結婚姻關係的兩個人
相似詞	夫妻／眷侶
例　句	「那兩個人真是一對理想的夫婦呢～」

好感度：★★☆　反感度：★☆☆

那怕是再相愛的情侶，一旦成為了夫妻之後，也難以維持當初交往時的感覺。一起生活以後才漸漸發現對方討厭的地方，彼此自然都會產生不滿的情緒。特別是有了孩子以後，有時也會因為現實問題而產生意見衝突，像是要在哪間醫院生產、何時之前要準備好備產用品跟新生兒用品、小孩長大以後要讀哪一間學校等等。戀愛時的悸動早已消失，成為一家人、共同養育孩子的感覺則愈來愈強。

許多夫妻**隨著人生階段的改變，兩人之間的愛就愈來愈淡**。根據某項調查顯示，在女方懷孕的這段期間裡，約有74％的夫妻覺得自己真的愛著另一半，而在孩子出生以後，只有50％的夫妻覺得自己真的愛著另一半（Benesse次世代育成研究所整理／2011年）。

妻子對於丈夫的愛，通常都是視丈夫對於家務及育兒的協助程度而增減。當妻子看見丈夫完全不做家事，也不照顧小孩時，對於丈夫的愛就會自然地消退。有些丈夫則是覺得妻子在婚後或小孩出生後變得跟以前不一樣，而漸漸地不再那麼愛對方。當他們跟不上妻子的心情轉變時，兩個人的心就會漸行漸遠。

●夫妻愈少交談，離婚的可能性愈高

結婚多年的夫妻太過習慣彼此之間的互動，所以跟對方交流、溝通的機會也會減少。但對於夫妻而言，維持感情最重要的一點就是溝通與交流。

調查離婚夫妻的共通點以後，發現一項數據，那就是這些夫妻在一天內的交談時間並不長，約在30分鐘以內。根據心理學家高特曼的調查結果發現，**交談時沒有眼神交流的夫妻，以及習慣否定對方的夫妻，離婚機率都較高。**

另外，兩個人能夠一起獲得滿足感，也是一件很重要的事情。雖然已經沒有了戀愛那種悸動的感覺，但透過與對方共享時光，感受到快樂以及安心的感受，也可以說是一種幸福的夫妻生活。若兩個人能夠攜手度過人生當中的數度危機，例如：遭遇至親過世等衝擊，對於夫妻的感情同樣也會有所幫助。

> 離婚的夫婦有個共通點，那就是一天的對話時間不超過30分鐘。即使少了情侶之間的心動感，只要重視彼此之間的交流與溝通，一樣能維持圓滿的婚姻。

165

戀物癖

釋　義	對於某人體部位或某些東西有強烈的喜愛
相似詞	偏愛／嗜好／性癖
例　句	「我是對手有特別偏好的戀物癖～」

好感度：★☆☆ ｜ 反感度：★☆☆

戀物癖指的是對於特定的身體部位、身上穿戴的物品或某些身體情況等等，產生性方面的興奮感或執著的心態，每個戀物者的戀物對象都各不相同。對於異性的身體感興趣，是任何人都會出現的正常反應，但如果只對特定的身體部位有所反應，就可以說是一種戀物癖。現今，戀物癖一詞大多用於**表示「對於特定的對象物具有強烈的執著」**。

根據佛洛依德的理論，他認為戀物癖是人們對於**「閹割恐懼」**的表現。所謂的閹割恐懼，是由於幼年期的性衝動受到父母壓抑，而產生的一種心理反應。有的人因為無法暴露出自己有戀物癖的性格而感到痛苦；有一些人雖然有伴侶，卻只對特定的對象才有性衝動，因此無法從伴侶身上獲得滿足，最後導致戀愛關係決裂。

> 佛洛依德認為，戀物癖是「閹割恐懼」的表現。有的人雖然有伴侶，與伴侶之間的性行為卻滿足不了他們，最後導致關係決裂。

我…
改了什麼嗎？

不高興

釋　義	心情很差的樣子
相似詞	心情不好／鬧彆扭／不爽
例　句	「你看起來怎麼一副不高興的樣子？」

好感度：☆☆☆ ｜ 反感度：★★☆

當身體不適或心理壓力等因素導致心情低落時，由表情或言語動作呈現出的內在情緒，就稱為「不高興」。心理學上則以**「自我消耗」**的現象來解釋這種不高興的狀態。人在為了某件事勉強自己時，就會消耗掉大量的意志力，連帶影響到其他方面，所以這時就控制不了自己，再也沒辦法保持愉悅的心情。

「不必想著如何讓不開心的人恢復心情，置之不理便可」是應付他人心情不好的最佳方式。當戀人或配偶不高興時，另一半通常都會表現出戰戰兢兢的態度，心想：「該不會是我害的吧……」但是這樣的態度大多時候都會造成反效果。所以，只要肯定地告訴自己「那不關我的事」，若無其事地跟對方互動就行了。

> 有一些人是故意表現出不爽的態度，想讓對方來幫他們消除內心的不滿情緒。因此最重要的是冷靜應付，別隨著對方起舞。

復合

釋　義	關係已破裂的人和好如初
相似詞	修復關係／破鏡重圓／死灰復燃
場　面	分居／冷靜期／偶然遇見前男友（前女友）時

好感度：★☆☆　　反感度：★★☆

想與念念不忘的前任情人復合，是一種很自然的情感。兩個人在一起的時間愈長，分手後的孤獨感就會愈加深刻。畢竟，人總是要失去以後才懂得珍惜。也因為明白失去的不能重來，才會有深深的失落感。大概就是在這種時候，才希望能與前任情人復合吧。

●為什麼沒辦法順利地復合

　　希望與前任復合的人很多，實際上卻很少有情侶順利復合。從婚活情報網站的數據來看，情侶成功復合的比例僅占了整體的2成，在其他的調查當中，也有6成以上的人都回答「復合以後還是分手了」，這些都說明了情侶要成功復合有多麼地難。

　　情侶復合以後無法順利走下去的其中一個原因，是因為人在分手以後隨著時間的流逝，就會漸漸地忘記對方的缺點，所以復合的時候，對方在自己心中的形象已經是經過美化的樣子。可是，人的性格與價值觀基本上不會有太大的轉變，所以有很多情侶就算成功地復合，也會在重新交往的過程中再一次看見從前就覺得討厭的地方，最後還是分手。尤其是男人的**特性就是「得不到的才是最好的」**，曾經到手的前任情人本來就不容易讓他們再次產生興趣。

●即使如此，還是想與舊情人重修舊好

　　即使如此還是想與前任情人復合的話，就要看當初分手的理由是什麼，或許還是有重新在一起的機會。如果當初是因為彼此的價值觀不合、自己絕不能接受對方某些缺點等原因而分手的話，那麼就算重新在一起，也不太可能順利地走下去；但如果是因為遠距離戀愛、課業或事業繁忙等外力因素，**而不是因為彼此的個性合不來，那麼復合也不是完全不可能的事。**

　　如果無論如何都想要跟舊情人復合的話，最好的做法就是先拉開彼此的距離，試著重新檢視當初會分手的原因，或努力地讓自己成長。若是彼此都已經有所成長了，不再是從前的樣子，那麼復合以後也許有可能順利地走下去。

不滿

釋　義	不滿足／不贊成他人的意見
相似詞	美中不足／有意見／不服氣
場　面	約會的場所／夫妻吵架時／分攤家務時

好感度：☆☆☆　|　反感度：★★☆

人在剛交往或新婚時期，都會覺得對方完美無缺。只是相處的時間一久，就不會再感到百分之百的滿足，總覺得哪裡讓人不滿。其中一個原因，是因為戀愛帶來的飄飄然（→P179）感覺已經平靜下來。另外，希望將自己完美的一面展現給對方看的心情也會愈來愈淡，容易表現出自己真實的一面，出現愈來愈多欠缺思慮的行為。

●心情焦躁的時候，只看得到對方缺點

對於另一半的不滿，也會隨著自己的心理狀況而有所變化。人在焦慮時完全看不到對方好的一面，只會放大對方的缺點，心理學上將這樣的現象稱為「心情一致性效果」。當自己感到幸福又充滿自信時，看見的就會是好的一面；相反地，當自信心不足，心情又不好的時候，自然就只會看到壞的一面。

每個人都有自己的優點與缺點，通常這些優點與缺點也會像硬幣一樣，有著正反兩面。例如：「有邏輯性，又有決斷力」以及「沒有人情味」都是同一種個性特徵，只是一個是正面看待，一個則是從反面而論。人在心情不好的時候，就容易接受到負面訊息，所以心情焦躁的人容易負面地看待接收到的訊息。

●改變自己會比改變他人更容易

要改變他人的性格或行為模式，是一件相當難的事情。只因為不滿就直接把氣出在對方身上，也不是根本的解決之道。如果覺得自己在跟對方相處時變得愈來愈煩躁的話，首先要做的就是重新審視自己。也許是因為自己沒有信心，才會出現這樣的負面情緒。對方有對方的缺點，自己何嘗不是如此，所以重要的就是偶爾也要接受「彼此都是半斤八兩」。

但就算重新檢視自己，還是一點都沒有消除這種不滿的情緒時，那就代表彼此根本不適合在一起。若是這種情況，也許就應該認清彼此合不來的事實，不妨考慮分手的選項。

> 覺得自己對另一半感到不滿的話，改變自己的心理狀態會比改變對方來得更加省事。首先還是重新審視一下自己的狀態吧。

抱歉

我沒打算
這麼做的

柏拉圖式戀愛

釋　義	精神層面的／清純／不發生性行為
相似詞	博愛／師徒愛／純愛
例　句	「我對她像是對待妹妹一般一樣，我們是柏拉圖式戀愛。」

好感度：★☆☆　反感度：★☆☆

一般來說，柏拉圖式戀愛指的是沒有肉體接觸的戀愛。原本是一種由年長者與少年（學生、徒弟）形成關係、認為精神的結合遠勝於肉體接觸的愛情觀念。這種愛情的形式出自於蘇格拉底的發言，並由古希臘哲學家柏拉圖記錄在其著作《會飲篇》之中。

●無關性慾才是真正的愛？

從前的人認為婚前性行為是一種不可取的行為，在那個時代，少年少女之間流行著「不帶著邪惡性慾的愛，才是真正的愛」的愛情觀，在一些流行小說或漫畫裡，也把毫無肢體接觸的戀愛關係描繪成「理想的戀愛」。比如：當男生對女生不經意的動作產生色情的想法時，就會覺得自己的想法太齷齪，接著就出現在瀑布下修行等等情節。

戀愛情感本來就是性慾的延伸，**是人類身為動物的證據**。否定性慾可說是一種違反自然的行為。只不過，在某些覺得「性慾就是麻煩」的人們之間，似乎開始流行起柏拉圖式的戀愛。各式各樣的現代娛樂使人類不再以性愛為優先、在愛情裡處於被動的草食系（→P118）男子與日俱增、各種人造環境使人們本能的性慾漸漸降低……這些都是柏拉圖式戀愛興起的背景。

●柏拉圖式戀愛的婚外情愈來愈多

另外，不被社會認可的婚外情等男女關係，似乎也流行起柏拉圖式的戀愛。但與其說是精神上的戀愛與結合，更讓人覺得是在找藉口，好像覺得「只要沒發生肉體關係就不算出軌」。

尤其是婚外情幾乎百分之百都會發生肉體關係，但這些發生婚外情的人卻把自己外遇的行為定位成柏拉圖式的戀愛，自以為「我們跟其他人的婚外情不一樣」。但就算沒有發生肉體關係，婚外情就是婚外情。發生婚外情的人應該都要有自覺，這樣的行為就是背叛了自己的配偶。

戀愛有各種不同的形式。只要彼此相處起來愉快，即使是柏拉圖式的戀愛，對於雙方來說就是最好的關係。不過，前提是彼此要能夠對話，心靈能夠相通，而不是一副自命清高的樣子。

還見妳之恨

我才找到真正的愛

婚外情

釋　義	與有家室（或未婚夫／妻）的人發生愛情關係
相似詞	不忠／違背道德的兩人／出軌
例　句	「嗯？婚外情？才沒有這回事！我怎麼可能外遇！」

好感度：☆☆☆ ┤ 反感度：★★★ ┤

每當知名人士發生婚外情時，都會在電視或八卦周刊上鬧得沸沸揚揚。這些藝人或名人的婚外情總是容易被輕描淡寫地帶過，但實際上婚外情違反了日本民法709條與民法710條。一旦與有婚姻事實的人發生肉體關係，**就會侵害到他人的權利，必須負起賠償責任**。當出軌的事實被配偶抓包時，肯定免不了要大吵特吵，甚至還可能要打離婚訴訟，威脅到自己的社經地位。想要搞婚外情的話，就要有這樣的覺悟。

從前，在女性開始進入社會工作的背景之下，已婚男性與未婚女性的婚外情組合風靡一時。以婚外情為主題的電視劇中，主題曲唱出「每逢假日你就得陪伴家人，我想見卻見不了你」的寂寞感，引起了許多人的共鳴。現在婚外情的型態也愈來愈多樣，有雙方皆外遇的「雙重婚外情」，也有以學校的PTA家長會的活動為溫床，大談禁忌戀愛的「PTA婚外情」等等。

●想重溫婚前的戀愛喜悅

婚外情理應遭到禁止，卻如雜草般地吹風吹又生，其實是有原因的。結婚以後，就會完全失去未婚時的戀愛感覺。人生在世約100年，從結婚到離開人世的這大半歲月，都再也無法體會到令人悸動的戀愛。因此對於有強烈戀愛需求或性愛需求的人來說，便會漸漸地無法忍受這樣的狀況。

●婚外情具備更多讓人想談戀愛的因素

基於這種對於戀愛的渴求，搞婚外情的人以追求性愛或遊戲人間的目的，尋求配偶以外的溫柔或刺激，乃至與他人發展出婚外情。**祕密關係的緊張刺激、只能在有限的時間裡見面的障礙，會使戀愛的心情更加高漲**。此外，人都會害怕失去擁有的事物，這種害怕的感覺會讓他們覺得擁有的事物更有價值，這種現象稱為**「持有需求」**。換句話說，就是「不知道什麼時候才能再見面」的這種心情，提升了婚外情的魅力。但說到底，婚外情只是因為在家裡得不到滿足，為了填補這種失落才會出現的行為（不足原理）。撇去配偶有嚴重問題的情況，幾乎不會有人真的拋棄自己的家庭，跟婚外情的對象在一起。成功逼宮篡位的人不多，反而有許多人因為婚外情即將曝光，所以突然斷絕聯絡或急忙地提出分手，從這段關係當中落荒而逃。

婚外情具備許多令人想戀愛的要素。但一定要知道不論有什麼理由，發生婚外情就是背叛了配偶給予的信任

拒絕／被拒絕

釋　義	拒絕對方的情意／告訴對方無法與他交往／單方面結束交往關係
相似詞	冷淡以待／冷淡拒絕／感到抱歉
場　所	校園裡／咖啡廳／LINE

好感度：★☆☆	反感度：★☆☆

被喜歡的人拒絕是一件很難受的事。告白的一方在煩惱了許久之後，才抱著視死如歸的心情將自己的心意告訴對方。所以當對方拒絕時，除了受到戀情無疾而終的打擊之外，還有覺得羞恥不已或被「早知道會這樣，我就不要跟他告白了」的**後悔心情給吞噬，一蹶不振**。只是，這樣就要放棄的話，好像又有點太快了。還是有許多人鍥而不捨地挑戰，最終開花結果。

●拒絕的一方也不好受

並不是只有被拒絕的人會覺得難過，拒絕的一方也會覺得有罪惡感。有時，告白的一方並沒有不好的地方，只是拒絕的一方喜歡的是別人，或因為一些生理上的因素而無法接受對方時，他們就會覺得很對不起對方，心裡也不好受。如果並不是因為厭棄對方，而是由於某些原因才主動提出分手時，想必提出分手的人大概心裡也不曉得分手是不是正確的選擇，每一天都告誡自己別衝動地聯絡對方。

●以好感回應好感的心理

通常人都會以好感回應喜歡自己的人，心理學上稱為**「好感的互惠性」**（→P81）。常常可以看到，有人在透過流言或間接經過他人得知「某某好像喜歡我」時，剛開始自己還不覺得有什麼，但後來開始將這件事放在心上，最後轉變為好感。

尤其是男性，他們墜入愛河的速度非常地快，對人一見鍾情的機率也比女性高。有一些關於男女一見鍾情的研究，雖然各個研究的結果多少有些差異，但大致上來說，男女之間的差距約是10～30倍。由於男性更傾向於以貌取勝，所以就算不是自己喜歡的類型，看見對方是個長得漂亮、可愛，或是個性溫柔的女性時，也會覺得可以試著跟這個人交往。換句話說，因為不是對方喜歡的類型而被對方拒絕也沒關係，只要能夠把自己的內在或外在磨練到能夠直擊對方的好球帶，還是有可能逆轉勝的。

> 不論是拒絕人的一方，還是被拒絕的一方，心情都不會太好過。拒絕的一方會覺得良心不安，有罪惡感，而被拒絕的一方則會受到失戀的打擊。不過相比起來，被拒絕的人還是會比較難受一點。這時就只好轉換一下心情，把這次的經驗當成是提高自身魅力的機會。

禮物

釋　義	餽贈的物品
相似詞	禮品／驚喜／貢品
場　面	生日、紀念日／聖誕節／人生的轉折點

好感度：★★☆　　反感度：★☆☆

當口頭上的言語不足以向對方傳達感謝之意或表達好感時，人們就會附上禮物贈與對方。但除了這種單純的想法以外，人類還存在著「送禮是一種人際關係的交換」的**「社會交換心理」**，通常心裡都會期待對方禮尚往來。

在動物的世界裡，雄性動物也經常為了吸引雌性動物的注意，而把自己的食物送給對方，或在對方面前又唱又跳。在男性贈送禮物給女性的行為背後，有時其實帶著**「我想讓她喜歡上我，搞不好還有機會發生關係」**的想法。男性送禮物的時候，通常是特別破費或花時間精挑細選，說到底就是一種成本付出。送禮這個行為，很有可能讓男性覺得他們自己擁有與這個成本旗鼓相當（持平、等同的）的魅力。

當某個男人無差別地送禮物給任何女性時，通常禮物對於此人而言就是一種男性魅力的展現，例如：個人收入等等。這樣的人想要藉由**大量發送禮物的行為，炫耀他們自身的魅力。**

●有時也代表沒自信

另外，不管是男性還是女性，有些人只是純粹地喜歡送禮物給自己的交往對象。即使不是紀念日或各種節日，也可能毫無理由地就送東西給對方；有時就算自己的經濟能力負擔不起，也要借錢買禮物給對方。像這種單方面為另一半服務、效勞，猶如主僕一般的上下關係，早已不是地位平等的愛情。

用禮物供養對方的人大多屬於沒有自信心的類型。另外，也有可能是因為本身沒有魅力，才會想用物品或金錢抓住對方的心。不僅如此，還有可能是沉浸在「這麼盡心盡力的我」的自我陶醉之中。

送禮的人有時也會期待贈送禮物之後的回禮。如果無緣無故地收到一個自己沒有好感的對象送來的禮物，最重要的就是劃分清楚彼此的關係。

往後的人生，
讓妳跟我一起
走下去

求婚

釋　義	請求對方與自己結婚
相似詞	請求結婚／愛的宣示
例　句	「那……求婚的台詞呢？」

好感度：★★☆ ｜ 反感度：★☆☆

求婚一詞，用於表示決定踏入人生當中的重大階段——結婚。求婚不完全都是由男方向女方求婚，但似乎有許多女性都希望是男方對她們求婚。實際上，由男性向女性求婚的比率約為80%（根據「Zesy結婚趨勢調查 2019」）。

或許是因為女性在面臨結婚生子的情況下，必須肩負起生產的重責大任，才會希望男方能表現出全力照護妻兒的決心。如果男女雙方都已屆適婚年齡，女方開始期待男方求婚時，兩人之間的氛圍就會變得有些微妙。遲遲無法下定決心向女方求婚的男性，究竟都是怎麼想的呢？

●各種心理因素導致男性不願求婚

其中一個因素，**單純只是因為男方的感覺過於遲鈍**。他們或許沒有察覺到女方的心情，還自認為「她應該還不想結婚」，而擺出一副無關緊要的態度。另外，有許多男性反而是因為認真考慮未來，覺得自己在收入等方面不夠穩定，所以還沒辦法成家。像是這種情況，有時還要面臨一些障礙，例如：遇到是否與父母同住等問題時，**害怕對方「也許並不會接受這個提議」，所以才無法下定決心求婚**。除了上述兩種情況之外還有一種可能性，那就是男方覺得目前的交往對象不是他想要的結婚對象。通常這樣的男人都會把單純玩玩的對象跟攜手共度一生的對象分得很清楚。

●讓對方知道自己想要被求婚

女方如果想讓對方求婚的話，最重要的就是表達出自己的心願。交往時間不算短，年紀也老大不小了，差不多該是結婚的時候了……不論自己再怎麼煩惱，一樣不曉得對方是否也有同樣的想法。每到紀念日就暗自期待「這次應該會求婚了吧」，結果甚麼事情都沒發生，把自己搞得很失落。與其重複著這樣的循環，還不如主動向遲遲不肯行動的男朋友出擊。

例如：找男朋友一起回老家，就是一種有效又隱諱地讓對方有所意識的方式。另外，也可以拜託身旁的朋友，麻煩他們勸勸對方該結婚了。這是一種稱為「溫莎效應」（→P64）的心理效果，也就是透過他人的評價，增加對於情報的信任度。

> 當男方遲遲下不了決心求婚時，就應該清楚地傳達出想要結婚的意願，而不是一味地等待。拜託身旁的友人勸對方結婚，也是個滿有用的方式。

要不要去我家喝一杯？

放心，我什麼都不會做的。

不會對你亂來～

房間

釋　義	將住家等空間劃分成更小的區域／生活空間
相似詞	個人房／私人空間／包廂
場　面	飲酒會結束以後／第一次邀請對方到自己的住處

好感度：★☆☆　反感度：★☆☆

去到自己心儀對象的住處時，不管是誰都會覺得有點緊張。這時只要看看對方的房間乾不乾淨、偏愛什麼樣的室內風格等等，就能夠知道對方是怎樣的人。

不過，由於房間屬於密閉空間，所以女生還是要保護好自己，不要隨便答應去對方的住處玩。

●帶異性回住處的理由

當男性帶著非女友的女性回自己的住處時，**通常可以理解成是希望兩人的關係變得更加親密，但也可以理解成別有居心。**或許有的人是真的單純地想繼續跟對方聊天、想增進彼此的感情，才會邀請對方到自己的住處，但如果是連個正經的約會都沒有，就直接要對方來自己住處的男人，十之八九都只是為了上床而已。要是對方打從一開始就說什麼「我什麼都不會做的」、「我不會對你亂來的」之類的藉口，那麼絕對要當心這個人。女生如果對對方沒興趣的話，最好也別獨自一人到對方的住處玩。

相反地，女生如果讓還不是交往對象的男性進到自己的住處，大多時候都是已經喜歡上這個人，想要讓關係有更進一步的發展。除此之外，還有可能是女生單純地想悠悠哉哉地待在家裡，或者只是將對方當成一般的友人看待、信任對方不會踰矩，所以才邀請其他男性到自己的住處。

●如何分辨對方是不是認真的

如果是女生前往男生的住處，而且也覺得對方還不錯的話，有個方式可以分辨對方是認真的，還是玩玩而已，那就是**看對方會不會馬上出手。**儘管孤男寡女獨處一室，但男方還是沒有亂來的話，通常表示此人非常重視女方。因為男性也會擔心如果在交往之前就出手的話，會毀了自己的形象，怕心儀的女生誤以為自己只想和對方上床。

不過，就算對方沒出手，也不代表對方對自己是認真的。也可能只是對方對自己沒有興趣，並沒有把自己當成女人看待，一定要分清出這之間的差異。

> 就算自己喜歡的男生沒有立刻出手，也不用因此就失去信心，覺得自己沒有身為女人的魅力等等，而是應該要冷靜下來，好好地判斷。

方言

釋　義	相對於標準國語的地方特有腔調、語言
相似詞	口音／鄉音／○○腔
例　句	「那個方言聽起來好可愛喔～」

好感度：★★☆ 　反感度：★☆☆

從鄉下地方來到東京的人，為了能早日說出流利的標準語，都會拼命地改掉自己原本的講話習慣，但有時還是會露出微妙的腔調差異，或是不小心就使用家鄉特有的用語。當旁邊的人告訴他們時，他們就會覺得：「他一定覺得我是個鄉巴佬，好丟臉喔。」

　　但對於其他人而言，聽到對方講話時帶著口音，或不小心使用自己家鄉特有的用語時，就好像偷看到對方素顏的樣子一樣，覺得很可愛又很吸引人。在一段標準國語的對話中**突然出現地方的方言時，想必也讓許多人因此有些心動。**

　　聽說男性特別地喜歡博多腔和關西腔。男性對於講話有腔調的人帶有好感，大概是因為**使用方言的話，會讓他們覺得彼此的距離比較靠近，覺得很有親切感。**

> 由當地的歷史與生活孕育而出的方言，擁有標準語所沒有的獨特魅力。要把方言當成是自己獨特的說話方式，自然地、珍惜地使用。

包容力

釋　義	能寬容他人缺點的廣大胸襟
相似詞	肚量／寬仁大度／寬容
場　面	下屬在工作上出錯時／男友或女友遭遇危機、不幸時

好感度：★★★ 　反感度：☆☆☆

擁有包容力的人自然也會吸引異性的目光。許多女性都希望結婚對象是個有包容力又值得信賴的男人；而對於男性而言，能容忍自己的缺點，時而給自己鼓勵、時而願意讓自己像孩子一樣撒嬌的女性，則是理想的存在。

　　「願意聽他人講話」、「能夠體諒他人的心情」、「能原諒他人的過錯」，是具有包容力的人共同之處。對於維持婚姻關係而言，良好的溝通以及寬容的態度，都是相當重要的因素。

　　不過，不論一個人再怎麼有包容力，也是會有心有餘而力不足的時候。這時，陪著對方一起思索、為對方遮風擋雨，也是一種包容力。換句話說，**包容力就是一種互補的力量。**

> 許多人都會將包容力列為理想的異性條件。不過，最重要的是自己本身也要擁有包容力，不能只想著要依賴對方。

乖孩子
好乖
好乖

母性

釋　義	母親保護、養育親生孩子的特性
相似詞	母親的天性
場　所	婦產科／兒童遊樂場

好感度：★★☆　反感度：☆☆☆

母性或母性本能的表現方式，會依種族或個體的不同而有所差異。例如：人類將母性定義為「犧牲自我也要保護孩子的一種感情」，但當母猴判斷掉進河裡的幼猴已經救不回來時，便會放棄救幼猴。因為，對於種族的延續而言，自力更生才是一種更有效率的方式。**人類的社會及習慣造成人類對母性有相當重的先入之見，認為「母親就是要這樣才對」**，反覆地強調這種印象的話，有時會對現實中的女性造成極大的痛苦。而男性結婚以後，都會在另一半的身上尋求母親的身影，有時女性在回應的過程之中，便漸漸地同化成母親的身分，兩人最後就會變成無性婚姻。

犧牲自我也要保全孩子，是人類對於母性的印象，深刻地反映出社會與習慣形成的先入之見。

戀愛小專欄

什麼是依戀

　　美國心理學家哈里‧哈洛為了找出孩子形成依戀的必要因素，做了下列的這項實驗。他將一隻年幼的恆河猴從母猴的身邊帶走，並給這隻幼猴兩個代母模型，一個是用鐵絲做成的鐵絲媽媽，另一的是用布做成的布媽媽。而且他只將裝了牛奶的奶瓶放在鐵絲媽媽的身上，讓幼猴到鐵絲媽媽的身邊喝牛奶。雖然幼猴會不自覺地去接近能夠餵飽牠的鐵絲媽媽，但除了喝奶，其餘的時間牠都會跑到布媽媽的身邊待著。由此可知，母親對於孩子而言不僅是養分的提供者，最重要的是給予他們溫柔的身體接觸。

妳做得很好呢！

這樣是性騷擾喔

肢體接觸

釋　義	觸碰到他人的身體
相似詞	肢體接觸／撫摸／非語言溝通
場　面	護送女性／徵求同意／鼓勵

好感度：★★☆　反感度：★★☆

對於習慣與他人擁抱、牽手等肌膚接觸的歐美國家，以及沒有這種習慣的日本而言，肢體接觸代表的意義並不一樣。在歐美作風的禮儀當中，男性在護送女性時都會輕輕地將手放在對方的背上，而女性則會搭著男性的手臂。日本也有一些男性在平時就是屬於偏歐美的作風，但並不常見。聊天時輕輕地把手放在對方的肩上或握著對方的手、鼓勵對方時拍拍對方的肩膀等等，則是日本比較常見的肢體接觸。

●肢體接觸時必須多加注意

想要與他人發生肢體上的接觸，是人類自然的行為，源自於心理學所說的「**親密需求**」。透過肢體的接觸，人類的大腦便能分泌出催產素（→Ｐ112），也就是能帶來舒適感和安心感「幸福荷爾蒙」，使人類獲得滿足。

但像是摸頭、輕輕敲頭等行為，基本上只有對親近的人才能這麼做。因為頭部是人類非常重要的部位之一，隨便碰觸他人的頭部本來就是一件相當失禮的行為。除此之外，下背部、屁股、肚子、上手臂、大腿等部位也都是不能隨便碰觸的敏感領域，未經對方許可就隨便亂摸這些部位的話，很有可能會被當作性騷擾，所以在與他人有肢體接觸時一定要多加注意。

●肢體接觸的心理效果

用對方法的話，**其實肢體接觸是一種很有用的溝通與交流手段**。某個實驗讓第一次見面的受試者進行交流，然後詢問他們對於彼此的好感度，以此實驗調查肢體接觸的效果。實驗分成兩組，一組人面對面交談數分鐘，另一組人則只有與對方握手。結果發現，握手的組別對於彼此的好感度，高於交談數分鐘的組別。

人與人之間先有視線交流，其次是語言溝通，最後才會發生肢體接觸，所以就人類的本能而言，自然會覺得**肢體接觸時的心理距離比言語交談更靠近**。因此，肢體接觸能夠比語言溝通更有效、更快速引起對方的好感。

> 肢體接觸是一種非常有效的溝通手段，但未經許可就觸摸對方的話，則可能被當成性騷擾，因此一定要多加注意。

我女朋友好像感冒，我得回去了

是喔…

他都不會這樣對我…

本命

釋　義	最喜歡的人／戀愛對象或結婚對象的第一順位
相似詞	中意／目標
例　句	「很會賺錢的○○會是我的本命嗎？」

好感度：★★☆　｜　反感度：★☆☆

人分為兩種類型，第一種人眼裡只有自己喜歡的人，另一種人同時會有好幾個口袋名單，並且給這些名單排先後順序。而且，第二種類型的人還會把名單裡的人清楚地分成「玩玩的對象」跟「可以結婚的對象」。在這些名單中排名第一的人，就是這個人的「本命」。

●如何分辨自己是本命還是玩玩的對象

同時有好幾段關係的人，大多都有吸引異性目光的魅力，比如：經濟能力好、長得好看、懂得打扮等等。但他們通常也容易移情別戀或劈腿，所以一旦愛上這種人就會有煩惱不完的問題，想知道自己是本命或只是對方玩玩的對象，也是理所當然的事。

通常這樣的人在不同的對象面前，**態度就會完全不一樣，所以很其實容易判斷他們的本命對象是誰**。如果是本命對象的話，他們就會頻頻聯絡對方、精心安排約會流程、規劃兩個人未來的藍圖等等，用行動展現自己相當重視這個人。相反地，如果他們只是玩玩的話，對於對方的態度就會很敷衍，既不約會，漏掉電話或訊息時也不會主動回覆，只會臨時起意要求見面等等。想從玩玩的對象升格為本命，可說是難如登天，若發現自己只是對方玩玩的對象的話，最好還是早點離開。

●既然要交往，就要選擇一心一意的類型？

人在找伴侶的時候，自然都希望對方的眼中只有自己，不希望對方是個同時周旋在許多人之間的人。那麼，全心全意愛著戀愛對象的人具有那些特質呢？首先，這樣的人能夠長期地專注於同一件事物，所以他們**會全心地對待喜歡的物品或喜歡的人**。不只戀愛方面，通常對於其他事物也會是一樣的態度，例如：非常珍惜物品，鮮少改變髮型或興趣等等。這樣的人一旦跟別人交往，就會全心全意地注視著對方，以認真的態度與對方交往。

一心一意的人有時會被認為缺乏刺激感又無趣，但能令另一半感到安心，也懂得體諒對方的心情，作為長期相處的伴侶，可說是相當優秀的對象。

飄飄然

釋 義	心情幸福到好像身體都要飄起來一樣
相似詞	欣喜若狂／開心到升天／心花怒放
場 面	戀愛開花結果時／彩券中獎時

好感度：★☆☆ ┤ ├ 反感度：★☆☆

飄飄然指的是激動到無法冷靜思考，感覺整個人浮在半空中的狀態。尤其是人在墜入愛河的時候，腦子裡全部都是對方的身影，不停反覆地回想著兩人在一起度過的時光，完全沒有心思去管其他的事情。

根據美國埃默里大學的研究，發現人在戀愛的時候，大腦掌管判斷能力以及社會性的區域都會減少運作。換句話說，代表人看見喜歡的對象時會失去**客觀判斷、社會判斷的能力，陷入「愛情是盲目」的狀態**。由於客觀地判斷事物的能力變差，才會一直跟旁人都反對的爛人交往，沉溺於不倫、外遇等關係之中。

> 戀愛讓人有飄飄然的感覺，是因為大腦掌管判斷能力以及社會性的區域會減少運作。有時會讓人陷入「戀愛是盲目」的狀態，也可能使人沉溺於不被世俗接受的愛情。

碰面

釋 義	說好地點與時間，約定見面
相似詞	等待接下來的約會／引頸期盼
場 所	車站前／住家前／咖啡廳／公園

好感度：★★☆ ┤ ├ 反感度：★☆☆

人一談戀愛，就會有愈來愈多需要等待的事情。從對於碰面的態度、做法，可以看出對方屬於哪種類型的人。例如：絕不會遲到的人屬於有計畫行動的類型。這類人有優秀的時間管理能力，但個性可能相對地一絲不苟，不允許別人遲到。

如果對方提前1小時抵達，那就可能屬於愛操心的類型，因為擔憂、害怕臨時有狀況等等，索性提前抵達。還有一種人則是不擅於管理時間，害怕自己趕不上約好的時間，所以遇到重要的事情時，就會不小心過早採取行動。這類型的人因為自己本身就容易遲到，所以就算約會的對象晚到，他們的態度也會比較寬容，但這樣**也可能讓對方習以為常，變成慣性遲到**。如果對方每次都會遲到5分鐘左右的話，這或許是對方撒嬌、耍賴的表現，或代表對方是個以自我為中心的人。

> 人只要一談起戀愛，就連等待對方的時間都會覺得是特別的。不妨從碰面的態度、做法來解對方屬於哪種類型的人。

街頭聯誼

釋　義	以數十個人為單位的大規模聯誼
相似詞	大型聯誼／婚活派對
場　所	餐廳／戶外場所

好感度：★☆☆ ｜ 反感度：☆☆☆

聯誼是以男女邂逅為目的所舉辦的活動，特徵是參加人數的範圍廣泛，有些是參加10個人左右的小規模聯誼，也有300人以上的大型聯誼。最近推出了各種型態的聯誼活動，不論是以餐廳為會場的一般聯誼，還是結合巴士之旅等等的企劃，或是以料理、登山等興趣為主題，各種聯誼活動應有盡有。想參加聯誼的人可以選擇適合自己的聯誼活動，所以就算不是擅長跟異性聊天的人，也能以自己專長的領域或興趣當作聊天的話題與對方交談，更容易縮短彼此的距離。

街頭聯誼比婚活的參加門檻低，抱著認真態度的參加者也比一般的聯誼活動多，對於覺得「雖然街頭聯誼會有些吊兒郎當的人，可是參加婚活派對的門檻太高」的人而言，街頭聯誼可說是最適合認識其他異性的好機會。

> 參加街頭聯誼的心理壓力較小，是個能輕鬆愉快地參加，又能認識異性的好機會。共同的興趣更能縮短彼此距離，這也是街頭聯誼吸引人的地方。

埋伏

釋　義	躲在隱密的地方等人／近乎跟蹤的行為
相似詞	突襲／突擊／糾纏
場　所	出入口／隱蔽處／通道

好感度：☆☆☆ ｜ 反感度：★☆☆

有些人明明完全不瞭解對方，例如：常去光顧的某間店的店員、走路時經常遇見的路人，卻不知為何地在意起這個人，對這個人一見鍾情（→P164）。有些人剛開始只要能夠見到對方便心滿意足，久了之後就開始出現想跟這個人約會、交往的念頭。這時，當然就會希望知道對方的聯絡方式，**所以要採取行動的話，就只能埋伏對方。**

不過，本人可能覺得自己只是把電話號碼給對方、將自己的心意告訴對方而已，但對方卻有可能因此心生恐懼，甚至報警。如果無論如何都要埋伏對方的話，在行動時一定要謹慎為上，例如：跟對方搭訕時一定要假裝成只是偶遇、避免在人煙稀少的地方埋伏等等。

> 雖然是一心想要創造出兩人的交集，才會做出這樣的行為，卻也可能因此讓對方感到困擾。想這麼做之前，還是先退一步客觀地思考吧。

交友APP

釋　義	用於認識異性、新朋友的手機軟體
相似詞	交友平台／交友網站
場　面	尋找戀愛對象／婚活／尋找興趣相同的同伴

好感度：★☆☆ ｜ 反感度：★☆☆

許多以交友為主題的網路服務當中，智慧型手機的交友APP相對較新穎，介面也比較簡潔，在年輕人之間相當流行。看過對方的頭像或簡單的自介，想與對方聊天的話，可直接透過軟體與對方聯絡。雙方相談甚歡的話，也可能實際見面。

只是，使用這種交友APP時必須要注意一點，那就是使用者可能會對聊天對象抱持過高的期待與好感，**真正見面以後才發現與現實的反差（→P70）過大，大受打擊**。最近這一類的交友軟體上出現大量的「**照騙**」，**也就是利用修圖軟體讓自己的照片看起來比實際上可愛、帥氣好幾倍**。覺得對方上傳的照片看起來很不錯，而滿心期待與對方碰面，結果實際上的長相卻與照片差了十萬八千里遠，自然會讓人錯愕不已。

> 在交友APP上使用再好看的美照也沒用，因為實際碰面以後對方還是會知道真相。與其讓對方抱有無謂的期待，還不如選一張反差較小的照片。

千篇一律

釋　義	失去新鮮感
相似詞	常例／模式／例行公事／孽緣
場　面	夫妻間的對話／約會聖地

好感度：★☆☆ ｜ 反感度：★☆☆

哪怕是感情再好的伴侶，只要時間一久，彼此之間的相處模式自然就會固定化。不過，這樣的變化未必是一件壞事。因為這代表彼此間的關係變得穩定，兩個人的狀態從「**在一起就會心跳不已**」轉變成「**在一起就會覺得安心**」。

但從反面來看，彼此間的相處若變得千篇一律，就會開始厭惡對方，失去了想與對方在一起的心情。剛開始交往的情侶都會感到飄飄然（→P179），覺得對方是自己的理想情人，只是一旦交往初期的興奮感消逝，冷靜下來以後就又會覺得「這個人不是我的理想對象」。

> 情侶之間不可避免要面對一成不變的關係。想要持續這段關係，最重要的是將它視為「我們的關係已經穩定了」、「我們的關係已經不一樣了」，而不是覺得「已經厭倦這段關係」。

外表

釋 義	一看便可了解對方／外在的印象
相似詞	外在／容貌／樣子
例 句	「她外表看起來很乖巧，但其實好像是個玩咖。」

好感度：★☆☆ 反感度：☆☆☆

就像「人的外表占了9成」的說法一樣，外表的印象是用來判斷他人的重要基準，在戀愛當中更是如此。心理學家霍斯特為了證實外表在戀愛當中具有舉足輕重的地位，因此做了一項由受試者評價對方「外在魅力」的約會實驗。結果發現，**比起性格等要素，「外在魅力」明顯更能讓人受異性歡迎**。

人類會出於本能地想讓自己的DNA千古流傳，因此選擇與健康的基因結合，是人類與生俱來的天性。而容貌端正秀麗的人，自然就會是吸引異性目光的健康個體。另外，男人注重外表還有其他社會性的理由，他們覺得跟漂亮的女人交往可以提升自己的價值，也能夠跟其他的男人炫耀。

雖然能夠理解外表對於戀愛而言是多麼重要的因素，但若要以伴侶的身分與對方一起共度生活，光靠外表吸引對方大概是行不通的。

好感跡象

釋 義	顯示出對某人有好感
相似詞	送秋波／信號／非語言溝通
場 面	告白之前／聯誼中／有人約吃飯

好感度：★★☆ 反感度：★☆☆

有沒有辦法能夠知道喜歡的人對自己有沒有意思呢？**非言語溝通的動作舉止，其實比言語更能顯示出一個人的真正心意**。首先是眼神，人在看見喜歡的對象時，瞳孔會變得比平時還要大。而且，如果喜歡的對方也一直盯著自己看的話，那就代表對方很有可能也喜歡自己。另外，交談時將自己的臉及身體朝向對方，也是一種有好感的表現，**這樣的心理效果稱為「書檔效應」，指人的身體或視線會自然地傾向喜歡的人**。

如果一個人的肢體動作與上述的情況完全相反，那就代表此人對於眼前的人並沒有好感。另外，如果有人隨便觸碰別人的身體，視線也一直盯著對方的身體看，那就代表這個人對對方只有性方面的興致而已，必須格外當心。

戀愛高手通常都擅長使用好感跡象。好感跡象比言語表達更有效，能讓對方主動告白，使自己在愛情裡具有優勢地位。

很過分吧？ 真的很過分

鏡像效應

釋　義	做出跟喜歡的人一樣動作／喜歡上與自己相仿的人的一種心理
相似詞	鏡射效應／同步效應／姿態反饋
場　面	用餐中／對話中

好感度：★☆☆　反感度：★☆☆

就像許多人都說感情好的夫妻有夫妻臉，彼此互有好感的人也會出現與對方一樣的動作，例如：看見對方喝水，也會不自覺地喝水。這樣的現象稱為「鏡像效應」，是一種由大腦的「鏡像神經元」引起的反應。鏡像神經元指的是腦內的神經細胞，使我們在看見其他人的動作時也做出相同的動作，就像照鏡子時反射一樣。

這是**因為喜歡對方的心情、想與對方長相廝守的心情，會讓我們不由自主地去模仿對方的動作、表情或講話方式**。相反地，人們容易喜歡上與自己相仿的人，也是一種由鏡像效應造成的心理作用。

●透過模仿獲得對方的好感

有些人在談戀愛或工作時，也會善加利用鏡像效應。從鏡像效應的理論而言，模仿對方不僅可以讓對方知道自己的心意，同時還可能讓對方喜歡上自己。各種的心理實驗也發現，優秀的業務員會善加利用鏡像效應，使客戶的心情愉悅，進而成功與客戶簽約。

在愛情方面，不能只靠著模仿動作、表情或講話方式，還要感同身受對方的心情，才能更加得到對方的好感。若能跟著對方一起開心、一起煩惱，想必就能讓對方產生信任感，覺得「這個人的價值觀跟我很合得來」、「我們的關係應該可以長久下去」。

●自然不造作的模仿

但是，模仿對方時，尺度一定要拿捏得宜。若像鸚鵡一樣重複對方說過的話、模仿的態度過於直白，**會讓對方覺得「是在耍我嗎」，而造成反效果**。要是不小心讓對方知道這是用來博得好感的手段，反而讓對方覺得心機很重。

此外，某些動作本來就會給人造成不好的印象，所以就算對方出現類似的動作，最好也別跟著一起做。有些人雖然自己本身也會有這樣的行為，但看到別人這麼做的時候就是會覺得不開心。所以，還是盡量避免雙手抱胸、大聲說話、一直盯著手機看等等，免得惹對方不開心。

> 若能善用鏡像效應，就可以更容易博得對方的好感，但在使用時一定要拿捏好分寸。

期待有什麼用…

談戀愛根本就是徒勞

徒勞

釋　義	不值得／沒好處／CP值低
相似詞	徒勞無功／無利可圖／覺得可惜／沉沒成本
例　句	「把時間花在談戀愛根本就是徒勞啊。」

好感度：★☆☆ ┃ 反感度：★☆☆

愈來愈多的年輕人都開始覺得「戀愛是一件徒勞的事」。談戀愛的確花錢又花時間，就金錢的角度而言，男方或年長的一方總是要支付約會的開銷，就算不需要攬下一切支出，通常也會被另一方要求多付一點。如果提出平攤的話，有時還可能被約會對象認為是個吝嗇的人。就時間而言，要是把時間通通花在自己的興趣上，還會惹另一半不開心；談了戀愛以後，有時即使心裡有真的想做的事情也不能去做，只能跟對方去自己沒興趣的地點約會。

而且，就算花了時間與金錢，也不保證能讓喜歡的人回頭看看自己，花了時間卻得不到對方青睞的也大有人在；即使在一起了，也不知道彼此的心意有沒有相通、不曉得關係是不是更進一步了，最後還有可能被甩。基於這些理由，才讓許多人都開始覺得談戀愛是徒勞。

●戀愛是一種浪費腦力的行為

就腦科學而言，戀愛也是一種徒勞的行為。腦部不僅會消耗非常大量的能量，而且比起身體其他部位，更是優先使用的器官，可知腦部對於維持生命有多麼地重要。

但是，**人在談戀愛以後，一部分的大腦就會停止原來的活動**。講得誇張一點的話，就是「戀愛擺第一，性命放一邊」，人在戀愛的這段期間裡，傳宗接代可以說是比保全個人性命來得更加重要。

●戀愛是某部分人的樂趣

對於已開發國家的人而言，他們已經不再需要為了填飽肚子而勞動，所以不管是閒暇時間，還是個人精力，甚至是金錢收入，都能自由自在地運用。**即使不將時間、精力與金錢投資在戀愛方面，還是有很多好玩有趣的事情可以做**。而且就理論而言，不談戀愛也能留下自己的後代；在一切皆以利益判斷的價值觀之下，也可能因此斷定戀愛是一件徒勞的事，這就跟有人認為欣賞畫作是白費力氣的事情一樣。有些人會排除一切沒有效益的事，但這樣的想法真的妥當嗎？

> 如今，談不談戀愛都是個人的自由，不過有些收穫還是要談過戀愛以後才能得到。

麻煩

釋　義	很費工夫，令人覺得有心理壓力
相似詞	懶得做／令人厭煩／費工夫
例　句	「女友又打電話過來，真的很麻煩耶。」

好感度：☆☆☆　　反感度：★★☆

「麻煩」是一種心情，指懶得去做某件耗費心力的事，近來常形容某個人是個「麻煩的人」。有些人總是要人陪、老愛講關於自己的事情，就是所謂的「**高需求者**」，也是最典型的「麻煩的人」。自己的男友或女友是個「高需求者」的話，就會非常地麻煩，因為如果不把他們的事情擺在第一順位，他們就會擺出一張臭臉。

　　不管是愛發牢騷，又總是要求熱線的女朋友；還是愛管東管西、喜歡吹牛，任何事情都囉哩八嗦地長篇大論的戀人，如果自己的另一半是這樣的人，應該會有許多人想對他們大喊：「你真的很麻煩耶！」**交往初期的情侶本來容易「情人眼裡出西施」**，通常都是在對方一再出現這些缺點之後，才會開始感到厭煩，再加上已經熟悉彼此的關係，自然就覺得對方是個麻煩的人。

　　其實每個人都有難搞的部分。對於另一半難搞的部分若能習以為常，兩個人的感情就能長久。

妄想

釋　義	不切實際的幻想
相似詞	白日夢／空想／想像
場　面	一個人待在房間時／上課中／冗長的會議中

好感度：★☆☆　　反感度：☆☆☆

在腦海裡描繪出各種事物，就稱為想像。其中，「妄想」指的是反覆地想著現實中不可能發生、毫無事實根據的事，變得愈來愈沉迷。這是一種既不花錢，又能隨時隨地一個人享受的樂趣。

　　有愈來愈多的人因為過度妄想，而塑造出所謂的「空氣男友（女友）」。這些人會詳細設定空氣男友（女友）的容貌、性格、職業等等，表現得就像真的在談戀愛一樣。雖說是天馬行空的幻想，也不會全部都是自嗨的內容，有時也會有講究場景設定的妄想，比如：想像與某人擦身而過，為此茶不思飯不想等等。當妄想加劇時，就會為了空氣男友而打扮自己、努力減肥。空氣男友的存在，也能成為女性提升女子力（→P109）的動力。

　　想要演練交往或精進自己時，空氣男友就是最適合的對象。不過，太過沉迷於空氣男友，可能會讓人覺得現實中的異性相形失色，要多注意。

不受歡迎

釋　義	不受異性青睞／沒有桃花運／不具性感魅力
相似詞	不起眼／不受歡迎
例　句	「不洗澡的話，會變成不受歡迎的人喔。」

好感度：☆☆☆　｜　反感度：★☆☆

提起桃花運差的人，第一個想到的應該都是對打扮沒有興趣、穿著邋遢等等，但有的人就算不重視外表，女朋友還是一個換過一個；有的人明明長得帥又打扮得好看，卻一點桃花運都沒有。

「沒有自信」是不受歡迎的人的共通特徵。他們深信「反正我怎樣都不會順利」，而無法採取實際行動。沒什麼機會認識異性，然後變得愈來愈沒有自信，最後的結果就是形成惡性循環。

另外，只想把時間用在自己身上的**「自我中心主義」的人，通常也不太受歡迎。**這種類型的人不願配合對方，不留任何空隙讓他人進入自己的世界裡，於是便在不知不覺中疏遠人群。要成為一個受歡迎的人，必備要素就是能與人親近。

> 不受歡迎的人容易對自己沒有信心，或個性總是以自我為中心，跟外表好不好看並沒有關聯。

受歡迎

釋　義	深受許多異性的讚賞／桃花運好／人緣好
相似詞	深受愛戴／備受歡迎／○○殺手
場　面	聯誼／街頭搭訕熱點／辦公室等等人多的地方

好感度：★★☆　｜　反感度：☆☆☆

比起什麼都不做，使用「受異性歡迎的技巧」，也就是特意打扮成受歡迎的外表或做出受歡迎的動作，一定會更受歡迎。不論是露出自己的弱點，讓對方產生「想要保護這個人」的**「落水狗效應」**也好，還是透過他人間接得知自己正面訊息的**「溫莎效應」**也好，都能有效地利用對方的心理，達到充分展現自己的目的。

進入「桃花期」指的是沒有桃花運的人突然變得受歡迎，這樣的現象在科學上並沒有根據，真實性令人存疑。不過，吸引異性的魅力似乎本來就會一直重複著高低起伏，所以這樣的說法也不見得有錯。

例如：女性由於體內激素週期的影響，每個月都會有幾天顯得特別亮眼。在這段期間若有較多與異性邂逅的機會，就可能進入所謂的桃花期。

> 有意識地讓自己變得受歡迎，可以引起大多數人的好感。不過，別忘了自己的初衷，能跟合得來的人在一起才是最重要的。

我對前男友
早就沒感覺了

是吧～
我也想不起來
為什麼那時候會喜歡上他

前任

釋　義	過去交往的對象
相似詞	以前的女人（男人）／斷了關係的女人（男人）
場　面	約會時偶然遇見／傳簡訊或LINE過來

好感度：★☆☆　反感度：★★☆

每個人對待已經分手的前任男友或女友的方式都不一樣。有的人在分手以後還能維持好朋友的關係，有些人分手以後則完全不跟對方聯絡。

●持續與前任情人聯絡的人都是怎麼想的

持續透過簡訊或LINE跟前任情人聯絡的人，究竟都是抱著怎樣的想法呢？跟前任保持聯絡的行為出自於**想跟對方保持著「曾為情侶」關係**的心態，還想賴著曾經愛過自己的人。另外，有些人則是因為**「希望這個人一直喜歡我」的自私心態**，才會持續地與前任情人有來往。就現任情人的立場而言，心裡頭肯定不希望自己的戀人跟前任情人有所來往。但因為在意這一點**就偷看對方的手機或埋怨對方，反而會造成反效果**。理性地告訴自己的戀人「我不希望你們有聯絡」便是最好的辦法。但這麼做以後，另一半還是持續與前任情人聯絡的話，那可能是他已經對現在的感情失去了興趣，或代表對方是個不老實的人。不論是哪種原因，都表示這一段關係正處於岌岌可危的狀態。

●與前任情人有可能重修舊好嗎？

除了上述的原因之外，還有人是因為忘不掉對前任情人的愛，希望與對方重修舊好。想要讓對方再次喜歡上自己的話，可以試試看下面這些有效的方式。比如：**心理效應當中的「從眾效應」，意思是當某個意見或某人獲得多數人的支持時，人們就會跟著贊同的一種心理作用**。如果與前任情人待在同一所學校或同一間公司的話，就能讓對方看見自己受到異性歡迎的樣子，隱諱地暗示對方「你看，我這麼受歡迎」，讓對方感到焦急。當前任情人看見其他人都對妳有不錯的評價時，也許就會思考：「我的前任真的有這麼好嗎？」而再次產生興趣。

另外，跟「從眾效應」相反的「落水狗效應」，則是一種讓對方看見自己的弱處，進而引起對方同情心的心理作用，對於某些人而言會很有效果。所以，要根據前任情人的性格，找出最有效的方式。

> 有的人在分手以後還與前任情人維持著朋友一般的關係，有些人則完全斷絕與對方的聯繫。希望跟前任復合時，從眾效應或落水狗效應等心理作用都能派上用場。

拜託妳幫我介紹對象！

嗯，好啊

美女的身旁一定都是帥哥

朋友介紹對象

釋　義	朋友介紹戀愛對象給自己認識
相似詞	朋友的助攻
場　所	烤肉／婚禮、婚禮續攤

好感度：★☆☆　｜　反感度：☆☆☆

「朋友介紹對象」是一種常見的認識異性的方式。某項調查詢問受訪者「朋友是否有為你介紹過對象，且真的與對方交往？」結果約有3成以上的受訪者回答「有」。

●能夠認識相似度高、意氣相投的對象

通常都是興趣相似、價值觀相近的人才會成為朋友，如果對方是跟自己的朋友也合得來的人，那麼自己跟對方相談甚歡的機率也會比較高。另外，如果是朋友介紹對象的話，通常都是一群人一起行動，不用一開始就跟對方一對一相處，也比較清楚對方的來歷，所以讓朋友介紹對象會比較放心。

長相相似、擁有相同的興趣等等的共通點，就稱為相似性。如果**相似性比較高的對象，好處是就算第一次見面，也會比較容易放開心胸地聊天**。同理可證，如果是自己熟識的朋友介紹的對象，發展成戀愛的機率也會比較高。

而且，就算見過一次面以後覺得不來電，也會礙於朋友介紹的緣故，而告訴自己「不然再聊看看吧」。有許多人就是跟對方聊了許久之後，才發現彼此的魅力。

另一方面，有一點絕對要注意，那就是形象的落差。如果朋友在介紹之前過度宣傳對方「是個超級帥的人」、「保證長的可愛」等等，而使人抱持過高的期待，就會在實際見面時覺得對方與想像中的落差過大，導致成功率應該極高的「朋友介紹」以失敗收場。

●理想過高也會導致失敗

同樣地，**自己對於異性的理想過高，也是造成失敗的原因之一**。說到底，完全符合自己理想的人本來就不多。所以，還是相信一下為自己介紹對象的朋友，帶著發掘對方優點的心情，試著與對方聊天。

有時當然也可能怎樣都不來電，無法與對方進一步發展為戀愛關係或邁向結婚。不過即使如此，認識新朋友就代表拓展了自己的交友圈，也許在這些新朋友的牽線之下，就有下一次認識新對象的機會。

> 透過朋友介紹對象的成功率通常都很高，但有時過於期待的話，反而可能沒戲唱。將朋友的介紹當成認識新朋友的機會就好，別抱持過高的期待。

夠了吧，就只是喝喝酒聊一下而已，去喝一杯而已

嗚嗚…他被愛情沖昏頭了…

弱點

釋　義	不完美的地方／不方便讓其他人知道的地方
相似詞	弱項／空隙
例　句	「只有在你面前，我才會露出弱點。」

好感度：★☆☆　反感度：★☆☆

人的弱點與戀愛有著密不可分的關係。基本上，每個人都會想窺知他人有何弱點。當男性看見女性脆弱的一面時，就會產生「想要保護這個人」的心情，這樣的心理作用，是助人需求與支持需求較高的男性所具備的特徵。受女性依賴能夠讓他們充分表現自己的力量，**有助於增加他們的自信心**。

●談戀愛就要懂得示弱

談戀愛要善用人類的心理，表現出自己的柔弱之處。讓對方看見自己柔弱的一面，是一種有效促進戀情發展的技巧。例如：平時總是堅強的人不經意露出脆弱的一面、向對方**坦露不輕易讓他人知曉的祕密**等等，都是相當不錯的方式。

像這樣露出自己的弱點，就能讓對方放下戒心，進而踏入對方的個人空間（→P153）。讓他人進入自己的個人空間，是一種代表彼此關係親密的證據，對於拉近人與人之間的距離而言，是一項相當重要的指標。

●如果被對方抓住自己的弱點……

相反地，有句話叫做「被愛情沖昏頭」，是一種知道對自己沒有好處，卻依然縱容對方、為對方做牛做馬的心理。

每個人或多或少都會有「被愛情沖昏頭」的情況，但如果太過嚴重的話，最後就可能變成對方的提款機，或任憑對方為所欲為，甚至對方劈腿、偷吃，也會忍氣吞聲。這是**一種只有其中一人占有優勢、稱不上公平對等的戀愛關係**。在一段感情裡，其中一方太愛對方時，就會害怕失去對方的好感，不論對方說什麼都會乖乖聽話，變成一段只有被愛的人才處於優勢地位的戀愛關係。

除了上述的情況，被愛情沖昏頭也有可能是因為沉醉於「百分之百包容對方才是真正的愛」等理想之中。當對方劈腿時，或許還會自我安慰：「不管他做什麼我都能原諒他，如此寬容的我對他來說是唯一的存在。」為對方的劈腿找藉口。

只要好好地利用示弱的手段，就能在愛情裡取得優勢。只是，若是被對方抓住自己真正的弱點，也可能反被對方利用。

LINE

釋　義	免費通訊軟體之一
相似詞	社群平台／簡訊
場　面	創建群組／想拿到喜歡對象的聯絡方式／想變成關係親密的人

好感度：★☆☆　　反感度：★☆☆

只要拿到對方的聯絡方式，將對方加入好友，就能透過LINE得知對方正在做什麼，在聊天室裡與對方聊天。而且LINE除了一般的文字或顏文字之外，還可以利用貼圖的功能與對方輕鬆聊天，這一點也是LINE的魅力所在。

在各種通訊軟體之中，還有能夠使用文字或視訊對話的Skype，**許多沒辦法直接見面的遠距離戀愛情侶都喜歡使用這樣的通訊軟體**。視訊時能看見對方的臉以及表情，比起打電話聊天，更能獲得像直接見面一樣的滿足感。

●LINE也使人煩惱增多

特別是對於喜歡使用LINE的人而言，使用LINE的時候有各種要注意的地方，像是傳送訊息的時機、回覆訊息的速度、訊息內容的長度、要不要使用貼圖、結束對話的時機點等等，每一點都讓人頭疼。而且LINE還比簡訊或郵件等通訊工具多了一個「已讀」的功能，能知道對方有沒有讀過訊息，結果讓人多了更多煩惱。比如：對方早就看過訊息卻一直不回，百思不得其解對方的心思。

●對方已讀不回很有可能是沒戲唱

那麼，透過LINE聊天的時候，怎樣才能知道自己有沒有機會呢？男性在跟喜歡的對象聊天時，通常都會盡量讓話題延續下去，也會使用較短的疑問句來聊天。另外，使用有個性的貼圖吸引對方的注意，也是一種有好感的跡象。

如果對方明明看過訊息卻不回覆，也就是「已讀不回」（→P69）時，**很有可能是對方並沒有更進一步發展的想法**。一般人都不希望對自己喜歡的人做出失禮的行為，只是有時可能抽不出時間來回覆訊息，像是正在開車或工作，就只好已讀不回，但通常手上的事情忙完之後，都會聯絡對方。相反地，有少部分的人則會故意已讀不回對方的訊息，這樣的人大多都是「不想把自己的喜好表現得太過明顯」而口是心非，或是享受著施展愛情三十六計的樂趣。

如果對方也有好感，大多都會回覆LINE的訊息。只是，太頻繁地傳訊息可能會造成對方的負擔，適時地聯絡才是聰明的作法。

反應

釋　　義	反動／對話時的應答
相 似 詞	回響／回應／應答
場　　所	社群平台上／約會中

好感度：★☆☆　　反感度：☆☆☆

在愛情裡，採取行動固然重要，但也不能疏忽任何反應。比如在聽對方講話時，若能有眼神交會、輕輕點頭、身體前傾等等，以肢體動作表現出「我對你說的話有興趣」、「我想再聽你多說一點」，就能給對方留下好印象。

此外，**根據不同的話題改變音調**，也是重點之一。聊到愉快的話題就使用輕快的語調，聽對方抒發煩惱的事情時就換成沉穩的音調，配合聊天的話題改變附和的高低起伏，想必就能讓對方放開心胸地暢聊。想一下對方可能想要講什麼，**提出一些比較容易回答的問題，效果也會挺不錯的**。提問時使用能讓人自由回應的「**開放式問題**」，則更容易讓對話持續進行下去。

> 當對方表現出很有興趣的樣子時，我們自然就會想跟這個人聊天。所以同理可證，我們在跟對方聊天時也一定要好好地回應，才能表現出自己對對方所說的事有興趣。

#約會
#午餐是讓堡排

現充

釋　　義	現實中的生活因為戀愛、工作等等而充實
相 似 詞	活躍的／善於交際的／充滿光采的
例　　句	「現充就是不一樣啊（ -__- ）」

好感度：★☆☆　　反感度：★★☆

「**現**充」一詞，是常在網路上聊天、玩遊戲等等與他人互動的人帶著羨慕的心情，形容現實生活中因為戀愛、工作等等過著充實生活的人。在自己的社群平台上傳大量的約會照片，讓看見照片的人覺得很不是滋味，這樣的行為稱為「放閃」。

社群平台上**得到許多按讚或回覆，便獲得更多人的關注，使發文的人覺得自己是個長袖善舞的人**。相反地，一旦得不到回應，就會讓他們覺得相當不安。渴望認同需求得到滿足，是刻意放閃的人擁有的另一種心情，他們對自己沒有自信心，才會想要透過旁人的反應，確認自己是個現實生活充足的人。這樣的人有可能明明就沒有交往對象，卻在社群平台上傳讓人誤以為是約會的照片，裝出一副自己正在談戀愛的樣子。

> 倘若真的是現充，現實生活中便能帶給他們滿足，也不會花太多時間在社群平台。特意在社群平台上發文炫耀的人，可能是因為內心相當寂寞。

離婚

釋　義	解除在法律上的婚姻關係
相似詞	分手／分居
場　面	不想再跟對方待在同一個屋簷下／忍無可忍

被稱為愛情激素的苯乙胺會在戀愛初期時大量地分泌，然後慢慢地減少。根據腦科學的研究數據，即使大腦持續分泌苯乙胺，最多也不會超過3年。換句話說，從生物學的角度而言，人原本就無法一輩子都跟同一個對象交配，所以光靠男女關係並無法順利地維持一段婚姻。**倘若要讓婚姻長久，彼此就必須要有所努力。**出於某些原因而放棄努力的話，最後就會走向離婚。

除了婚外情等重大情節之外，人會下定決心離婚都是因為平日裡累積過多不滿的情緒，已經到達忍無可忍的地步。假如夫妻之間極少溝通，眼神沒有交會，也完全不交談，就是婚姻亮起紅燈的警訊。

> 認定彼此是攜手共度一生的對象，兩人才會邁向結婚。婚姻中最重要的是溝通與交流，不要忽視日常生活中的任何一個問題，才不會招致離婚的悲傷結局。

橫刀奪愛

釋　義	跟已經有對象的人談戀愛，最後把對方搶過來
相似詞	婚外情／劈腿
例　句	「橫刀奪愛？我怎麼可能這樣做！我根本不知道他有老婆啊。」

不管是與別人發生婚外情（→P170），還是劈腿（→P49），愛上別人，都是一段會傷害到對方配偶或交往對象的痛苦戀情。這是一種相當強烈的情意，就連在男女私通必須處以死刑的時代裡，仍有人奮不顧身這麼做。

就算要破壞別人的幸福也要把喜歡的人搶過來，所以橫刀奪愛的人出現內疚或虧欠的心情也是理所當然的。不過在這世上，也有不少人就是喜歡橫刀奪愛，也就是談戀愛時專門找有對象的人下手。**就像俗話說的「外國的月亮比較圓」一樣，喜歡橫刀奪愛的人是因為內心認為別人的東西更有價值。**另外，成功地讓別人變心愛上自己，或許也能讓他們確認自我的價值。另外，還有些人也可能是出自於玩玩的心態，想要體驗看看從別人手上搶走東西的樂趣或快感。

> 在搞婚外情或劈腿的人之中，有些人會為此感到虧欠或內疚，也有人因搶走別人的東西而有快感。

戀愛

釋　　義	對特定異性等對象產生的憐愛心情
相似詞	愛情／情事／戀慕
例　　句	「戀愛會讓女人變得更漂亮喔。」

好感度：★★★　反感度：★★★

戀愛是由性慾衍生而來，紮根於傳宗接代的本能之中，指的是一種無法以三言兩語交代清楚、唯有人類具備的一種情感或行動。在江國香織的小說《東京鐵塔》裡，有一句**「戀愛不是用談的，是墜入的」**。戀愛無關理性或意志，是一種突然萌發的心情，一旦墜入愛河，就無法停止這份心情。

●對戀愛不感興趣的年輕人

但是，現在也有愈來愈多的年輕人認為戀愛是「徒勞」的行動，「人類是一種會談戀愛的生物」的前提，也早已不是人們的常識。這些情況都跟異性都只接近一部分的人、戀愛差距加劇的社會狀況有所關連。

「戀愛格差社會」指的是大多數的異性都將目光放在長得帥、社交能力好、學歷高等優秀的人身上，導致其他人的戀愛機會驟減。除此之外，還有用來表示戀愛能力的**「戀愛偏差值」**，一個人的戀愛偏差值較高的話，就代表此人異性緣好或嫻熟戀愛技巧。而戀愛老手都會使用「愛情戰略」的技巧，以欲擒故縱的態度擄獲對方的心。這樣做能讓他們在愛情裡保持優勢地位，隨心所欲地讓對方照著自己的想法行動。

現代人認為談戀愛必須要有特別的能力或條件，因此覺得「自己沒辦法談戀愛」、「我不適合談戀愛」的人也自然地愈來愈多。但實際上，並不是只有俊男美女才會談戀愛，而且本來也不是每個人都擅長談戀愛。

●視談戀愛為遊戲的戀愛體質、戀愛依存

有一些人過於享受在愛情裡較量的感覺，比起那種喜歡一個人的心情，更沉迷於戀愛遊戲之中。這樣的人沒辦法滿足於安穩平靜、沒有激情與刺激的愛情，所以他們無法與交往對象維持長久的戀愛關係。他們會換過一個又一個的交往對象，可以說是屬於對愛情只有三分鐘熱度的類型，或是戀愛依存、容易戀愛的體質。

相反地，有一些人則是害怕談戀愛，而不敢有所行動。他們極度抗拒讓自己感到丟臉，總是在行動前想一些沒必要的事情，像是：「被拒絕的話該怎麼辦？」、「我不想讓其他人知道我喜歡他」等等。但是，任何人談起戀愛之後，本來就會不小心做出一些傻里傻氣的事情，把自己弄得滿臉通紅。有時就算被對方拒絕了，也不管對方是否覺得厭煩，還是鍥而不捨地努力發動攻勢。與對方的心意相通、互相依偎時，就會開心得像要飛上天一樣；失去對方的時候，則會感到無比的失落。所謂的戀愛，本來就是一直重複著這樣的循環。**要是害怕受傷或丟臉，就會無法談戀愛。**

另外，這世上也有人只是逢場作戲，還有人在談戀愛時總是以自我為中心，只顧著自己開心，不在意是否會傷害到別人。要是不小心愛上了這種人，或許會把自己弄得傷痕累累，有時甚至還可能威脅到自己的社會地位。這種情況也是愛情裡的陷阱。

●人不一定要談戀愛，但也沒必要抗拒談戀愛

人不一定非談戀愛不可，但是也沒必要死心眼地抱持「我才不談戀愛」的想法。將愛情拒於門外的人，是因為對一部分的自己沒有自信，才會無法敞開心胸接受其他異性，甚至也不存在跟朋友在一起開心玩耍的心情。理所當然地，這樣的人便會失去人生中的大半樂趣。

談不談戀愛是個人的自由。愛情有各種面貌，有的人享受戀愛的遊戲感覺，有的人認真地看待每一段感情。只要談自己想談的戀愛，那就夠了。

聯絡

釋　　義	以電話、簡訊、寫信等方式傳達訊息
相似詞	接觸／交流／通訊
場　　面	商量約會事宜／遠距離戀愛

好感度：★☆☆ ┃ 反感度：★☆☆

在單戀或正在發展的戀情裡，最大的問題就是聯絡的時機點。**而最常見到的愛情策略就是「暫時停止聯絡」。**經常跟對方互傳簡訊、LINE，就好像是直接跟對方說「我喜歡你」一樣，可能會讓對方有種手到擒來的安心感，而讓對方失去了追求的念頭。因此停止與對方聯絡才會成為一種有效的策略。

相反地，**有一種心理作用則叫做「好感的互惠性」(→P81)，也就是以好感的態度回應喜歡自己的人。**有時可以頻繁地聯繫對方，將自己的心意傳達給對方知道，但問題是，這樣也可能變成沒事就發訊息給對方，導致對方只好無奈地回覆訊息。如果對方是個個性認真的人，這樣做就可能讓對方覺得負擔沉重。

不清楚將這樣的手段當成戀愛的策略究竟會有多大的成效，但被對方討厭的機率應該蠻高的。使用時還是斟酌一下才比較保險。

高麗菜捲系男子

釋　　義	外表看似草食系，實際上是肉食系的男生
相似詞	雜食系男子／青椒鑲肉男子
例　　句	「他實際上好像是個高麗菜捲系男子。」

好感度：★☆☆ ┃ 反感度：★★☆

在眾人面前是對愛情不主動的草食系男子，但只要與喜歡的女生獨處，就會變成積極說服對方發生肉體關係的肉食系男子。這樣的男人就稱為高麗菜捲系男子。日本從前有句話說：**「男人都是一匹狼。」**

有些男生的外表清爽開朗，乍看之下像是個草食男，其中卻有許多人都是外表與本性不一致。不過，這樣的男生又跟肉食系的男生不一樣，他們沒有那種吊兒郎當的感覺，所以對於女生而言很有魅力。而且，也因為他們很有異性緣，所以有可能早就習慣跟人談戀愛，屬於多情風流的類型。一旦他們出手，可能沒多久就會跟對方上床，但最後只會止步於肉體關係或短命的戀情。對於女生而言，這種類型的男生可說是相當難以駕馭的對象。

高麗菜捲系的男生很聰明地不會露出吊兒郎當的一面，但骨子裡卻像肉食系的男生一樣是個情場高手，是相當有女人緣的類型。

你為何是羅密歐呢

羅密歐與茱麗葉效應

釋　義	阻礙愈大就愛得愈深的一種心理
相似詞	錯誤歸因／心理抗拒／稀少性原理
場　面	遠距離戀愛／老少配／婚外情／遭到家人朋友的反對

好感度：★★☆　　反感度：☆☆☆

莎士比亞的劇作《羅密歐與茱麗葉》象徵著年輕人的愛情。分別是13歲與15歲的兩人情竇初開，對彼此一見鍾情，卻因為兩人的家族互為仇敵而被拆散，最後雙雙殉情。

●羅密歐與茱麗葉的戀情是一種錯誤歸因的結果

羅密歐與茱麗葉轟轟烈烈地相愛，甚至想與對方結合為一體，即使賠上性命也在所不惜，但一般則認為是因為遭到反對，反而使情意變得更加高昂。像這種**阻礙愈大，戀情就愈加熾熱的情況**，便稱為「羅密歐與茱麗葉效應」。

美國心理學家理查‧德里斯柯爾透過實驗證實了這項效應。

實驗內容以140對戀愛中的男女為對象，將「熱愛度」與「阻礙度」數據化，觀察兩者之間的關聯性。結果發現，雙方的家長愈是反對交往，情侶對於戀愛的滿足程度就會愈高。

這是一種弄錯行動起因產生錯誤判斷的心理，叫做「錯誤歸因」。也就是將遭受阻礙的激動情感，誤以為是戀愛造成的悸動。而知名的「吊橋效應」（→P132）就是一種將遇到危險時的心跳加速，誤以為是戀愛心跳加速的心理作用。

●現代的羅密歐與茱麗葉效應

在現代的社會裡，像羅密歐與茱麗葉一樣的環境已經不常見了，但像是婚外情的情況，就會不小心就產生「羅密歐與茱麗葉效應」。畢竟任何人都知道搞婚外情是一種不對的行為。

愈是受到反對，兩個人相愛的心就會愈熱烈。「我好想見到他，但他已經有了家室，所以我們不能相見」、「我們明明相愛，為什麼不能在一起」等等的狀況，就像羅密歐與茱麗葉的故事，拆散相愛的兩人。

我昨天也看到他去打小鋼珠！

早點跟那種廢物分手！

能夠明白他的優點的人，就只有我了…

阻礙愈多，就會讓人愛得愈瘋狂。現代社會受到阻礙的愛情大多都是婚外情這類。

我今天還是沒心情，就不去了

任性

釋 義	不在乎狀況如何或別人介不介意，自己想做什麼就做什麼
相似詞	以自我為中心／自私自利／任性妄為
例 句	「她一直要任性真的讓我很累。」

好感度：★★☆ ｜ 反感度：★☆☆

任性的表現通常都會被當成是一種惡劣的態度，但在愛情裡運用得宜的話，也可以成為讓對方愛上自己的要素之一。當女生對男生說出任性的話時，就會讓男生產生一種「她是喜歡我的」、「她很依賴我」的優越感，因為他們會**覺得「她只在我的面前露出脆弱的一面」，激起他們的保護本能**。除此之外，總是獨立自主、獨來獨往的女性偶爾說些任性的話時，就會與平時的形象產生反差，這樣的反差愈大，就愈容易讓男性產生好感（得失效應）。

男性其實真的很不擅長猜測女生不說出口的心願。女性總會客氣地把主導權讓給男性，但有時若能主張自己的意見，對於男性而言可能會覺得比較輕鬆。

> 任性容易被當成態度惡劣，但有時在愛情裡卻能有效發揮作用。有時可以對戀人說點任性的話，但別變成以自我為中心的人。

妳跟別人在一起也一定會幸福喔

分手

釋 義	離別／解除戀愛關係
相似詞	分道揚鑣／破局／失戀
場 所	咖啡廳／家庭餐廳／公園／LINE

好感度：★☆☆ ｜ 反感度：★★★

戀愛關係走到了盡頭，就是「分手」。分手的模式有許多種，只有某一方要結束這段戀情時，通常都會絞盡腦汁思索該如何跟對方開口。因為對於被提分手的一方而言，分手不僅意味著要失去對方，還要承受遭到否定的痛苦。

提出分手時，最重要的就是清楚告訴對方無法繼續交往的理由，別開口就是責怪對方。另外，若要得到對方的理解，就必須要讓對方知道這段關係在自己心中是一段很好的經驗，或向對方傳達感謝之意。

但即使分手時好聚好散，對方還是會有些留戀，也許日後還會希望復合。**這時以堅決的態度讓對方不再抱持期待，也是為了對方著想。**

> 兩人走到分手未必就是其中一方不好，只是無可奈何。分手雖是令人難受的經驗，但可以將它視為向前邁進的必要過程。

AA制

釋　義	依人數均分餐費等費用
相似詞	平均分攤／對分
例　句	「住宿費不是每次都AA制嗎……？」

好感度：★☆☆　反感度：★☆☆

用餐後買單的時刻，可以說是第一次約會時最重要的一環。男生會煩惱到底應不應該全付，女生會考慮應不應該心懷感激地讓對方請客，男女雙方都有所顧慮。

男女初次約會的實際付款情況都是如何呢？某項調查（資料來源：Honnest編輯部）訪問500名男性與女性：「會在第一次約會時平攤餐費嗎？」結果約有6成的女性、3成的男性回答會平分餐費。從這項調查結果可知，男生並不是很願意在第一次約會時與對方平分餐費。雖然這樣的反應是出自於**男性想在女性面前耍帥的心理需求**，不過，或許「一直付錢真的很煩」才是許多男性真正的心聲。

> 分攤費用是個同時困擾著男性與女性的問題。雖然男性希望能在第一次約會時表現得帥氣一點，但若是每次都要他們付錢的話，還是會讓他們覺得很苦惱。

一夜情

釋　義	與他人發生僅此一次的肉體關係
相似詞	帶出場／開房間／限定性愛
場　面	立飲居酒屋／酒吧／俱樂部

好感度：☆☆☆　反感度：★★☆

一夜情指的是與某人發生僅限一次的肉體關係。有些人是在聯誼、居酒屋等場合、地點與第一次見面的人來電，便在見面的當天與對方上床。許多以一夜情為目的的人，**都只是想找個人上床，對其他事情並不感興趣，通常一夜情結束以後就不太會再聯絡**。所以，如果想要找男朋友或女朋友的話，再怎麼跟對方來電也不能在認識當天就直接上床。因為一旦發生了一夜情，就算之後其中一方愛上了對方，也很有可能做不成戀人而斷絕關係，或成為對方逢場作戲的對象。

尤其是男人的熱情會在發生肉體關係前達到最高潮，發生關係以後就會慢慢地冷卻下來，所以發生一夜情以後，就很難再發展成戀人關係。

> 一夜情以後發展成愛情的可能性並不高，如果真的想交男朋友／女朋友的話，最好還是別嘗試。

第 **3** 部

用心理學談一場順遂的戀愛

第3部是以第2部的關鍵字為基礎的戀愛實踐篇。本章節將具體告訴讀者如何解決多數人的戀愛煩惱。如何給第一次見面的人留下好的印象、如何讓約會不失敗……當你學會各種情況的應對方式，就能與對方建立起良好的關係。

1 如何在初次見面時留下好印象？

第一印象取決於臉部

一個人的外表通常決定給人的第一印象。因為，當我們不曉得關於對方的一切時，就只能靠著外表來推測對方的內在。許多調查訪問民眾：「當你看著異性時，你會注意對方的哪個地方？」統計出各種調查結果，有些人回答胸部，有的回答雙腿，有的回答衣服……。實際上，**我們在與某人第一次見面時，最先留意的其實是對方的臉**。這是我們在閃過「不然看一下這邊好了」的念頭之前，就自然而然出現的反應。不過，這時的重點不在於眼睛、鼻子、嘴巴等五官的比例或位置。因為，我們並不是透過臉部的「造型」來判斷這個人是否親切、能否信任、坦誠以待，而是對方**臉部的「表情」**。

人的表情會顯示出內心的情感，也就是「表情＝感情」。有好的印象就是「有好感」，所以只要我們透過表情讓對方知道自己心中的好感、傳達出自己的情感，那麼對方就會因為**鏡像神經元（模仿對方的大腦作用）或互惠性（回報的心理）的作用**，也對我們產生好感。

笑容是贏得他人好感的最強道具！

那麼，能表現好感的表情是什麼呢？沒錯，那就是笑容！在關於外表與好感度

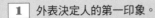

的關聯性的調查中，好感度最高的也是笑容。根據心理學家艾克曼的研究，也可以知道情感與表情的基本組合在全世界都是共通的。

笑容擁有讓人樂觀向前的魔力，甚至能讓對人生絕望的人，因為某個素昧生平的人在偶然之間露出的微笑，而打消自殺的念頭。

容易害羞怯場、難以擺出笑容的人，**就要對著鏡子練習如何讓嘴角上揚**。反覆練習便能成為習慣，有耐心地練習看看吧。

研究結果也指出，**眼睛的表情**給人的好感度僅次於笑容。

不必刻意用力地盯著對方，因為放鬆自然的眼神就是眼睛最好的表情。生性害羞而不敢看著對方眼睛的話，那麼就看著眼睛以下的臉部吧。要是勉強自己看著對方的眼睛，反而會過度用力、僵硬，而使對方產生警戒心。

Column
肢體動作帶給人的印象

除了笑容與視線之外，也能透過一些身體動作在對方的心中留下溫和的印象，例如：讓身體的正面朝向對方、輕輕點頭、出聲附和等等。因為，這些動作都能夠傳達出「我對你感興趣」的弦外之音。相反地，打哈欠、左顧右盼等動作則表現出漠不關心的態度，會帶給對方一種態度冷淡的印象。

像這樣以言語之外的手段傳達自己的心情，就稱為非言語溝通。

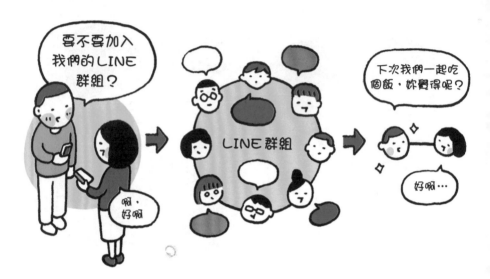

善用社群，交換聯絡方式不尷尬

當女性主動開口要聯絡方式時，男性肯定都很樂意把自己的聯絡方式交出去。但就現實的情況而言，通常女性都不太會主動這麼做。因為她們在行動之前就會先出現「被拒絕的話，我會大受打擊……」、「他覺得我很奇怪的話該怎麼辦」等等的憂慮、不安。而女性會出現這樣不安的想法，也是因為她們在不知不覺中受到夫唱婦隨（領導的人是男性，女性就要跟著男性）的刻板印象影響。

日本江戶時代相當盛行「付文」，這是一種透過第三者將情書送到心上人手中的傳情方式。這樣的作法並不會直接與對方碰面，而是將情書交給知曉對方聯絡方式的人，請此人代為轉達。在現代社會裡，跟這種傳情方式有異曲同工之妙的方式，就是「透過社群網路與對方連繫」。

還有一個方法可以更輕鬆地與對方交換聯絡方式，**那就是跟彼此共同的朋友一起創建聊天群組**。彼此都可以帶著輕鬆的心情加入群組，不會覺得有太大的壓力。

覺得在群組裡聊天還要顧慮其他人，只想與對方一對一聊天時，**就要趁著跟對方在群組裡熱烈地討論某個共同話題時，把握住這次的好機會**。只要托稱「我想傳一些你或許會覺得有趣的內容」或「你可以跟我說說更多關於○○話題的事嗎」，趁機加對方好友，對方應該就沒有理由拒絕。

POINT

1　聰明地利用LINE等社群平台。

2　明白地告訴自己：回不回覆訊息都是對方的自由。

3　不想告訴對方聯絡方式時，就要清楚地拒絕。

會不會答覆，全看對方的決定

　　不管透過什麼方式都好，你能做的終究只有「向對方要聯絡方式」。請你要記住一點，要不要給聯絡方式、要不要回覆訊息，都是對方的自由，不是你的問題（阿德勒心理學「課題分離」）。即使對方不回覆，**也不代表你的人格完全遭到否定**，所以大可放心。

　　另外，不想把自己的聯絡方式告訴對方時，最好的做法就是果斷且禮貌地拒絕。雖然也可以敷衍對方，或反過來跟對方要聯絡方式，然後就不跟對方連絡等等，只是之後對方繼續糾纏不休的話，就會有些麻煩，因此並不推薦這樣的方式，建議還是有禮貌地拒絕對方。

Column
利用課題分離減少煩惱

　　阿德勒心理學將造成煩惱的情況區分成「自我的課題」與「他人的課題」。例如：沒收到對方的回信而擔心不安，這時要不要回覆訊息就是對方的課題。也就是說，若因為不回信而錯失戀愛機會，此時的責任就在於對方而不在於自己。如果能夠分清楚這條界線的話，就會大量減少這種「我如此期盼，他卻這樣對待我！」的獨角戲，不會再白白地覺得受傷。

該怎麼做才能讓對方再約下一次見面？

用笑容及言語傳達出「好開心！」

對於大多數的男生而言，向女生開口邀約是一件需要勇氣的事。而且，他們不是那麼在意約會好不好玩，更在乎的是女生覺得這次的約會開不開心。因為，女生的反應關乎著他們的男性自尊。因此，身為女性的妳如果希望對方開口邀妳下次約會的話，只要讓對方有自信心就沒問題了。也就是**讓對方看見妳開心約會的樣子，讓他覺得：「太好了。這樣下次應該還有機會找她出來。」**

若要達到這樣的效果，那就別吝嗇對著對方展露笑容（→P200）。尤其是第一次約會時特別容易緊張，臉部肌肉也會僵硬不自然。不過，男性本來就不擅長察言觀色，如果妳沉默不語，對方可能會誤以為被妳討厭了。這時請妳開口跟他說：「抱歉，我只是太緊張，才講不出話來。」

主動在約會聊天時或約會後傳感謝訊息，提到一些也許能在**下次約會時派上用場的資訊**，同樣也會有不錯的效果，例如：「你對這個活動有興趣嗎」、「我好想去這間店看看喔」等等。因為對於男生來說，這樣能減輕他們規劃約會行程的負擔，比較容易開口提出下次的約會邀請。直接跟對方說「下次還要找我出去玩喔」也是OK的。

約會時免不了要吃東西，但飲食與性愛是有關連性的。就像性愛俗稱「飲食」一樣，女性將食物放進嘴巴的景象，在男性眼裡其實是一種帶著性感、情慾的動作。

P
O
I
N
T

1 最重要的是讓對方知道跟他在一起很開心，讓對方覺得有自信。

2 提出有助於下次約會的訊息。

3 用餐禮儀以及座位的選擇也都有其意義。

直角

坐在斜對面

另外，有些女性會刻意地假裝自己的食量小，希望讓自己看起來可愛一些。另一方面，大多數的女性如果看到男性吃得髒兮兮的樣子，都會本能地想要拒絕。所以，彼此都要遵守最基本的用餐禮儀。

試試看能拉近距離的位置

選擇座位也是一門學問。**兩人並肩而坐是最沒有隔閡的位置排列，但如果是一般的方桌座位的話，最好是安排雙方呈90度角面對而坐。**即使是兩人隔著桌子面對而坐，斜對面的位置安排也會比正對面更能讓人緩解緊張感。

婚活業界提出「第一次約會的時間最好以2小時為限」。因為，在稍嫌意猶未盡之時便結束的話，才更有可能讓人「還想再見面」（柴嘉尼效應→P23）。這就跟連續劇使用「下周待續」的作法是同樣的道理。

Column
斯汀澤三原則

美國心理學家斯汀澤觀察、驗證人們在會議中的樣子後，提出了三項座位原則：①坐在正對面，容易提出與對方相反的意見、②坐在同一側的人容易同意彼此的意見、③斜坐的座位容易讓人有親近感。三種座位配置中，最容易與對方眼神交會，也最容易避開對方視線的位置就是第③種，還能保持適度的個人空間（本能地畫出自我地盤的意識）（→P153），消除緊張，讓人感到安心。

享受「你丟我接」的樂趣，比談話的內容更重要

約會中的對話有別於會議，既沒有特定的議題，也沒必要做出結論。聊天的內容沒什麼重點也無妨，唯一重要的就是氣氛！讓對方回家以後還會覺得：「有點忘記都聊了什麼，不過今天好開心啊～」才是真正的目的。

開心聊天最重要的條件，就是**正向、樂觀的話題**。盡量避免嚴肅的煩惱諮詢、大發牢騷、在背後講他人壞話等等，但如果真的忍不住想跟對方傾訴的話，那就用有點開玩笑、吐槽的語氣來講吧。而且，在對方聽完這些事情之後，也一定要向對方說：「謝謝你聽我說這些事情。」

其次是**保持自然且放鬆的態度**。害怕讓對方不高興，所以不管對方說什麼都應聲贊同；想要在對方面前耍帥，所以光說一些吹牛的話……這樣不管是自己還是對方都不會開心。跟對方的意見相反也好，讓對方看到自己出糗的樣子也沒關係，因為我們所期望的，不就是能夠暢所欲言的關係嗎？別忘記自己的初衷就是想談一段幸福的戀愛。

對話就像在玩語言的傳接球一樣，**丟球的人會再接到球，接球的人就要把球丟出去，彼此都能好好地各司其職，也是很重要的一件事**。

輪到自己成為接球的一方時，可以點頭、附和、稱讚、眼神交會、重複對方說的

話等等，使用提升好感度、增進親密感的技巧，偶爾再搭配一點提問，便能讓對方侃侃而談，使對話流暢地進行下去。

眼睛看到的一切都能是聊天話題

不知道該聊什麼才好時，就先聊聊眼睛看見的、耳朵聽到的、身體感覺到的事物吧。像是「那邊居然會開玫瑰花」、「這首背景音樂讓人好放鬆啊」、「今天的風好涼爽啊」等等，什麼都可以聊。但如果連這樣也無法做到的話，那就試著模仿對方的動作，或是配合對方的呼吸節奏。這是一種建立起彼此間信任關係的技巧，也運用在心理治療、心理諮商、教練式指導、催眠療法等等。

還是要重申一次，**在約會過程中，兩人聊天最注重的是氣氛而不是內容**。做好自己能力範圍可及的事，接下來就聽天由命了。

專注於傳達自己的心情

就算隱瞞得再好，男人一旦偷吃，還是會馬上東窗事發。這是因為女性在情報交換以及溝通交流方面早有悠遠的歷史，具備著優異的情報分析能力。當妳總覺得另一半有點可疑時，不妨出其不意地試問他：「你是不是在外面偷吃？」

倘若他根本沒做過這樣的事情，反應應該會相當地冷靜。但如果他因為被妳這麼一問，就急忙地矢口否認：「哪、哪有這回事。妳、妳在說什麼傻話阿。」或是大幅地增減眨眼的頻率、毫無反應或過度反應、眼神飄移、面紅耳赤、盜汗、惱羞成怒、強行改變話題等等，**出現一些可疑的反應時，那麼八九不離十就是出軌了**。

抓到另一半出軌時，大概免不了要爭吵一番。因此，這時最重要的，就是看妳選擇要有技巧地吵架，還是要用拙劣的方式跟對方吵架。這兩種作法的結果會截然不同。

情緒激動地責怪對方，嘴巴上拼命地說著：「你那時候也○○」、「你每一次都這樣」等等，把過去的舊帳通通翻出來，然後劈哩啪啦地講個不停，讓對方絲毫沒辦法還嘴，是女性最典型的「拙劣吵架方式」。

而這樣的吵架方式會帶給對方相當大的壓力。而人在感到巨大的壓力時，腦內就會分泌正腎上腺素，進而引起防衛性、攻擊性的行為。另外，大腦還會分泌多巴

POINT

1. 覺得不對勁的話，就冷不防地直接質問。
2. 拙劣的言語攻擊是NG的作法。
3. 傳達自己的想法才是第一優先。

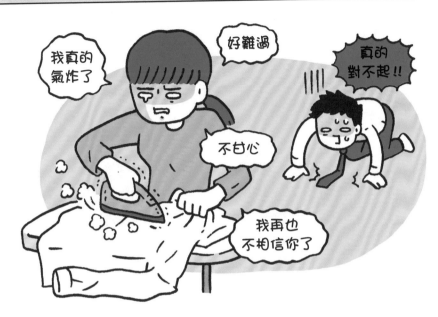

胺，這是一種能使人感到快樂的體內激素，也會讓人的道德判斷能力降低。最後，對方可能就會抵擋不住外面的誘惑而再次偷吃，形成惡性循環。

「有技巧地吵架」的精隨在於**毫不隱瞞地傳達出自己的心情**，而不是發動言語攻擊。所以，吵架時要使用**「我覺得○○」的講話方式**（例如：我很受傷、我很難過、我很生氣、我希望你不要再偷吃等等），而不是**「你都○○」**之類。如果對方並不是真心想出軌的話，也許就能用這樣的方式解決。

但對於偷吃慣犯、偷吃現行犯，就要用堅決毅然的態度跟他們撂下狠話：「下一次絕對饒不了你！」對著他們盡量地發飆！如果這樣還是死性不改的話，也許就是時候一刀兩斷了。

Column
外遇分成2種

就像有句話說：「媽媽的寶貝，不一定是爸爸的心肝。」對於無法確定小孩是不是自己的親生孩子的男性而言，他們會很生氣自己的妻子或戀人與其他男人發生性關係。

另一方面，讓多數女性感到「不可原諒」的，則是精神上的外遇。因為她們擔心另一半的心被外面的小三搶走之後，就會拋棄自己與孩子。

共享全新的、第一次的體驗

　　哪怕是感情再好的伴侶，隨著在一起的時間拉長，兩人之間的相處就不可避免地變得公式化。簡單來說，「習以為常」就是「覺得了無新意」，所以只要做一些兩人不習慣的事、沒做過的事，即可打破這種一成不變的狀態。不妨帶著**「試試不同以往的作法」、「試試從來沒嘗試過的事」**的挑戰精神，努力擺脫這種停滯的感覺。除了海外旅行、嘗試同居等等較大的變化以外，也有比較輕鬆簡單就能做到的改變，例如：嘗試自行下廚取代外食、恩愛親熱時來點不一樣的花招、改變約會或手機聊天的頻率等等。

　　嘗試各種新挑戰，找出能讓兩人同樂的事物吧。某心理學的研究數據指出，**擁有許多共同休閒活動的夫妻，對於婚姻生活的滿足度較高，降低了離婚的危機。**因為增加共同話題、共享開心體驗，都能夠讓人找回戀愛初期般的悸動或緊張感。不過，必須要注意一點，那就是在嘗試新事物時，一定要是兩人都享受在其中。只有其中一方自顧自地獨樂，另一方卻不甘願地配合，那就沒意義了。積極配合的態度固然重要，也不能過度勉強對方或自己。

　　相反地，有時避免跟對方形影不離，反而會更好。**如果另一半是個重視「自己的**

P O I N T	**1**	關鍵字是「變化」與「初體驗」。
	2	增加共同的休閒活動。
	3	找回初心，重現緊張感。

世界」的人，那麼就要釋出充足的獨處時間與個人空間給對方。

　　找回交往初期的緊張感也很重要。妳會不會因為在對方面前過於放鬆警戒，而露出邋遢的模樣，或出現粗俗的動作呢？明明穿著一身運動裝在家裡耍廢，嘴上卻說著：「你好歹把我當成是個女人看待吧！」這樣的模樣實在是讓人無法接受。日本男人常被說「就算女生換了髮型，他們也不會發現」等等，雖然他們嘴上不說，但其實對於某些事情意外地敏感。

　　感情進入倦怠期卻置之不理的話，劈腿偷吃或感情消逝的可能性就會愈來愈高，就算沒有分手，也只是維持一段充滿壓力又令人痛苦的關係。出現危機感時，就要盡早與對方談談。進入倦怠期的情侶或夫妻平時就不常交談，所以與對方促膝長談的舉動，會是一種很好的刺激。

Column
人為什麼會感到厭倦？

　　當我們獲得一個全新的體驗時，腦內的快感系統「酬賞系統」就會受到刺激，使我們感覺到快樂。只是，當我們重複同樣經驗時，就會形成「已知」的狀態，於是酬賞系統便會開始減少作用，快感也就變得愈來愈少。正因如此，人類才會去追求新的刺激，拓展活動範圍，並且不停地發現與發明，發展人類的文明、文化與經濟。好奇心也是人類成長不可或缺的「能力」。

在愛情裡地位相等，才會相處融洽

　　人際關係建立在付出與回報之上，愛情也不例外。人都擁有強烈的**「不想吃虧」的想法（損失規避）**，所以付出（貢獻）與回報（受惠）的比重一旦<u>失衡</u>，就會令人感覺到不愉悅。

　　某個問卷調查以大學生情侶為受訪對象，請這些受訪者將「自己在愛情裡的貢獻程度」以及「受到對方給予的貢獻」數據化，3個半月以後再次調查兩人之間的關係變化，發現回答「自己沒有受到多少貢獻」、「比對方受到更多貢獻」的受訪者，都會逃避與對方發生性行為。相反地，感情融洽的情侶則是雙方都覺得「關係是平等的」。因為不管是為對方做牛做馬，還是為對方為自己犧牲奉獻，都不是好事。

　　一旦抱持著一意孤行的想法，愛情就不會走得長久。請暫停下妳的腳步，客觀地重新看看自己在愛情裡的樣子。妳是不是裝出一副心甘情願為對方做牛做馬的樣子，但實際上是希望對方有所回報？妳的內心深處是不是潛藏著「他沒有我就不行」的共依存心理（→P43）？或是狀況相反，妳覺得對方做牛做馬是應該的？妳有沒有擺出傲慢或漠不關心的樣子給對方看？請妳冷靜下來，聽聽對方的真心話。**去了解妳想在對方身上得到什麼、對方想從妳身上得到什麼，找出讓這段愛情變得不公平的原因。**有些人就是不去了解應該要做什麼才能讓對方開心，也不去思

POINT

1 修正付出與回報的比重。

2 正視自己，傾聽對方。

3 勿忘感謝的心。

考希望對方做什麼才會讓自己開心，只打算為對方犧牲奉獻，執意做一些偏離重點的事。

在美國處理過許多情侶諮商問題的約翰·高特曼博士，認為**批評、鄙視、防衛、拒絕回應**是「破壞愛情的4大因素」。批評、鄙視就是看不起對方，防衛、拒絕回應就是奪去對方的自由，迫使對方迎合自己的想法與意思。這些都是在不知不覺之中形成的惡習，不是兩、三天就能完全地改掉的。

不過，還是有比較容易可以做到的事，那就是**「感謝與笑容」**。不管是直接見面也好，還是在透過手機、網路聊天也罷，都別忘了「表達感謝之意＋微笑以待」。國內外的研究都已經證實，愈是懷抱著感謝的心情，大腦就愈容易分泌幸福荷爾蒙——催產素，讓人增加幸福感，並且有效地修復愛情、婚姻關係。

Column
不公平會讓人失去動力

社會心理學家亞當斯提出「公平理論」，此理論著重於工作上的公平合理與工作動力之間的關聯。根據這項理論，當投入工作的勞力（收入）與來自工作的報酬（支出）的比重失調時，人就會為了取得兩者之間的平衡，而降低工作的積極性、降低工作成果的品質，或乾脆辭去這份工作。雖然這項理論屬於商業心理學的範圍，但如果換成愛情、友情與親情，也是同樣的道理。

8

如何讓不想結婚的戀人改變心意？

在對方想婚的時機點說服、用計

　　就女性的立場而言，有個方式能讓遲遲不願結婚的戀人（男性）下定決心成家，那就是為他生孩子。男性在本質上重視縱向的社會關係，所以他們並不討厭結婚成為「一家之主」。因為結婚之後，他們就能從戀人的身分升格成為一家之長。除此之外，**在男性因就職、升職、調薪等原因而提升自尊感的時機點，提出關於結婚一事的話**，也會有比較高的成功機率。感情用事地強迫對方跟自己結婚，反而容易讓對方覺得抗拒，這時要像業績亮眼的業務員一樣，帶著笑容向對方闡述結婚的好處。**列舉出幸福婚姻生活的具體樣貌（婚後的住所、孩子、闔家歡樂的光景等等）、具體的數字（夫妻的收入加在一起之後，能過得比自己一人更輕鬆等等），也能增加說服力。**

　　男性不願鬆口結婚的理由還有一個，那就是他們對於現狀相當滿足。這時，就可以出其不意地帶他們回家見父母等等，製造一點驚嚇，把他們從這種安穩的狀態裡搖醒。而對於愛撒嬌耍賴的戀人，可以故意拉開一點距離，讓對方感受一下孤單的感覺。

　　從男性的角度而言，在女性因為朋友接二連三地結婚、面臨懷孕生產的歲數壓力、職場不順利等等，**造成自尊受挫、內心不安時**，才是提出結婚的最好時機，這

一點恰好與男性完全相反。女性在邁向30歲、40歲等人生階段時,通常都會對於年紀增加這件事感到忐忑不安。

若用卑微的態度去面對結婚這件事,就會讓對方產生「最小關心原理」的心理,而出現「這個人怎麼這麼煩人」的反應。這就跟自負傲慢的偶像不會珍惜粉絲一樣,所以一定要逆轉這樣的立場,掌握住主導權。

如果抗拒使用這些計策的話,那就好好地磨練自己吧。將重點放在婚姻生活所需的**愛家、包容力**(→P175)、**安心感、忠貞**等資質上,好好地磨練一番。

面對遲遲不肯下定決心結婚的戀人,做好分手的覺悟也是有所必要的。**請跟對方約定好一個答覆的期限**。對方若不遵守此約,就算勉強跟這樣的人結婚也不會幸福。

Column
不努力反而比較順利?!

精神科醫生、心理學家埃米爾・庫埃是自我暗示療法的創始者,他提出「愈努力就愈容易產生相反結果」的理論(努力反向法則)。當想要結婚的意志過於強烈時,反而會造成結不了婚的想像膨脹,而形成一種自我暗示。而吸引力法則等理論認為「要表現得像你想成為的人一樣」、「許完願望之後,就要忘掉許願的內容」,如此就能避免形成負面的自我暗示。

9

有沒有辦法
從炮友升格為女友？

◆ SVR 理論

以下3個要素依相遇、戀愛、婚前等三階段，出現微妙的變化。

S→對方的身體特徵（外表）
V→共同的價值觀
R→彼此期待對方的角色行動

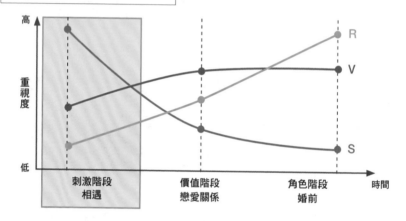

利用說話技巧及技術，一點一點提升親密度

從炮友晉升為真正的戀人是有可能發生的事，只是要耗費比較多時間才能辦到。

根據社會心理學家伯納德·慕斯汀的「SVR理論」，男女間的親密度分成三個階段，由低至高依序為①刺激階段、②價值階段、③角色階段。炮友關係位於刺激階段，此時處於受到對方外表或性魅力刺激的狀態。一般的戀愛關係則位於第二層的價值階段。兩人的價值觀、興趣、關注的事等等的相似性、共通性，都是在這個階段不可或缺的要素，所以除了性愛方面，也必須對彼此有更多、更深的了解才行。

所以，在跟對方上床親熱之前或結束以後，都要盡量跟對方聊天。**可以聊聊自己的事**，**也可以問對方一些問題**，同時也別忘了帶著笑容與點頭回應，讓對方放下戒心。別急著想跟對方變成情侶，而自亂陣腳。

這時要做的，不是突然開口逼迫對方「將自己當成戀人看待」，而是提出一些比較輕鬆的邀約，先讓對方點頭答應，例如：「我們偶爾也去悠閒地喝個下午茶吧」等等。如此一來，就能讓對方的心裡產生「我這個人很和善」的自我認知。之後再提出第二個、第三個要求時，對方就會因為「我這個人很和善」的認知，而難以拒絕你的要求。這次先是喝下午茶，下次就可以一起吃飯，再下一次就提出約會的要

求，像這樣一次一次地增加難度。而這樣的方式，就是有名的心理學技巧**「以退為進法」**。另外，能誘使對方答應的**「YES set」**也是一種相當有名的技巧。「YES set」是利用對方重覆回答肯定的答案以後，就會漸漸地無法抵抗說出「YES」的心理，是一種近似於催眠的方式。「YES set」的技巧無他，就是一直提出「今天天氣真不錯啊」、「你剪了頭髮吧」等等，對方肯定會回答「YES」的問題而已。有耐心地持續使用這些說話技巧，就能夠建立起信賴關係，拉近彼此的心理距離。

別再緊迫盯人，一直逼問「你打算對我怎麼辦」、「我對你而言到底算什麼」等問題，這只會讓對方覺得妳是個「惹人煩厭的女人」而拋棄妳。所以請妳就一路裝傻到底，假裝自己心甘情願接受這樣的炮友關係，然後再伺機尋找出手的機會。

Column
「セフレ（炮友）」的詞源

「炮友」的日文「セックスフレンド」其實就是「sex friend」，是日本以英文為基礎的原創詞彙。目前沒有定論何時開始出現這個詞彙。1970年，日本作家胡桃澤耕史以其本名「清水正二郎」為某本外國小說翻譯，這本小說裡的標題就使用了「セックスフレンド」，到了90年代已有許多人都使用起這個詞彙。

「炮友」的英文其實是「friend with benefits」，直譯的意思為「伴隨著利益的朋友」。以約炮為目的打電話給他人，則稱為「booty call」，在日文當中有時也指炮友。

10

難以擺脫不倫戀時，就該這麼辦

不用管對方怎樣，應該先好好面對自己！

努力地想從婚外情的泥沼裡爬出，卻怎麼爬都爬不出來，也許就是因為**「婚外情成癮症」**。不過，有些人在搶了別人的丈夫或妻子以後，就與對方過著幸福快樂的日子，所以也不能說每個搞婚外情的人都有婚外情成癮症。而婚外情成癮症的心理機制就跟其他的成癮症一樣，差別只在於使人成癮的物品並非常見的菸酒或毒品。

成癮是一種「沒有它的話，一刻也活不下去」的狀態。婚外情成癮的人只有在發生婚外情時才會覺得幸福，除此以外的其他時間幾乎都淹沒在匱乏感之中，覺得「我沒有任何價值」、「我是個無能的人」、「我就是個窮光蛋」、「沒有人願意理解我」等等。與人搞婚外情是為了填補內心的空洞，所以生活便在不知不覺之間，完全被婚外情給占滿了。與婚外情的對象幽會時，人的大腦會分泌出腦內麻醉物質「多巴胺」，而且也會感受到**「我在做不能做的事情」的刺激感，覺得內心被滿足**。只是這樣的滿足與快樂終究只是一時的，搞婚外情帶來的效果並不能根治內心的匱乏感，所以過沒多久就又想跟情人見面……陷入了如此的執著之中。

婚外情成癮的人不是因為愛著對方，而是因為不夠愛惜自己，才會沉溺於婚外情之中。

愛始於好感，所以請你試著去喜歡上自己。任何時候都**別否定自己，去傾聽你內**

站起來

走路　　擁抱自己　　到熱鬧的地方

心真正的聲音。不願做的事也別勉強自己去做，要做自己真的想做的事。給自己寫感謝信、寫下讚美日記、每次照鏡子時都對自己說正面積極的話，養成提高自我意象的習慣，停止自我否定、自我批判的行為。

戒除婚外情成癮可能會是一場長期抗戰，但若因為沒有立竿見影的成果，就責怪自己做得不好，反而又會走上回頭路。記住以下４點應急措施，就能在內心不安時派上用場：

1　**走路（也可以在室內走，短時間也沒關係）**

2　**站起來（改變視線高度）**

3　**擁抱自己（給自己一個擁抱）**

4　**到明亮且熱鬧的地方**

這些行動能促進腦內分泌血清素，使心情穩定下來。血清素是一種腦內激素，具有抑制負面思考的作用，因此也有助於改善慢性的匱乏感與不足感。

Column
血清素的作用

血清素為神經傳導物質，由香蕉或豆製品等食物中富含的色胺酸、維生素 B6、菸鹼酸以及鎂合成，並可透過日曬或韻律運動（步行、咀嚼、呼吸等等）增加。血清素充足的話，便可穩定人的情緒，使人積極地面對各種事物，提升自信與適應力；當血清素不足時，則可能會引起負面思考、焦躁感、失眠等症狀。

11

愛上不想談戀愛的人時，就該這麼辦

放膽地跳進冒險的大海吧

　　草食系的男生在這20年左右的時間裡急速地增加，其中一個公認的原因是少子化。這些人從小就被周圍的大人搶著捧在手心上照顧，所以一直都沒有機會獨立自主地行動，就這樣成為了大人。**他們對於失敗早就有所覺悟，害怕去挑戰任何事物，才會沒辦法去跟人談戀愛。**另外一個原因則是社會情勢。在萬年不景氣、前途渺茫的社會現狀裡，使他們無法懷抱希望與夢想，於是心態轉為保守，認為維持現狀就是最好的選擇。也就是**一心追求安穩的現狀，不願去冒險犯難。**

　　然而戀愛本來就是一種冒險，總是不停地撞得粉身碎骨，必須跨越一道又一道障礙。沒有自信（自我效能）克服困難、害怕失敗的草食男，打從一開始就放棄談戀愛，深信不疑談戀愛「有夠麻煩」、「只是白費力氣」。

　　想要吸引草食男進入戀愛模式，**關鍵就在於增加他們的安心感與自信。**草食男承受不起任何驚嚇，所以突然地向他們告白是絕對NG的作法。這時請帶著「溫柔姊姊」的氣質去接近對方，重複進行**「單純曝光效應」**（→P125），至於邀請對方約會這件事，就先往後挪一挪。在那之前，要先專心思考如何在字裡行間透露出稱讚之意，讓對方增加自信心。而稱讚他人的祕訣，就是找出連本人都覺得意外、自己毫無察覺的優點，然後針對這項優點給予讚美。漸漸地，**當對方開始覺得「我跟這**

個人在一起一定會很幸福」，而開始對妳念念不忘時，就差不多可以試著提出邀約。而且，還要盡量增加一對一相處的機會。

這時，先提出「我們兩個一起去旅遊吧」等等難度較高的要求，等對方拒絕之後降低難度，改成「不然，吃個飯之類的也好」等等的邀約，就會更容易讓對方點頭答應（使用**以退為進法**的交涉話術）。

使用一些煞有其事的理由來邀約，也會有不錯的效果，例如：「我想去某家店看看，可是我一個女生不方便自己去，你可以陪我一起去嗎？」等等。也能利用人們比較容易回答出「假設問題」與「二選一問題」的心理，詢問對方：「你覺得要約會的話，遊樂園跟水族館哪一個比較好？」等對方回答之後，就立刻接話：「那我們下次一起去吧！」乘勝追擊，讓對方點頭答應吧。

Column
習得性無助感

馬戲團裡的大象從小被鎖鍊綁住，了解自己「怎麼逃也逃不掉」，長大以後雖然擁有足夠扯斷鎖鏈的力氣，卻再也沒有逃跑的想法。人類也是一樣，如果從小就一直有人跟他說「不行」、「你做不到」，長大之後就會變成一個對於任何事物都抱持消極態度的「等待指令的人」。

結語

　　本書的內容編排不僅適合讀者照著順序從頭到尾看一遍，也可以只挑選您有興趣的部分來閱讀。想必您覺得有興趣的部分，一定剛好就是您現在所煩惱的問題。

　　戀愛使人欣喜雀躍，有時給人帶來生存的希望，有時讓人充滿幹勁。但是戀愛不順利時，也會使人心情低落，有時還會讓人自責，失去自信。就這些意義而言，戀愛可謂牽動著人的心緒。好好地使用本書介紹的戀愛心理技巧，不僅能讓您知道如何應對對方的心，也能讓您好好地面對自己的心。若是能因此讓您減少一點煩惱，那便是再好不過的事了。

　　祝福您能與喜歡的人建立起一段良好的關係。

齊藤 勇

【参考資料】

『面白いほどよくわかる！「女」がわかる心理学』齊藤勇（著・監修）／西東社

『男と女の心理学入門』齊藤勇（著）／かんき出版

『面白くてよくわかる！　恋愛心理学―心に隠された「恋愛の法則」が見えてくる大人の教科書』
　　齋藤勇（著）／アスペクト

『大人の実践心理学』齋藤勇（著）／エイ出版社

『愛するココロ愛されるココロ―「恋縁」をいかす心理学』齊藤勇（著）／佼成出版社

『感情と人間関係の心理―その25のアプローチ』齊藤勇（著）／川島書店

『必ずイエスと言わせる心理学』齊藤勇（著）／三笠書房

『怖いくらい彼のココロが見ぬける恋の心理学』齊藤勇（監修）／イースト・プレス

『心理学でわかる　女子の人間関係・感情辞典』石原加受子（監修）／朝日新聞出版

『心理学でわかる　ひとの性格・感情辞典』渋谷昌三（監修）／朝日新聞出版

『恋愛心理の秘密～ただの友達で終わらせない44の心理効果～』渋谷昌三（著）／だいわ文庫

『「なるほど！」とわかる　マンガはじめての恋愛心理学』ゆうきゆう（監修）／西東社

『史上最強図解よくわかる恋愛心理学』金政祐司・相馬敏彦・谷口淳一（著）／ナツメ社

『女はギャップ！』名越康文（著）／扶桑社

『男と女のLOVE心理学』神岡真司（著）／マガジンハウス

『「恋する力」を哲学する』梅香彰（著）／PHP研究所

『がんばっているのに愛されない人』加藤諦三（著）／PHP研究所

『男心・女心の本音がわかる恋愛心理学』匠英一（著）／ナツメ社

『何があっても「大丈夫。」と思えるようになる　自己肯定感の教科書』中島輝（著）／
　　SBクリエイティブ

『すごい恋愛ホルモン　誰もが持っている脳内物質を100％使いこなす』大嶋信頼（著）／
　　青春出版社

【監修】

齊藤勇

出生於日本山梨縣。早稻田大學研究所文學研究科博士學程畢業後，前往加州大學深造，現為立正大學心理學部名譽教授（文學博士）。著有《図解雑学　人間関係の心理学》（ナツメ社）、《図解雑学　恋愛心理学》（ナツメ社）、《対人社会心理学重要研究集》（全七卷／誠信書房）《以退為進的心理操縱術》（楓書坊）、《圖解 隨心所欲操控人心的「男女暗黑心理學」》（一起來出版）、《誰とでも会話が続く「相づち」のコツ》（文響社）等多部著作、譯作。

裝幀・本文設計	株式会社tobufune
裝幀・本文設計	株式会社tobufune
DTP	有限会社プールグラフィックス
內文插畫	モドロカ
執筆協力	安藤智恵子／神田賢人／圓岡志麻
編輯協力	有限会社ヴュー企画（野秋真紀子・志田良子）
企劃・編輯	端香里（朝日新聞出版　生活・文化編集部）

DANJO GA UMAKUIKU JITEN
Copyright © Asahi Shimbun Publications Inc.
All rights reserved.
Originally published in Japan by Asahi Shimbun Publications Inc.
Chinese (in traditional character only) translation rights arranged with
Asahi Shimbun Publications Inc. through CREEK & RIVER Co., Ltd.

出　　　版／楓書坊文化出版社
地　　　址／新北市板橋區信義路163巷3號10樓
郵 政 劃 撥／19907596 楓書坊文化出版社
網　　　址／www.maplebook.com.tw
電　　　話／02-2957-6096
傳　　　真／02-2957-6435
監　　　修／齊藤勇
翻　　　譯／胡毓華
責 任 編 輯／王綺
內 文 排 版／謝政龍
港 澳 經 銷／泛華發行代理有限公司
定　　　價／380元
出 版 日 期／2021年9月

國家圖書館出版品預行編目資料

男女戀情攻防戰 戀愛心理學速查詞典 / 齊藤勇監修；胡毓華譯. -- 初版. -- 新北市：楓書坊文化出版社, 2021.09　面；　公分

ISBN 978-986-377-696-3（平裝）

1. 戀愛心理學　2. 兩性關係

544.37014　　　　　　　110009190